新訂二版
生徒指導の理論と実践

編著者　宮崎和夫

著者　松下静男・奥　俊治
　　　石田　潤・原　清治
　　　榎本茂喜

学文社

執筆者一覧（執筆順）

宮崎和夫	社会問題研究所所長	第1章
松下静男	前甲南大学教授	第2章
奥　俊治	前神戸親和女子大学非常勤講師	第3・7章
石田　潤	兵庫県立大学教授	第4章
原　清治	佛教大学教授	第5・8章
榎本茂喜	前武庫川女子大学教授	第6章

●まえがき●

　平成元年に教育職員免許法が改正され，大学における教員養成課程の教職科目が強化され，「特別活動」「生徒指導」などの科目が新設されることになった。それまでは，「生徒指導」については，「教育心理学」や「教育原理」「教育社会学」などの科目の中に含んで講義されていたが十分ではなかった。そこで，今回の教育職員免許法の改正で，教員の資質と指導力の向上を図るためということで，「生徒指導」や「特別活動」などが独立した科目となり，すべての校種，すべての教科の免許取得のための必修科目となった。また，同年，小・中・高校の学習指導要領も同時に改訂されたが，このような教育職員免許法の改正や学習指導要領の改訂がなされるには，それなりの背景があった。

　学校教育は，教科教育と教科外教育活動から成っているが，その教科外教育には，特別活動と生徒指導などがある。昨今の学校教育は，知育偏重傾向が強く，偏差値輪切教育とか受験教育とかいわれ，学歴社会の弊害が問題視されて久しい。どれだけ知識を詰め込み，どれだけ憶えているか，計測可能のものだけを測って点数化し，それを学力とみなす，いや能力とすらみてしまう。

　子どもたちが，一日の大半を過ごす学校生活では，「成績」という，１つの尺度でのみ評価され，それが学校社会の表文化である。成績＝人格とすら思われ，１科目でも悪い成績があると，教師や親から人格的存在，人間的存在すら否定されかねないような叱責をうけることもある。そして，教科科目以外の力は裏文化であり，表文化として評価されることはほとんどない。こんな受験生活が，12年間以上も続く長距離レースでは，ちょっと一休みとか一度でも脱線しようものなら，もうレースにはもどれない。敗者復活戦のない残酷なレースである。

　「この勉強は何に役立つの？」とか，「勉強って何？」なんて疑問をもったり，きまじめに考え込んだりすると，もうこのレースでは遅れをとる。いわんや，

学業以外のものに興味や関心をもつとレースからはずされることすらある。一度烙印を押されると，教師集団からは，その後もずっとそのラベルでみられ続ける。ついに学校の居心地が悪くなり，学校の中に居たたまれなくなる。逃げ出したり逸脱すると烙印を押され，学園から追放され，もうもどれない，問題児とされてしまう。また，現代学校教育の点数至上主義は，未熟な子どもたちの人格を大きな不安に突き落とし，学校や家庭，社会にたいして漠然たる不満を蓄積させる。この不満や不安がストレスや登校拒否，あるいは校内暴力など非社会的問題行動や反社会的問題行動に子どもたちを走らせる。

一方，家庭も地域社会もその教育力を低下させており，本来，家庭や地域社会で教育されるものが，すべてといっていいほど学校教育にかかってしまっている。また，学校をとりまく社会環境は，物質的豊饒社会，大量消費社会となり，商品が溢れており，子どもたちを誘惑する。コマーシャルは，子どもたちの興味と関心と欲望を毎日，毎日，刺激し続ける。都市化の進展で屋外の遊び場を失い，受験社会の中で遊びの時間を失い，子どもたちの人間関係は希薄化している。TVゲームやマンガなどマスコミの中には子どもたちの欲望や本能をくすぐるものも多く，核家族の中で，過保護，過干渉にならされた子どもたちは，禁欲主義を強いる学校生活とのはざまでゆれ動いている。

まさに，生徒指導は，教科教育にとっても人間形成にとっても，最重要問題になっているのが現代教育である。このような現代社会の中で，21世紀に生きる子どもたちに将来展望をもたせ，子どもたちの自己指導力を高め，その生活力，生き抜く力を育成すること，そして，子どもたちの自己実現を支援し援助することが教師の努めであり，生徒指導の課題であろう。

ところで，教員採用試験においても，教科の学力の前に，生徒指導力をよく見たいといわれるのも，それほど学校現場では，生徒指導力のある教師を切望しているという現状があるからである。

執筆者はいずれも，小・中・高校の現場での長く豊かな経験をもっている。そこで，今回の教育職員免許法の改正で「生徒指導」が必修科目になったのを

機会に，その豊かな実践経験を生かし，豊富な資料を駆使しながら，もっとも簡潔にして，かつ要をえたテキストをつくってみようということになった。

本書を編集するにさいして，次の点に留意し，特色をもたせるようにした。

- 読者の主な対象を大学の教職課程「生徒指導」の履修者とするが，学校の教員の研修用にも活用できるようにした。
- 「教育原理」「教育心理学」等を先に履修していないなど教職課程科目の履習順序が多様であっても，学習が十分可能であるように配慮した。
- 教員採用試験の準備にも十分役立つようにした。
- 学生諸君が教育実習に行くさい，「生徒指導」で困らないように，さらに教師になっても即，参考にでき，「生徒指導」の実践がスムースにできるようにした。
- 理論倒れにならないよう，豊富な実践例をもとに実務的マニュアル性をも考慮した。
- 簡潔にしてかつ要をえた編集に徹し，極力平易で読みやすい表記にした。

最後に本書の企画編集に並々ならぬご尽力を賜わった学文社社長田中千津子氏に心から感謝の意を表したい。

1994年3月

著者代表　宮崎和夫

── 目　　次 ──

第1章　生徒指導の理論と歴史……………………………………………… 1
　第1節　生徒指導論の系譜…………………………………………………… 1
　　§1　管理主義論の系譜…………………………………………………… 1
　　§2　集団主義論の系譜…………………………………………………… 2
　　§3　生活主義論の系譜…………………………………………………… 4
　　§4　受容主義論の系譜…………………………………………………… 5
　第2節　生徒指導の歴史と概念……………………………………………… 7
　　§1　生徒指導の歴史……………………………………………………… 7
　　§2　生徒指導の概念………………………………………………………10
　第3節　生徒指導の原理と機能………………………………………………13
　　§1　生徒指導の原理………………………………………………………13
　　§2　生徒指導の機能………………………………………………………20
　第4節　生徒指導の今日的意義と課題………………………………………22
　　§1　現代社会の特質と生徒指導…………………………………………22
　　§2　今日的意義と今後の課題……………………………………………28

第2章　生徒指導の組織………………………………………………………36
　第1節　生徒指導と指導体制…………………………………………………36
　　§1　教職員の指導協力体制………………………………………………36
　　§2　学校・地域社会の人たちとの協力体制……………………………37
　　§3　明るく親しみやすいイメージをもつ生徒指導体制………………37
　　§4　生徒理解と教師理解…………………………………………………38
　第2節　生徒指導の組織と運営………………………………………………40
　　§1　生徒指導の組織………………………………………………………40
　　§2　問題行動発生時の組織………………………………………………44

	§3	生徒指導の運営……………………………………………46
	§4	教育相談（一般的な学業・生活・進路相談）……………49
第3章		生徒指導の方法論…………………………………………………52
第1節		生徒指導の方法論………………………………………………52
	§1	生徒指導の具体的方法………………………………………52
	§2	小学校での「生徒指導」……………………………………55
第2節		生徒指導と教科指導の関係……………………………………56
第3節		生徒指導と道徳の関係…………………………………………60
第4節		生徒指導と特別活動の関係……………………………………60
第5節		生徒指導の関連事項……………………………………………62
	§1	生徒のアルバイト就労………………………………………62
	§2	生徒の活動規制等……………………………………………63
第4章		生徒指導とカウンセリング………………………………………67
第1節		カウンセリングの意義…………………………………………67
	§1	カウンセリングの基本概念…………………………………67
	§2	カウンセリングの人間観……………………………………70
	§3	カウンセリングの原理………………………………………74
第2節		カウンセリング・マインドと生徒指導………………………78
	§1	カウンセリングの方法………………………………………78
	§2	カウンセリング・マインド…………………………………85
第5章		生徒指導と進路指導………………………………………………91
第1節		学歴社会と進路指導……………………………………………91
	§1	学歴社会とは…………………………………………………91
	§2	学歴社会の現状………………………………………………92
	§3	学歴社会の弊害と進路指導…………………………………95
	§4	職業的発達と職業教育………………………………………99
第2節		進路指導の意義と原理………………………………………101

§1　進路指導は就職指導か，進学指導か ………………………101
　　§2　進路指導の意義と個人の理解 …………………………………102
　　§3　進路指導の定義 …………………………………………………103
　　§4　進路指導の組織と方法 …………………………………………104
第6章　生徒指導の実践 …………………………………………………………109
　第1節　小学校の生徒指導 ……………………………………………………109
　　§1　小学校における生徒指導上の問題 ……………………………109
　　§2　小学校での生徒指導の位置づけと実践計画 …………………112
　　§3　生徒指導の組織づくり …………………………………………113
　　§4　問題行動の指導の実際 …………………………………………115
　第2節　中学校の生徒指導 ……………………………………………………119
　　§1　中学校における生徒指導上の課題 ……………………………119
　　§2　機能する生徒指導体制 …………………………………………121
　　§3　問題行動に対する対応と処置 …………………………………125
　第3節　高等学校の生徒指導 …………………………………………………129
　　§1　高校生の問題傾向と課題 ………………………………………129
　　§2　生徒指導体制と指導の重点 ……………………………………130
　　§3　生徒指導の実際 …………………………………………………132
　　§4　家庭・地域社会との連携 ………………………………………138
　第4節　家庭・地域社会と生徒指導 …………………………………………141
　　§1　学校と家庭の連携 ………………………………………………141
　　§2　学校と地域社会の連携 …………………………………………145
　　§3　地域学校内との連携 ……………………………………………147
第7章　問題行動と生徒指導 ……………………………………………………150
　第1節　問題をかかえる生徒に対する指導 …………………………………150
　　§1　問題行動について ………………………………………………150
　　§2　「問題行動」とは ………………………………………………150

第2節　生徒の非社会的問題行動 …………………………………152
　　§1　家　　出 ………………………………………………………152
　　§2　自　　殺 ………………………………………………………154
　　§3　薬物乱用 ………………………………………………………155
　　§4　不登校（登校拒否）……………………………………………157
　第3節　生徒の反社会的問題行動 …………………………………164
　　§1　盗　　み ………………………………………………………164
　　§2　暴力行為 ………………………………………………………166
　　§3　性非行 …………………………………………………………168
　　§4　いじめ …………………………………………………………169
　　§5　飲酒・喫煙 ……………………………………………………170
　　§6　暴走行為・暴走族 ……………………………………………171
　第4節　問題行動と懲戒 ……………………………………………171
　　§1　懲戒（懲戒権・退学・停学）…………………………………171
　第5節　問題行動と関係機関・施設 ………………………………174
　　§1　各機関の関係 …………………………………………………176
第8章　生徒指導の評価 …………………………………………………178
　第1節　生徒指導の評価の原理 ……………………………………178
　　§1　教育評価と生徒指導の評価 …………………………………178
　　§2　生徒指導の評価の視点 ………………………………………180
　第2節　生徒指導と「生徒に対する評価」…………………………181
　　§1　「生徒に対する評価」の教育的機能 …………………………181
　　§2　「生徒に対する評価」の方法と内容 …………………………183
　第3節　生徒指導と「教師を対象とした評価」……………………185
　　§1　「教師を対象とした評価」とは ………………………………185
　　§2　「教師を対象とした評価」の重点項目 ………………………186
　第4節　新学習指導要領と生徒指導の評価 ………………………190

§1　新学習指導要領のねらい ……………………………………190
　　§2　高等学校における指導要録の改訂と具体例 ………………191
　　§3　生徒指導と指導要録の記入 …………………………………193

資料　Ⅰ　生徒指導に関する統計 ……………………………………201
資料　Ⅱ　生徒指導に関する文部省通知 ……………………………211
資料　Ⅲ　児童の権利に関する条約 …………………………………225

第1章　生徒指導の理論と歴史

第1節　生徒指導論の系譜

§1　管理主議論の系譜

(1)　ヘルバルトの指導理論

　ヘルバルト（J. F. Herbart 1776-1841　独）は，管理（Regierung），教授，訓練の3つの概念をもって学校教育における教師の指導活動体系を構成した。

　彼によれば，教育の目的を導く道徳の規範概念として，内的自由，完全（完成），好意，正義(法)，公平（公正）および応報をあげている。教育の目的は，これらを子どもの内に定着させ，道徳的人格をつくることにある。これらは，必然的な目的ではあるが，教育の目的には，個々の生徒について可能な目的がある。それは，子どもの可能性を掘りおこし，いろいろな方面の興味を起こさせることである。

　その教育目的を達成する方法として，管理（統制）・教授・訓練の3つがある。教授は，道徳的性格の育成を目的とするが，そのために知識の修得が正しい意志の育成に結びつかなくてはならないとした。すなわち，知識が感情と結合し，その修得が楽しく心よいものでなければならないから，興味が大切な要素となるとしている。

　訓練には，2つの役割があり，1つは，教授が教育的教授になるように子どもの学習態度を形成するという，いわば教師の教授活動のための条件整備の役割である。もう1つは，教授によって形成された知識と子どもの行為を一致させるように，子どもの行為を規制する役割であるという。

これに対して，管理は，教授や訓練を行いやすいように条件を整えることを目的として行われる。子どもは，本来まだ訓練されておらず，粗野で落着きのないものである。そこで，まず秩序のある状態にしなければならない。そのために，叱責，威嚇も必要である。それが管理であり，管理状態ができてこそ，教育本来の役割である教授と訓練が成立しうるようになるのである。
　子どもに対して，秩序維持のために強制・懲罰を認めること，内容から離れた形式主義であることなどから，ヘルバルトの生徒指導論は，管理論としても，かなり保守性をもっていたといえよう。

(2) ヘルバルト学派の指導理論

　このようなヘルバルトの教育理論は，後継者たちによって１つの学派が形成されたが，それらは19世紀中頃以降から発展する公教育の教授方法論，教育管理論などへ適用されていった。たとえば，チラーやラインの教授段階理論へと引き継がれたり，ラインの弟子のハウスクネヒトが東京帝国大学で講義を担当したこともあって広く流布していった。日本では，時あたかも教育勅語発布直後であり，その後，官僚的国家主義的教育体制整備の時流ともあいまって，長く形式主義的教授段階説として影響を残した。
　アメリカでは，1895年にラインの『教育学綱要』が出版されたが，この中で，管理と訓練を包括した Führung（指導）に guidance という訳語をあてており，以後アメリカでは，guidance of pupil personnel work という概念が普及していった。そして，第２次世界大戦後，日本にこのガイダンスの概念と理論が移入されることになるのである。

§2　集団主義論の系譜

(1) マカレンコの指導理論

　マカレンコ（A. S. Makarenko 1888-1939　ソ連）は，社会主義社会における個人と社会の調和関係を前提とし，人間の集団に対する要求の組織化の方法科学として，教育学をつくりだした。

マカレンコは，集団の発達を3段階に分けている。その第1段階は，内的にばらばらで，規律のない集団を相手にする段階である。ここでは，教師の首尾一貫した明白で断固たる要求が必要であると説いている。教師の要求がなければ集団がつくられることも，集団の規律がつくられることもないからである。

集団の第2段階は，規律を維持したいと意識的に望んでいる子どもたちのグループが教師の周りに組織され，教師の要求が支持される段階である。

第3の段階においては，要求はグループの指導で広まり高まってゆき，そして，教師個人やグループのみの要求ではなく，集団全体の要求になり，かつ一人ひとりの自分自身に対する要求，つまり自己規律になる。こうして集団に規律が成立することになる。

なお，集団を規律づけ，その規律の基礎となるのは要求であるが，不可欠の要素ではなく，他に①威嚇（強い形式），②要求，③誘発（弱い形式），④強制をあげている。

(2) 集団主義指導論と教師集団

マカレンコは，教師たちが統一された集団になっていない場合，たとえば計画や子どもに対する教師集団の態度が1つでない時は，どんな教育過程も成立しないとしている。一体となって仕事をする5人の弱い教師集団の方が，好き勝手にばらばらの仕事をしている10人の立派な教師よりもはるかによいとするのである。

また，マカレンコは，なによりもまず愛される教師になってはならないと助言している。自分は子どもたちから愛され，他の教師より人気がある，これを一般的にいえば，自分だけが子どもたちから愛されている教師になろうとする，このような現象をマカレンコは「自分をすでに教師集団から引き離している」とし，自己満足的教師は犯罪行為であるときびしく戒めている。共通の意見，信念，相互の助け合いによって統一された教師集団があってこそ，真の意味の集団教育が可能になるからである。

このようなマカレンコの集団主義教育論は，第2次世界大戦後，日本の教育

運動に伝えられた。たとえば，1956年の日本教職員組合主催の教育研究集会で発表されたエヒメ集団教育研究会の「集団づくりへの道」などが1つの契機となった。その後1959年には，全国生活指導研究協議会が結成され，『生活指導』が創刊されるに至った。

§3 生活主義論の系譜

(1) デューイの指導理論

デューイ（J. Dewey 1869-1962 米）の場合，古い形式主義的権威主義的な伝統的学校訓育は排斥されて，訓育は，教授の過程に含まれる副次的機能を越えて，成長とか発達という概念と同質のものとなり，教育の目的次元にまでたかめられている。

デューイによれば，学校の道徳教育の目的は，市民社会のcitizenの育成にあるとし，そのためには，学校教育の中に市民生活を導入して，それに子どもたちを参加させなければならない。つまり生活を中心にして教育課程を編成する必要性を強調している。教育は，子どもの生活経験にもとづかなければならず，カリキュラムは子どもの生活に連続していなければならない。それでこそ子どもたちは，将来のコミュニティ生活の準備ができるのであるという。

しかるに，学校の体制は，伝統的教科の暗記的授業に終始し，子どもの生活がほとんどみられない。道徳指導の原則が問題解決のための能力の育成ではなく，むしろ規則違反行為の処罰や不道徳行為の矯正におかれている。これでは，コミュニティ生活の問題を解決する道徳性や能力の育成につながらず，学校の秩序を維持するための管理にしか役立たない。

このような教科内容の注入的教授や学習過程では，教師の意図いかんにかかわらず，子どもたちは選別され，競争主義的利己的人間か，あるいは，劣等感が育てられていく。そこでデューイは，このような選別主義的疎外から子どもたちを救うには，子どもたちに内在的動機づけができるようにすべきである。そうすれば，教育は，人間が生まれた時からはじまる経験の再構成であり，主

体と環境との相互作用が経験であるのだから，再構成の作業過程で，その経験が相互扶助，相互奉仕の教育につながり，市民の資質としての社会的能力，社会的奉仕の精神を学習できるという。

このようなデューイの生活主義の道徳教育は，アメリカの教育に広く普及しているだけではない。わが国においても，戦後の教育改革の中核として採用され，とくに，昭和26年の『道徳教育のための手引書要綱』（文部省刊）以来，広く学校教育の中に取り入れられている。

(2) カリキュラムの改革か人間関係の改革か

デューイをはじめとする生活主義教育は，教育は子どもの生活経験にもとづかなければならず，カリキュラムは子どもの生活に連続している必要があるとする。そして，子どもの興味・関心を中心として教育内容を編成することが大切であるとし，子どもが原初経験をもっていることを前提としている。しかし，拒否的雰囲気の中では，子どもの興味・関心は抑圧されてしまう。子どもが興味も関心も全く示さず，生活や経験を広げようとしない場合がある。

現在，多発している自閉症の子どもを見れば，デューイのとらえ方に漏れがみられる。生活を中心としたカリキュラムの改革だけでは，このような子どもの学習意欲を促すことは難しい。また，道徳も学習も経験も，すべて子どもたちの人間関係の中から出てくるものであるが，最近，その子どもたちの人間関係のいびつ化や希薄化が問題となっている。そこで，カリキュラム改革だけでなく，人間関係の改革を主張するロジャースの場合を次にみてみよう。

§4 受容主義論の系譜

(1) ロジャースの指導理論

受容主義の生徒指導では，教師の子どもに対する受容が原理である。子どもは，受容によって醸し出される受容的人間関係の中で精神的に落ち着いてくる。そうなれば，今まで押えられていた生活意欲・学習意欲が自発してくるとする。

ロジャース（C. R. Rogers 1902-1987 米）によれば，教師の態度は，一致，共

感的理解，受容でなければならないという。一致とは，教師が職業的役割として着けている鎧を脱いで，教師としてではなく，生徒と同じように生活をしている生活者，人間同志として対面することである。これが共感的理解と受容の前提となる。

共感的理解とは，教師の立場から評価，判断するのではなく，子どもの立場で子どもを理解する態度である。学校現場でよくいわれる「子どもの目線に降りて」という態度である。

受容とは，子どもが新しい課題に対する場合，不安やとまどいを経験するものであるが，教師が子どもに対して共感的理解を示し，その子どもをまるごと受容するならば，子どもは課題に対するありのままの自己を表わすであろう。子どもがすでに身につけている感じ方，考え方，ものの見方が表われてくる。つまり，子どもの地の「生活の経験と論理」が表われる。教師はそれをとらえ，教育の論理へ指導し，高めることができるのである。

教師と子どもの人間関係が受容的になり，学級の雰囲気も受容的になることが大切である。受容的になれば子どもは自分のもっている学習意欲を自発させ，学習を真に自分自身のものとすることができる。つまり，受容すれば教育的教授が成立するというわけである。ロジャースの指導理論は，人間関係の改革による自己指導的教育改革論である。そこには，個人の内的可能性と人間信頼の児童観が前提となっているのである。

(2) 自己受容と自己実現

アメリカでは，1950年代の後半から人間学的心理学と総称される一群の心理学者たちの運動が台頭してきたが，その推進者としてロジャース，マスロー，メイらがあげられる。ロジャースは，わが国ではカウンセリングにおけるクライエント（来談者）中心療法として知られている。また日本では，岡本重雄らによる「生活心理学」の流れは，広義での人間学的立場に位置づけられると考えられるが，教育心理学では，正木正の先駆者としての業績が顕著である。

ところで，人間には本来自分の潜在的可能性を発現したい要求があるととら

え，その要求が充足される活動を自己実現という。このような考え方は，人間学的心理学者たちにはほぼ共通のものであるが，とりわけロジャースの基礎概念となっているものである。彼によれば，どの人の中にも必ず存在している自己実現へ向けての傾向が心理的防衛などによって阻止されたり，ゆがめられたりしている。それは，現実の自己と理想の自己との間のずれからくるものである。そこで，あるがままの自己を容認できるようになると，つまり自己受容できるようになると，その根底に存在している自己実現へ向けての力が発動されるようになる。それを助けようとする技術がカウンセリングであるとする。そして，この自己実現の動機に基づいて生きる人は，創造的生き方ができるとする。

第2節　生徒指導の歴史と概念

§1　生徒指導の歴史

(1) 戦前のあゆみ

1891（明治24）年，明治政府から「学級ニ関スル規則」が出され，授業集団としての学級が重視されるようになった。一方，明治20年代のヘルバルト主義教授法の普及，明治30年代の教科書の検定強化，それに続く教科書の国定化などによって，教育は個人よりも全体を重んじる傾向を強めていった。

しかし，日露戦争での勝利を機に，大国にふさわしい大人物の育成をとの観点から平均化した学校教育への批判も生じ，個人に注目する教育論が出された。それはやがて資本主義の発展とデモクラシー的動向の高揚を基盤として，いわゆる「大正期新教育運動」として発展した。

1920年代末から1930年代には，子どもの作文を通じて，彼らの生活の意識や行動のしかたを指導しようとする実践が広がり「生活綴方運動」と呼ばれた。たとえば，昭和初期の東北地方における「北方教育運動」では，子どもたちに

共通する生活基盤である農村の貧困に気づかせ，それらを子どもたちの話し合いによる共通の理解とし，相互の共感を深め，心情的な結び付きを強めていこうとした。ここには，「一人はみんなのために，みんなは一人のために」といったスローガンがその理念を示すように，生活綴方による集団指導論的教育論がみられる。

昭和10年代に入ると，教育にも政治色が濃くなり，教育界の保守主義的，国粋主義的傾向の強化とともに，新教育運動も生活綴方運動も後退を余儀なくされていった。そして第2次世界大戦中はほとんど仮死状態であったが，戦後，急速に復活をみることになる。

このように長く国家や全体を重視してきたわが国が第2次世界大戦後，民主主義教育を取り入れ，個人の価値を尊重することを教育の目的とした時，その教育の理念，理論，方法，内容を大転換せざるをえなくなった。そしてそれは，敗戦とともに日本を占領し，超法規的権力を有していたアメリカに求めざるを得なかった。

(2) **戦後のあゆみ**

1946（昭和21）年，米国教育使節団報告書は，わが国の教育再建の基本方針として，①人格の尊重，②個性重視の教育計画，③個々の児童・生徒の発達を促す教育方法を勧告した。同年CIE（民間情報教育局）の指導でガイダンスの研究が始まり，その成果として教師養成研究会編『指導』（学芸図書，1948年刊）が出された。また，1948（昭和23）年から1952（昭和27）年まで，教師の再教育のためIFEL（教育指導者講習会）が全国的に開催され，そこでもガイダンスが重要な講習内容となった。1949（昭和24）年には，文部省は，『児童の理解と指導』（学芸図書刊），『中学校・高等学校の生徒指導』（日本教育振興会刊）を公刊し，生徒指導の基本方針の普及を図った。

ガイダンスの概念をわが国へ導入するにさいして，それを「生徒指導」とも「生活指導」とも訳している。それ以来，生徒指導と生活指導が同義に使われたり，また一方ではそれぞれ特別な意味を付して使われたりして，現在に至っ

ている。

　1951（昭和26）年9月の日米講和条約を機に，輸入的生徒指導論を脱皮し，より日本の教育風土に適したものに改良しようという気運が盛り上ってきた。無着成恭の『山びこ学校』（1951年刊）はその口火となり，生活綴方による生活指導の発展を促した。1955（昭和30）年頃からは，「生活つづり方的生活指導」「学級づくり論」として理論化されていった。

　1954（昭和29）年頃には，生活綴方的「生活指導」のほかに，個性理解に基づくガイダンスやそれらを発展させたカウンセリング論，さらには集団指導を含めた生徒指導的生活指導論も登場するようになった。1956（昭和31）年，文部省は，生活指導研究協議会を主催し，生徒指導的生活指導の強化を図り，1958（昭和33）年の「道徳の時間」の特設へと進展していった。

　この「道徳の時間」の特設にたいして，「学級づくり生活指導」の立場から批判が出されたり，また，1964（昭和39）年度から文部省は，生徒指導推進校を全国に設けたり，文部省主催の生徒指導主事講座や都道府県教育委員会との共催の生徒指導講習会を数多く開催するなど生徒指導の研究を推進した。1965（昭和40）年，文部省は，「生徒指導資料」として，『生徒指導の手びき』第1集を公刊し，全国の小・中・高等学校へ配布し，生徒指導の知識と技術の普及を図った。当時，「生徒指導」という用語は多義に使われていたが，この『生徒指導の手びき』で概念の統一を図り，その目的，目標，内容，方法を明示した。

　その後，文部省は，1966（昭和41）年に，第2集『生徒指導の実践上の諸問題とその解明』をはじめ，次々に続刊を出すなど，生徒指導の普及に努め，1987（昭和62）年，臨時教育審議会の最終答申で「生徒指導の充実，教員の資質および指導力の向上」が要請されたこともあいまって，1988（昭和63）年には教育職員免許法を大改正し，1989（平成元）年4月から同法を施行した。この大改正で大学における教員免許取得のための法定科目も，単位数が大幅に増加されることになり，とくに，生徒指導力を向上させるために「生徒指導

「特別活動」などに関する科目が新たに必修科目として追加され，1990（平成2）年度大学入学生からこの新教育職員免許法が適用されている。

§2　生徒指導の概念

(1)　生徒指導の定義

　生徒指導とは，「児童・生徒の人格を尊重し，一人ひとりの人間性が最もよく発達することを目的とした教育活動」であるといえよう。
　もう少し詳細に考察するために，飯田芳郎の定義を紹介すると

　　生徒指導は「一人ひとりの児童・生徒のもつ諸条件（素質，環境，生育歴，将来の進路など）に即して，現在の生活に適応し，個性を伸長させ，その所属する集団生活の向上を図るとともに，集団の成因としての生活を充実させ，さらに，将来において社会のよりよき発展を図るとともに，その中で自己実現ができるような資質，態度を形成していくための指導や援助である」生徒指導は，教科指導とともに教育の2大機能のうちの1つである。[1]

　生徒指導は，自己指導力の発達を究極の目的として，次のような内容を指導する。①修学指導（学習意欲や学習習慣の形成），②適応指導，③社会性指導，④道徳性指導，⑤健康指導，⑥安全指導，⑦進路指導，⑧余暇指導などである。
　この生徒指導の前提として，児童・生徒を信頼し，生徒理解が十分行われ，児童・生徒の個性を伸長させるとともに人間の尊厳を大切にすること，この基本原則に基づいて適切な指導の方向と方法が考えられることである。
　指導形態からみれば，個別指導と集団指導があげられる。前者の典型はカウンセリング（教育相談）などであり，生徒指導担当の専門的教師や学級担任教師が児童・生徒を個別に指導するもので，心理学的専門的技術を用いることが期待されている。後者の典型は，グループ・ダイナミックスなどであり，学級

指導，学級会活動，児童会・生徒会活動，クラブ活動，部活動，学校行事など学校生活のいろいろな場において，担当教師らによって行われることが期待されている。

　文部省は，1971（昭和46）年からの学習指導要領において「学級指導」の時間を設け，ここで児童・生徒の精神的健康指導が行われることを期待した。そしてその内容として前述①～⑧などを想定している。

　ところで，生徒指導の概念を歴史的に辿ってみると，本節§1（2）で述べたように，第2次世界大戦直後にガイダンスの考え方がわが国に移入されたが，文部省は，このガイダンス理論を普及させるため，1949（昭和24）年に『中学校・高等学校の生徒指導』を公刊した。この当時の「生徒指導」は，guidance of pupil personnel work の訳語であった。このパーソネル・ワークの主な内容をまとめると，児童・生徒に自分の興味・関心を明瞭にさせること，自分の目標を現実的に評価させること，適切で受容しうる自己概念を発達させることなどであった。

(2) 生徒指導と生活指導

　生徒指導と生活指導は，同義に使われたり，一方ではそれぞれ特別な意味を付して使われたりしている。

　文部省は，1965（昭和40）年，『生徒指導の手びき』を公刊し，改めて生徒指導の普及に努めたが，そのさい文部省は，生活指導の概念は，日常生活の中で発生する偶発的問題の指導を多く取り扱うなど，あまりにも広範で多義的であるとして，生活指導という用語を採用せず，生徒指導の用語に統一した。この文部省の選択にたいして，妥当であったかどうか疑問視する向きもある。

　そこで，次に生活指導の概念についてみてみよう。生活指導とは，「生活者としての子どもの生きる力を育てることを目的とした教育活動である」と定義できよう。

　この根底にある生活指導観を武藤孝典の類型に従い，要約し紹介しておこう。

生活指導観には，それがどのような教育的主張を強調するかにより，特色あるいくつかの類型がみられる。それらは，①適応型，②生活綴方型，③集団主義型に分類され，あるいは，(1)受容主義，(2)問題解決型主義，(3)集団主義に分類され，さらには，a.グループ・ダイナミックス型，b.生活意識型，c.訓育型に分類することも可能である。それらをまとめると次の3つに分けることができる。

　第1の類型は，ガイダンスの考え方を基本にもつものであり，その中には，グループ・ダイナミックス的集団理解の方法に基づいて児童・生徒の適応指導を行うものと，ロジャースらの心理療法の理論に基づいて受容指導を行うものに2大別される。前者では，集団機能は集団目標達成機能，集団維持機能，治療的機能の3つにおいてとらえられ，適応上の問題をもつ児童・生徒個々にとって学級集団はどのように治療的機能を果たしうるかということが追求されている。また後者では，教師が児童・生徒個々に対して受容的な姿勢をもって接し，また集団の雰囲気を児童・生徒個々にとって受容的と感じうるものにつくりかえていくことによって，子どもの生活意欲をどのように育てることが可能であるかということが追求されている。

　第2の類型は，児童・生徒の生活意識に直接的に働きかけ，子どものものの考え方，感じ方，行動の仕方を育てることを願いつつ，生活の問題解決的学習方法によってそれを達成しようとするものである。この類型のもとでは，学内に生活グループを編成することや，生活ノートやグループノートによって児童生徒に自己の生活を記録させたりすることが積極的に進められる。これらの手だてを実際に行うことにより，児童・生徒個々にとって，何が自己の生活課題であるかをとらえさせ，問題解決的に課題を解決させていく手がかりをそこから得ようとしているのである。この類型は，生活綴方的方法をよりどころとすることから始まったのであるが，生活の課題解決を志向する点で，より広く問題解決学習の方法を基礎にもつものである。

　第3の類型は，マカレンコの集団主義教育に由来し，わが国の教育実践の

中で独自に具体化されたものである。ここでは，生活指導の目的は，児童生徒に自覚的な主権者意識を育てるところに求められ，児童生徒の生活向上の要求が集団として自覚的に組織されることにおいて，この目的が達成されると考えられている。集団主義教育における班づくり，核づくり，討議づくりなどの訓育的方法は，このような目的を達成するための具体的手だてを構成するものである。[2)]

武藤孝典は，生活指導観を上記のように類型的にまとめた上で，子どもの生きる力をよりよく育てるために，生活指導はその実践において，受容，問題解決，要求の組織化という生活指導の基本的理念をどのように統一的に展開すべきかということが，改めて問われていると結んでいる。

第❸節　生徒指導の原理と機能

§1　生徒指導の原理

(1) 生徒指導の基礎にある児童生徒観

文部省の『生徒指導の手びき』(改訂版，1981年刊)では，「生徒指導は，人間の尊厳という考え方に基づき，一人ひとりの生徒を常に目的自身として扱うことを基本とする。これは，内在的な価値をもった個々の生徒の自己実現を助ける過程であり，人間性の最上の発達を目的とするものである」と明記している。そして，同書はそれを補説して，次のように述べている。要約すると，

　　個人は尊厳のある存在ではあるが，社会的存在である。この限りにおいて，個人の自己実現は，一般的には，その大部分は模倣や同一化に基づいて，親やその他の大人の行動様式を取り入れることによって，子どもの身に付いてくるものであり，いわば社会化の結果である。人間が社会的存在である限り，その個人の自己実現は，常に社会的な価値との関連において行われるものと

しての社会的自己実現という形をとらざるを得ない。

　青年期の発達課題の中には，進路の選択とその準備及び公民となるために必要な資質を身に付けることが含まれているが，進路からの要請と社会・国家からの要請との関連において，自己実現をどう果たしていくべきかについて自主的に考え，その実践に向かっての努力を重ねていくことが，青年期の中心的な課題である。

　しかし，中学生や高校生の段階にあっては，まだ身に付けるに至っていないような社会的価値もありえるから，いろいろの集団活動を通して社会化を図っていくこともなお必要である。

　このように，社会化を続けながら，自覚的な存在として自主的に自己の人生目標を選択し，設定し，追及していく過程にある存在として，児童・生徒をとらえるとしている。[3]

　このような児童・生徒観の上に立って，生徒指導の原理を考察する必要性を述べている。

　生徒指導は，「人間の尊厳」に基づくものとしているが，この人間観は，近代的ヒューマニズムに立つものであることはいうまでもない。人間の成長発達に関しては，人間に内在する自己指導，自己発展を重視した近代的教育観に立つものである。したがって，生徒指導における教育観は，児童・生徒の発達の可能性を伸張する立場をとるべきものであり，そのような教育観における人間像は，個性的人間である。教材的知識の量的拡大よりも，内的自発的発達や質的向上による個性的人間の方を重視する。かかる人間観，教育観においては，個々の児童・生徒をして，自由に個性的に成長発達せしめることが，将来，彼らが生活する社会への貢献につながるという考え方である。

　ただし，個性的自己実現といっても，人間が社会的存在である限り，それは社会化の結果である。児童・生徒は，まだその社会化の途上にあり，彼らが自己選択，自己決定して，自主的に自己指導の能力をもてるように，教師は指導，

援助する必要がある。その指導，援助の原理が生徒指導の原理なのである。

(2) 生徒指導の方法原理

『生徒指導の手びき』（改訂版　1981年　文部省刊）では，生徒指導の原理として，①自己指導の助成のための方法原理，②集団指導の方法原理，③援助・指導の仕方に関する原理，④組織・運営の原理の4原理をあげている。

①　自己指導の助成のための方法原理としては，自己指導の発達を図ることは，生徒指導の究極的な目標の1つであるが，その助成のためには，自発性，自律性及び自主性の促進が課題である。また，児童・生徒が自主的に自己指導を進めていくことができるためには，その追及しつつある目標を明確化できなければならない。既に確立された下位目標を明確化させるだけでなく，選択した目標を絶えず弾力性をもって考え直していくように援助して，常に目標の確立と明確化における望ましい自主性を育成していくように努めることが大切である。

さらに，自己指導を助成するためには，目標との関連で，自己の現在のあるがままの姿を正確に把握すること，すなわち自己理解と自己受容が大切であり，自発性・自律性・自主性・目標の確立と明確化・自己理解と自己受容が原理としてあげられる。

②　集団指導の方法原理としては，集団の相互作用の尊重，集団の力の利用，人間尊重，友愛と自由の尊重，規律の維持があげられる。

集団の相互作用の尊重：学校教育は主として集団指導の形態において行われるが，集団指導では，集団の民主的雰囲気の盛り上がりを重視し，成員集団に対する所属感や成員同士の連帯感を高め，各成員にそれぞれの個性を発揮することによって集団に寄与することができるような役割を与え，成員間の相互理解，相互尊敬及び相互作用を高めるように工夫することが必要である。

集団の力の利用：集団活動の初期においては，集団に設定された目標と生徒の実態との間にかなりの隔たりのある場合がある。このような場合，その目標の達成に関して強制的な力を加えることが，少なくとも初期においては必要で

あろう。その目標に関して比較的，発達の進んだ成員がいる場合には，その成員に指導的な役割を与え，その積極的な指導力によって集団全体の水準を引き上げさせることが有効である場合が多い。

　人間尊重，友愛と自由の尊重：集団指導においては，人間尊重の精神を基調として，個々の生徒の自主性の発達や個性の伸張を妨げることがなく，またすべての成員が友愛の精神を基調として，人間として平等な立場で相互に理解し，尊重し，作用しあうものであることを重視しなければならない。ところが，集団指導の中には，個人の自由を実際にはほとんど認めず，また自己の集団の目標を唯一絶対のものと考え，それと異なる目標を設定している集団にたいしては，全く排他的な態度を育成しようとするような考え方もないではない。このようなことは，生徒指導の方法原理としては好ましくない。

　規律の維持：集団生活においては，成員相互の利益を確保し，相互作用を効果的にするために，一定の規律が必要である。この規則の遵守は，集団の成員が自主的な活動を展開していくための基盤になるものである。

　集団における規律の維持は，各成員を社会化していくことに寄与するとともに，各成員に集団における安定感をもたらし，個性的な社会的自己実現に向かわせることを可能にするのである。

　③　援助・指導の仕方に関する原理としては，問題解決に関する援助，治療的な援助と開発的な援助，賞罰，援助・指導の基盤としての人間関係，主観的な資料と客観的な資料の利用，全人格的生徒指導があげられる。

　問題解決に関する援助：いわゆる問題生徒だけではなく，すべての生徒は，学業，進路，性格，対人関係，健康，経済などの点で何らかの問題をもっている。このような問題解決に関する援助としては，生徒のために問題そのものの解決を助ける仕方と，生徒自身による問題解決能力を発達させるように援助する仕方とに区別されるが，自己指導の能力の育成を究極のねらいとする生徒指導の本義からは，後者がより望ましいと考えられる。

　治療的な援助と開発的な援助：生徒自身による問題解決がより良くできるよ

うになるためには，情緒的な緊張から解放されるように援助する治療的な援助が必要なこともあるし，少々の情緒的な緊張はあっても，それが問題解決を阻害する条件とはなっていない場合には，治療的な援助を行う必要はないので，直ちに開発的な援助を行えばよい場合もある。一般的には，いずれか1つの方法だけで生徒指導のあらゆる場合に十分であるとはいえない。生徒の問題の種類，発達の程度，性格などに応じて，もっとも効果的と思われる方法を選んで用いることが望ましいというのが，生徒指導上の原理であるべきである。

　賞と罰：賞は，学習者が望ましい行動をしているときに与えられるものである。望ましい行動は賞によって強化されることになるから，一般的には，生徒指導において用いられてよい手段である。

　罰は，生徒の行動が望ましくない場合に，それを禁止させるために与えられる。集団の秩序や規律を維持するための管理的な手段としては，罰や懲戒は，なおその必要性が認められている。しかしながらより重要なことは，その問題行動を発生させている根本の原因を見極め，これを取り除くような指導が大切である。生徒が望ましい行動をする上に障壁になっている条件を克服する方法を知らない場合もある。このような場合には，望ましい行動が実践できるようにするための積極的な指導を行わなければならない。

　指導・援助の基盤としての人間関係：援助・指導の基盤としての人間関係には，さまざまな類型が考えられるが，主として，生徒指導上の重要なものとして，権力―支配―盲従の関係，権威―尊敬―心服の関係及び出会いの関係があげられる。これらの人間関係の中から生徒の問題の種類，発達の程度，情緒障害の程度などに応じて，もっとも適切な人間関係をもつことが，生徒指導上の原理となるべきであろう。

　主観的な資料と客観的な資料：生徒の行動を直接的に規定している要因の中でもっとも重要なものの1つは，生徒が自分自身や自分を取り巻く生活環境をどのように認知しているかということである。これらは，生徒が主観的に認知したものであり，指導者は，これらを資料として，生徒の行動について内面的

な理解をもつことができる。主観的な資料だけでは不十分であるので，妥当性があり，信頼性も高く，将来の予測を可能にするような客観的な資料を利用することが必要である。

全人格的生徒指導：どんなに立派な資料や技術があっても，教師の方に個々の生徒の心と行動の動きに寄り添いながら，常に清新な反応をしていく心構えに欠けていたならば，真に生きた効果的な指導になることはできない。相手に対する無条件の尊重とか共感的な理解とかは，決して小手先の技術によって達成できるものではなく，全人格をあげて，相手にかかわり合いをもとうとする心組みによって，はじめて達成できるものである。

④　組織・運営の原理としては，全教師の参加と専門職分化の必要性，個体―環境の全体制の改善の必要性があげられる。

全教師の参加と専門職分化の必要性：生徒指導は，生徒の発達の全過程において行うべきものであるから，生徒と接触するすべての教師がこの任務に関係をもつことがもっとも大切である。学校のすべての教師が協力して当たっていくのでなければ，生徒に関する資料も不十分なものになり，助言，助力のもっとも有効適切な時期を逸することになる。生徒指導では，時機がよいということも重要な原理である。

また，専門職としての生徒指導主事などの職務の分化がなくては，長時間の援助を必要とするような生徒の難しい行動上の問題にたいして，適切な援助を十分に与えることはできない。生徒指導を適切に推進していくためには，専門職としての生徒指導主事などの設置が必要である。

個体―環境の全体制の改善の必要性：状況に応じて，個体か環境のいずれかに重きを置くことも必要であろうが，多くの場合，個体と環境の双方に働きかけることによって，個体―環境の全体制を改善することに努力することが，生徒指導上の原理にならなければならない。

しかし，生徒の行動上の問題の原因になりがちな家庭や地域社会の望ましくない条件をかえることには，困難を伴うことが多い。その上，学校内の生徒指

導には明らかに限界があるので，地域の学校間，学校と家庭，学校と地域社会の諸機関などとの協力体制の一層の拡充強化を推進することは，きわめて重要である。

(3) **生徒指導の原理と実践原則**

生徒指導の実践原則として，

① 児童・生徒の個人差に十分留意すること。彼らの素質，能力，適性，興味，関心，成育歴，教師に対する心の開き具合などの個人差に十分留意する必要がある。

② 生徒の発達的側面を積極的に指導すること。児童・生徒の人格の未熟さや問題行動にたいしての治療的援助だけでなく，身体的成長と精神的成熟に即して，時宜を得た発達課題を見い出して与え，積極的に指導することも有効である。

③ 全人格的援助活動であること。生徒指導は，学業指導も進路指導も，遊びや生活のあり方の指導も同時的総合的に関連して指導することが多い。ただし，児童・生徒の全人格を全面的まるごと否定するような指導になっては決していけない。

④ 学校教育の全般にかかわる活動であること。生徒指導は，問題行動のあった時のみとか，余暇指導や校外生活や非行についてのみ行うものと考えてはならない。教科指導も含めて校内外における教育活動の全領域でなされなければならない。

⑤ 児童・生徒の自己指導能力の発達を促すことが目的であること。生徒指導は日々の生活において，児童・生徒が自ら選択して行動し，自己を成長させる能力を育成することを目的としているものである。したがって，児童・生徒が自己選択，自己決定して，自己指導能力をもてるよう，教師は援助・助力することが基本である。

§2 生徒指導の機能

(1) 教科教育補完機能論と人格形成機能論

　生徒指導の機能は，学習指導がスムースに行われるための精神的諸条件を整備することであるとの考え方がある。学校教育の中心は，教科の学習指導にあり，その基盤づくりが生徒指導である。この学習指導から逸脱する児童・生徒の救済や適応化やつれもどしの役割，つまり教科教育の補完的機能を生徒指導が果たすべきであるという考え方である。この教科教育補完機能論は，第1節§1(1)で前述したヘルバルトの管理の役割の機能に近い。

　ヘルバルトの管理は，教授や訓練を行いやすい条件を整えることを目的として行れるものであった。子どもは，本来，粗野で落着きのない逸脱しやすいものである。そこで，このような子どもを教授し訓練するためには，その前提条件として，秩序と落着きのある教授や訓練の可能な状態を整える教育活動が必要である。そのためには，叱責，威嚇も必要であるとする。

　生徒指導は，学習指導のための諸条件を整備するためのものという，教科教育補完機能論である。

　これにたいして，生徒指導を人格形成機能としてとらえる考え方がある。たとえば，木原孝博の説を要約して紹介しよう。

　　生徒指導は，人格要素のうち情意面の形成機能であるとする。このとらえ方の中にもさまざまな立場があって，マカレンコの集団主義もロジャースの受容主義もこの中に入る。人格形成機能論の立場からすれば，生徒指導は，学習指導と対応する教育機能であり，学習指導が人格要素のうちのとくに知的側面の形成にかかわるのに対して，生徒指導は，人格要素のうちの特に情意的側面の形成にかかわるものと考えられる。

　　教科外課程は，生徒指導を行うために組織編成された学校教育の領域であり，学習指導を行うために組織編成された教科課程と対応するものと考えら

れる。こうして生徒指導は，主に教科外課程の領域で機能するものであるが，教育機能であるから，教科課程の領域でも副次的に機能するものと考えられる。同じことが学習指導についてもいえる。学習指導は，それを目的に組織編成された教科課程の領域で主に機能するが，教科外指導の領域でも機能する。[4]

(2) 受容と要求

人格形成論における受容と要求の関係を考察してみよう。同じく木原孝博の論を引用，要約すると，

> 人格形成機能論の立場は，単に外面的な規律のある学習指導の確立ではなく，内面的なものまで含めて捉えようとする。その意味での条件を確立するためには，教師が子どもを受容し，子どもがそれを知覚することが必要不可欠である。子どもと教師の関係だけでなく，子ども相互の間にも受容関係が成立し，学級や学校の中でも受容関係が成立することが望ましい。[5]

ロジャースもいっているように，子どものパーソナリティを建設的な方向へ変化させるのに必要にして十分な条件は「受容」なのである。ただし，受容するだけで要求がなければ，治療としては成立しても，教育としては成立しえない。それでは，人格の成長発達は望めない。人格の成長発達が望めるのは，受容に認知のある中で，社会的価値のある学習が要求されるときだけである。受容は要求を前提としている。要求のないところでの受容は空虚である。

受容と要求は相互に矛盾対立するものではあるが，同時に限定し合い，相互補完し合うものといわなければならない。相互に矛盾対立し合うものを相互補完し合わせ，矛盾対立物を統合させ合わせることが生徒指導であるといえよう。生徒指導は，本質的に矛盾物の自己同一化というきわめて困難な仕事を負わされているということにもなる。生徒指導は，受容と要求の相互展開があってこそ成立するのである。

第4節　生徒指導の今日的意義と課題

§1　現代社会の特質と生徒指導

(1)　社会変化と生徒の変化
1)　教師の理解力の低下と生徒の不透明化

　生徒指導は生徒理解に始まり，生徒理解に終わるといわれる。しかるに，「どうも生徒の世界が見えにくくなった」「彼らが何を考えているのかよくわからない」「つかみどころがない」「浮遊族だ」などという話を生徒指導担当関係の教師からよく聞くようになった。

　確かに最近の中高生は，おとなしくなった。近頃「校内暴力」という言葉もマスコミにはあまり登場しなくなった。まるで海月のようにおとなしく群らがって漂っている。割り込むとスーッと消えていく。透明のようでいて不透明である。他の魚のように鋭い歯も骨もない。刃向ってきたり，反抗したり，ハネ上ることもない。

　それでは，おとなしくなって何の問題もないかといえば，そうではない。最近の高校生を中心にその問題的特徴をあげてみると，

　①　教師に向かってこないが，いうことも聞かない
　②　反抗的ではないが，興味のあることしかしない
　③　ホーム・ルームや生徒会活動など公的集会が成立しにくい。体育祭，文化祭などの学校行事も全体的集団として，とくに生徒の自主的活動として機能しにくくなった
　④　他人がどう思っているかとても気にする
　⑤　進学校などでは，学習に対する集中力のある生徒もいるが，その視野は極端に狭い

例1．海月族：職員室でこんな風景がよくみられる。「提出物を出しなさい

よ」「ハイ」。「こんな方法でやるとよくわかるよ…来週は必ず出しなさいよ」「ハイ」と生徒は大変素直である。それではちゃんとしてくるかというと全くやってこない。再三再四やりとりがあった後，業を煮やした教師が「こんな状況が続くと，単位が認められないこともあるよ」というと黙っている。あげくの果「君は，卒業する気があるのかね」と迫ると，「別に一，どちらでも」なんて答える。決してふてくされているのではない。暖簾に腕押しの生徒が増えており，つかみどころがないという声を聞く。

例2．刹那的笑い：授業中，突然教室が沸く。教師には理由がわからないので薄気味が悪い。「なぜ，おかしいか」と聞くと，「別に一」とくる。笑いはますます刹那的単純的になり，それに意味や理由をつけることを嫌う。十数年前なら，権威をひっくり返すことで笑いが生じたが，昨今は，他人の欠点を見つけたときや，何でもないしぐさに笑いが生じる。彼らの笑いには，ユーモアや知的なものはあまりなく，むしろそのようなものはシラける。「なぜ」と聞くだけで拒否反応を示す。感覚の中で生きており，理屈や論理は不要であり，そんな根っこは初めからないのである。だから授業中，笑われたとしても教師は考え込んでしまったり，こだわる必要はないのである。

例3．軽薄さの中でホッとしたい：中高生たちは，勉強や受験，学校の管理体制の中で気疲れし，大人に負けないくらいのストレスをもっている。そこで，おもしろくてホッとできる，それも手軽なものをいつも探している。教師からみるとバカバカしいものも多い。深夜の若者向けのラジオ放送などにその類が多い。

　ある高校の文化祭で等身大の人形を立て，それにティッシュペーパーをちぎって唾で湿して固めたものを投げつけるゲームをしたら，バカ受けしたというのもこの類である。また，ある工業高校の文化祭で，中古車を1回いくらと有料でバットでたたいてこわす催しをしたところ，希望者が殺到したということであった。

例4．周りが見えない集中力：ある進学校でのこと。全校一斉油引きの日，

数学の問題を解いている生徒がいた。みんなが机・椅子を廊下に出しても，自己の世界に没入しきっている。教師が肩に手をかけて話しかけても振り払う。教室内が1人になってもまだやっている。油引きが始まり，悪臭がたちこめ，邪魔になっても退こうともしない。実に恐るべき"集中力"と視野の狭さである。

　ある高校の「世界史」の授業中，珍しく質問があり，教科書に載っている人物の写真についてであった。教師がその人物の歴史上の活躍の話をはじめると，もうその生徒は横を向いておしゃべりをしている。この男子生徒は，写真の人物の帽子のファッションに興味をもったまでで，歴史的なことなどには一切興味はなかったのである。

　自分たちの日常世界，たとえば，車，オートバイ，ファッションなどに関する話にはある程度耳を傾けるが，直接結びつかないものには全く興味を示さないのである。「政治・経済」の授業の天下国家なんて，全く「ワクの外」である。あの学園紛争の頃が懐かしいとの声すら聞かれる今日の状況である。

2)　興味のワクの外か内か

　かつて「突張り」が闊歩した時代，彼らの学校不振，教師への反発には根強いものがあった。教師たちは，それを解きほぐすのに大変なエネルギーと時間を費やした。突張り連中の吐く「関係ねェだろー」という台詞に教師として立ち向うことが「関係ある関係」をつくり出すことだと思い，格闘し，論争した。彼らも暴言を吐きながら向かってきた。そして"いかに関係がないか"という主張をした。そこには奇妙ながらも，教師と生徒が1つの土俵の上にあった。この頃の「おとなしい高校生」には格闘の接点がない。相撲にたとえれば，肩すかしか，初めから土俵に上ってこないのである「おとなしい」最近の高校生は，ワクの内か外かで見事に線引きをする。

　たとえば，ホーム・ルームの不成立。そもそもホーム・ルームなんてものは，生徒の興味のワクの外なのである。生徒会も体育祭も文化祭もしかり。小グループの私的集団のみワクの内なのである。そこでは埒もないおしゃべりを一日

中していても楽しいのである。「いびつな集中力」もこの類である。いったん数学の計算がこのワクの中に入ると周囲のことが全く目に入らなくなりほかのこと，ワクの外のことはどうでもよくなるのである。興味があるものとないものとでは，ドアの外と内に峻別するのである。

　全くワクの外であるならば，「関係ねェよ」という台詞すら必要ないのである。ドアの外側の道路は，どんな人が通ろうと，どれだけたくさんの車が走ろうと，何が起ころうとどうぞご勝手にとなるわけである。今の中高生にとって，教師はワクの外側にいるのかもしれない。だからこそ反抗する必要もないし，興味がある部分は家の中へ入れてやるが，なければ「またネ」とそれまでであり，ワクの外なのである。先に述べた「反抗的ではないが，興味あることしかやらない」というわけである。

　3）群れのワク

　同じ興味のワクが合うと小グループができる。昼休みなど，校内のあちこちにこの小グループが集う。特に女生徒は「ね，ね，聞いて，聞いて」とよくしゃべる。1人がしゃべるときは他の者は，司会者よろしく「ウン」「フン」と聞いてやっている。入れ替ってまたしゃべる。それでいて絶対に議論や討論にはならない。一昔前の高校生は，たとえ話題が日常的雑事的なことや，他愛のないことであっても時として，ムキになったり，意地になって議論になることもあったが，今はそういうこともない。なごやかで他愛のない昼下がりの奥様向TV番組そっくりである。

　ときどき「ウソー」「ホントー」と合槌をうつが，言葉ほど感動もしていないし，身を入れて聞いてもいない。そんな調子が延々と続くのである。

　彼女たちは，自分たちだけの空間をとても大切にする。「わたしたちのグループ」で，そのグループによそ者は寄せつけない。家に帰ってまでも長電話でこのグループ性を引きずっている。この電話コミュニケーションには，親も教師も割り込めない。毎日毎日長電話で話し，グルーピングは強固なものになっていく。「はずれるとのけ者」の恐さを彼女らはよく知っているからである。

「のけ者」にされるだけでなく，場合によっては攻撃的なグループからはいじめられることになる。

4) メダカの群れの中でちょっとだけ目立ちたい

持ち物はなるべくみんなと同じ物を持ちたがる。同じデザインなら模様や色彩がちょっと違うとか，色彩が同じだとデザインがちょっと違うとかで，みんなと同じ群れの中，同じグループの中にいたいのだが，その中でちょっとだけ目立っていたい。大きくはずれて1人で泳ぐのはこわいのである。

靴下の色は何色，模様はワンポイントまでとか，メガネのフレームの色は何色にかぎるとか，非常に細かい学校の管理規則に対しても，違反しないように，実に巧みに新製品を選んでくる。学校の規則もミリ単位の超LSIであるが，商品はそれ以上に豊富で多彩である。

このメダカの群れの中へ石を投げ込むと群れはスーッと散るが，向こうの方でまた群れをつくる。教師や親がこの群れに飛び込もうとすると反抗も抵抗もしないが，スーッと散って向こうの方で群れるのである。大人からするとなんともつかみどころがないエイリアンの群れである。

5) 浮遊している方が安心

群れから離れないためには，いつもグループやグループの周辺がどう思っているかに気を配っておく必要がある。他人志向ではあるが，それには，自己イメージが自己のものであるためには，他人との違いが必要である。仲間との同調から大きく外れることはこわいが，他人とはいくらか違うファッションや趣味がほしい。

このような生き方が中心にあって，それでいて社会に適応していなければならないとすれば，できるだけ柔軟でしなやかな自分をもっていなければならない。目標を確立し，それに向かってガリガリ努力するとか，ものごとをきまじめに考え，重々しく受けとめるのでは息がつまり，身がもたない。失敗するとリスクも大きい。また，がんばってみたところで，こうがんじがらめの管理社会では，どうしようもないだろうし，自分の力もかなりみえてくると，この流

れの中からそう大きく飛び出せないこともわかる。偏差値が自分の位置を明快に示してくれる。上には，たくさんの人びとがいることもみえてくる。これでは，努力しても大したことはできないし，しなくても現代社会は豊かで，そう不満もない。まあまあの中流社会である。餓死することも戦争もない。

とすれば，この小川に映っている青空や雲を眺めながら，日だまりの中で漂っていよう。この流れがどこへ行くのかとか，社会の流れを改革しようなどと考えず，群れの中でちょっと目立っておれば，そのうち誰か素敵な人が掬ってくれて，いいところへ連れていってくれるだろう。だからものごとをあまり深刻に考えない方がストレスにも精神衛生上もよい。つまり浮遊している方が安心であり，気が安らぐのである。気楽さには，遊びや小さな笑いが好まれ，気の安らぐ仲間とその雰囲気を守るためには，防波堤としてのワクが必要なのである。

(2) 問題行動の特質の変化

最近，児童・生徒の問題行動の特質が変化してきたといわれる。その特徴をまとめてみると，①非社会的問題行動と反社会的問題行動のボーダレス化，②一般化，③問題行動の潜在化などがあげられる。

① ボーダレス化：従来は，適応できない事態に対する生徒の反応の現れ方が外側への反抗の形をとった場合，たとえば校内暴力や対教師反抗などを反社会的問題行動とし，内側に逃避する形をとった場合，たとえば登校拒否などを非社会的問題行動と区分してきたのであるが，最近は，両者の関係が流動的になってきている。

反社会的行動は，倫理観や社会的規範を内在化しきれない者であり，非社会的行動は，社会化の中で心理的葛藤や不安，悩みを解消できず，内向的になり，社会から逃避していく者であり，それぞれの特性に応じた指導を考える必要があるとの考え方があった。

しかし，最近の問題行動をみると，たとえば登校拒否で内的心理的葛藤をもっていると思われる生徒が，いつのまにか非行グループに入り窃盗を働いたり，暴走族に入っていたりと，非社会的問題行動から反社会的問題行動にあまり抵

抗なく入ってしまっていることが多くみられるようになった。逆に反社会的問題行動がそのはけ口をふさがれて，非社会的方向に向う場合もある。いずれの形態をとるにせよ，問題行動はその生徒と生活環境の間に生じた葛藤から発生してくるものである。したがって，生徒指導に当たる教師は，表面に現れた問題行動にのみ目を奪われることなく，その生徒がもっている根底にあるものに目を向けていく必要性が高まっているといえよう。

② 一般化：従来は，反社会的問題行動にしろ，非社会的問題行動にしろ，問題行動を起こす生徒については，それなりの事由を見い出すことができる場合が多かった。ところが，最近の状況をみると，ごく普通の，予想もしなかった生徒が問題行動をとるといった例が多くみられるようになった。つまり，問題行動を誘発する社会的背景や原因が問題行動を起こす特定生徒のみではなく，すべての生徒に作用している，すべての生徒が抱える共通の要因となっていると一般的にとらえておく必要があるといえよう。

③ 潜在化：反社会的問題行動や非社会的問題行動のようにはっきりと表面化しない問題行動がある。生活環境や学校に対する不適応観の反応がはっきりとは表にでないため，教師は見落としがちであり，実態の把握も指導も難しい場合が多い。

気力がなくいつもぼんやりしている，明確な理由もなくしばしば保健室へ行きたがる，社会性や生活意欲，責任感の欠落，しらけ，無気力，性非行など枚挙にいとまがない。このように，指導を要する問題は必ずしも表にはっきりと現れているものに限らない。従来の問題行動の類型にとらわれることなく，生徒一人ひとりの望ましい発達という観点に立って，生徒を理解し，指導・援助していく姿勢が必要になってきている。

§2 今日的意義と今後の課題

(1) 生徒指導の今日的意義

問題傾向の要因や背景について，「臨時教育審議会の第1次答申」は，次の

ように集約している。[6)]

* 社会・経済の進展の伴う学校教育への要請の高まりとともに、教育の内容が増加し高度化しがちであり、受験競争とあいまっていわゆる詰め込み教育となったり、画一的な教育・指導に陥っている傾向があり、学業についていけない者がみられる。
* 家庭の変化の中で、親の養育態度も過保護、過干渉あるいは放任の傾向が強まり、また乳幼児期における子育ての方針が混迷しがちであること、就業形態の変化により父母が不在がちであることなども重なって、母と子のきずなや父親の影響力の不足、しつけの不足など、家庭における教育機能が低下している。
* 都市化の進展により、遊び場が減少し、隣人関係が希薄となり、地域の連帯感を喪失、弱化させ、その教育力の低下をもたらしている。
* ラジオ・テレビ・出版物などマス・コミュニケーションの発達は、反面、子どもを取り巻く有害な環境を生み出し、青少年に悪影響を与えている。

ある高校2年生は「私の青春時代は、非常に悲しく淋しいものに思える。高校、大学への進学、受験という中での青春時代だからである。人から見られるとき、成績なしでは見られない。そんな中で自立などということは非常に難しいと思う。成績ですべてがきまる社会状況の中で、ぼくは偏差値序列というハシゴを上ったり、下ったりしながら、ハシゴから落っこちないようにするだけの青春時代なのである」と書いている。

中高生に期待される学校の内外で評価されるのは「勉強」と「成績」のみである。それ以外の基準で、表の文化として評価されるものはほとんどない。そこで規範化された行動様式は、一切をあげて学業志向をもつかどうかである。しかしながら、中高生の行動様式は、エレキギターであれ、スポーツであれ、

あるいは，いかにマンガを上手に描こうとも，学業志向以外はすべてインフォーマルなもの，裏文化としてしか評価されない。

R. P. ドーアは日本の学歴社会を「入試歴社会」だといっている。そして「日本の教育制度が人間形成の教育，創造性，想像力，社会的責任感を養う教育という教育本来の理想から加速度的に遠ざかっていっている」と指摘している。[7]

点数至上主義は，未熟な生徒の人格を大きな不安に突き落とし，学校，家庭，社会に対して漠然たる不満を蓄積させる。しかも，12年間以上にわたる長い受験体制レースの学校生活の中で，一度でも裏文化にのめり込むと，もとの受験レースにはもどりにくい。しかも敗者復活戦はない。この長いレースの中で，一度でも1科目でも，たとえば数学ができない，英語が弱いというだけで教師から全人格を否定されるような評価をうけることさえある。スポーツや音楽ができないとしても，これは誰でもそういう劣等感をもちうる分野であるが，それがその個人の人格を脅かさなければ，そのコンプレックスは致命的なものにはならない。しかし，日本では，「成績」という一本の価値尺度が人びとを強く拘束する。「成績」＝「人格」という錯覚に陥り，偏差値がその生徒の全人格と存在価値にかかわってくる。

同じものでも違った目でみることから生じる問題を真剣に考えてみるという姿勢が，社会の不安，苦痛，愚行を少なくすることに役立つということ，偏差値は，人間の多様な能力の一面を示しているにすぎないということを認識すること，子どもの目線で今の学校教育をみなおしてみるということなどが，今日の教師にはぜひ必要であろう。

(2) 生徒指導の今後の課題

文部省の生徒指導資料第1集『生徒指導の手引』（改訂版）において「生徒指導の課題」として次の5項目をあげている。[8]

ア．現代の学校教育や社会生活において，人間関係の改善と望ましい人間関係の促進とが強く望まれている。

イ．生徒の学校生活への適応や自己実現に関する問題が増大し，その解決についての援助や指導が必要とされている。

ウ．望ましい習慣形成に，学校教育も積極的な努力をすることが求められている。

エ．道徳教育の基盤を培うために生徒指導の充実強化が必要とされる。

オ．青少年の健全育成や保護育成の活動に関して，学校も果たすべき役割をもっている。

これらは，今日においても重要であり，生徒指導上の普遍的課題であるともいえよう。しかし，これらの課題に，前述の最近の児童・生徒の特質や問題傾向の変化などを考え合わせると，今後の課題として，とくに次の2つをあげることができよう。①人間関係の再構築と人間形成，②自己実現の将来展望と自己指導力の伸長。

①　人間関係を改善し，その中で実体験的に人格をみがき，人間形成が図れるようにする

　文部省の『生活体験や人間関係を豊かなものとする生徒指導』によると，通塾などで学校生活以外の学習時間がかなり多くなっており，交際時間は日曜日でも，小学生35分，中学生26分，高校生1時間4分となっており，交友時間が著しく少なくなっている。また，友人関係は「同じクラス」が小学生で90.6％，中学生83.2％と圧倒的に多く，高校生でも「学校」が97.0％である。友人関係が形成される場が学校やクラスが圧倒的に多く，地域社会は，今やその機能を失っている。

　また，「欲しいと思っている友達」は「なんでも話し合える友達」がもっとも多く，小学生の70.1％，中学生の82.3％が回答している。これに対して実際の友人との付き合い方をみると「みんなでワイワイ騒ぐ程度」がもっとも多く，中学生で70.4％，高校生で81.5％である。これらの調査結果から小中高生とも，友人はいるが，比較的浅い表面的な付き合いのものが多く，心の中では，もっと親しくなんでも話し合える親友を欲していると思われる。

しかも学校段階が進むとともに親しい友人がいないと回答する割合が増えており，現在の児童・生徒の友人関係の希薄さが出ている[9]。

さらに，都市化の進展で，高層マンション住まい，屋外の遊び場不足，ファミコンやTVゲームの普及などの影響で，子どもたちは家の中に閉じ込もりがちとなり，深夜の長電話しか友人との人間関係を修復できないという孤立化状況にある。

われわれの調査によると[10]，高校を中退する場合でも，学業不振とか学校以外の生活にのめり込んだとか，非行等だけでなく，その上に学校での友人関係が切れてしまって孤立化した時に退学を決心することが多い。換言すると，中退を思いとどまるのは，教師や親の説得ではなく，友人関係が良好の場合は，学業が不振でも，学校や勉強が嫌いになってもふみとどまっている場合が多い。このように，青少年期においては，友人関係が何よりも大きなウェイトをもっているのである。

この人間関係の処し方，社会的技術の未熟さが校内暴力やいじめの原因になっていることが少なくない。人間関係を円滑にしていくには，人と人とのふれ合いの中で実際的に体験を通してしか身に付かないものが多い。しかし，今日，家庭や地域社会においては，児童・生徒は十分な体験をえる機会が少ない。

この意味で，友人関係とともに，さらに広く家庭や地域社会を含めて，児童・生徒を取りまく人間関係を深めていくことが今後の大きな課題であり，学校教育においてもそのための援助と取り組みの充実を図ることが重要となろう。

② 将来展望と自己存在感を与えること

将来展望をもつということは，自らの目標や目的意識をもつことである。しかるに現在の状況は，前述したように，偏差値序列や管理社会化の中で，将来の展望がもてず，早々と小さなワクの中に閉じ込るか，浮遊するか，モラトリアム化するか，さもなくば自ら逸脱行為に走るかである。逸脱せず，浮遊ではなく，あるところに根を張り，伸びようとするならば，まずそこに自己存在感

が必要である。

　人間は，他者とのかかわりの中で生きており，その人間関係の中で自己の存在感を見い出せるとき，いきいきと活動できるのであり，それなくして自己実現は図れない。そこで教師は，児童・生徒が学校生活の場で自己存在感をもてるように配慮することが大切である。そのためには，生徒の独自性，個別性を尊重する生徒指導が大切になってくる。

　自己をありのままに認め（自己受容），自己を深く見つめ（自己理解），それらをもとに，自らの追求しようとする目標や進路を選択し（自己実現），それに向かって自ら行動し，実行できる力，それが自己指導力であるが，その力を育成できるよう指導することが重要な課題である。児童・生徒が学校生活や日常生活の場で，どのような選択が適切であるか，自己決定し，実行し，またそれについて自己責任をとるという経験を数多く積み重ねることによって自己指導力が身についていくのである。教師は，そのような機会をできるだけ多く用意し，援助するようにすることが大切であり，自己指導力は，教師主導の指導体制や教師の考えの押しつけや，管理体制の中からは育ちにくいものであることを認識する必要がある。社会環境の悪化から，子どもたちを守るためとはいえ，教師が学校のワクの中へ児童・生徒を囲い込み，完全な管理体制を敷こうとすればするほど，子どもたちは，その学校のワクの中で自分たちの自己防衛ワクを構築し，教師たちから自分たちを見えないもの，見えてもよく理解できない海月族を装うことになるのである。

　生徒を受容し，信頼し，児童・生徒が自己存在感をもて，自己実現をめざして自ら進路を選択し，自己指導力を身につけられるよう支援することが今後の生徒指導の重要課題である。はがゆくても決して強制したり，誘導せず，生徒を信頼し，生徒の自主性を尊重して，生徒自らに決定させ，実行させること，ただし挫折したときには，援助の手をさしのべ，適切な指導をすること，特に将来展望と希望を支えることが大切である。絶望は死に至る病であるが，小さくても希望があれば子どもたちは立ち直れるのである。

　　　　　　　　　　　　　　　　　　　　　　　　　　（宮崎和夫）

引用文献
1) 飯田芳郎ほか編『生徒指導用語事典』第一法規　1967 年
　　飯田芳郎『「児童・生徒の指導」の理論』明治図書　1976 年
2) 武藤孝典「生活指導」日本教育社会学会編『新教育社会学辞典』東洋館出版　1986 年
3) 文部省『生徒指導の手引き（改訂版）』（7 刷）大蔵省印刷局　1990 年
4) 木原孝博『生徒指導の原理』光生館　1987 年
5) 木原孝博『生徒指導の原理』光生館　1987 年
　　生徒指導論の系譜のまとめと分析の視点については，木原孝博の説に負うところが大きい。
6) 臨時教育審議会編『教育改革に関する第 1 次答申』大蔵省印刷局　1985 年
7) R. P. ドーア，松居弘道訳『学歴社会　新しい文明病』岩波現代選書　1978 年
8) 文部省『生徒指導の手引き』大蔵省印刷局　1971 年
9) 文部省『生活体験や人間関係を豊かなものにする生徒指導』大蔵省印刷局　1988 年
10) 宮崎和夫「不本意就学と学校不適応」『高校教育』学事出版　1983 年 5 月号
　　宮崎和夫「志望外入学と学校不適応」『高校教育』学事出版　1983 年 6 月号
　　宮崎和夫「学校生活不適応」『高校教育』学事出版　1983 年 9 月号

参考文献
上寺久雄編『生徒指導』東信堂　1982 年
澤田慶輔，高桑康雄『生活指導』学芸図書 K. K　1985 年
全国教育研究所連盟編『新しい生徒指導の視座』ぎょうせい　1991 年
木原孝博『生徒指導の理論』第一法規　1982 年
ヘルバルト，三枝孝弘訳『一般教育学』明治図書　1963 年
デューイ，宮原誠一訳『学校と社会』岩波書店　1957 年
矢川徳光他マカレンコ全集刊行委員会『マカレンコ全集』第 6 巻　明治図書　1965 年
マカレンコ，矢川徳光訳『集団主義と教育学』明治図書　1960 年
畠瀬　稔編訳『人間関係論』（ロージャズ全集第 6 巻）岩崎学術出版　1967 年
伊東　博編訳『クライエント中心療法の最近の発展』（ロージャズ全集第 15 巻）岩崎学術出版　1967 年
畠瀬　稔・阿部八郎編訳『来談者中心療法』（ロージャズ選書第 7 巻）岩崎書店　1964 年
五十嵐・大田・山住・堀尾編『岩波　教育小辞典』岩波書店　1982 年
天城　勲・奥田真丈・吉本二郎編『現代教育用語辞典』第一法規　1977 年

金子孫市監修『現代教育理論のエッセンス』ぺりかん社　1983年
宮崎和夫・奥　俊治・松下静男・原　清治『特別活動の理論と実践』学文社　1993年
宮崎和夫「豊かな管理社会の若者」『本』講談社　1987年12月号
文部省『学校週5日制の解説と事例』大蔵省印刷局　1992年
文部省『学校における教育相談の考え方・進め方』大蔵省印刷局　1990年
文部省『個性を生かす進路指導をめざして――生徒ひとりひとりの夢と希望を育むために――』（中学校進路指導資料第2分冊）日本進路指導協会　1993年
文部省『生徒の健全育成をめぐる諸問題』大蔵省印刷局　1984年
文部省『生徒の問題行動に関する基礎資料』大蔵省印刷局　1985年
文部省『生徒理解に関する諸問題』大蔵省印刷局　1985年
文部省中学校課内生徒指導研究会編『データにみる生徒指導　平成5年版』第一法規　1993年

第2章 生徒指導の組織

第1節 生徒指導と指導体制（生徒理解・教師理解を含む）

§1 教職員の指導協力体制

(1) 教師一人ひとりの生徒指導の認識

　生徒指導は教科指導・道徳・特別活動等，学校教育の全領域に関わるものであるため，生徒指導の担当者だけでなく，教師一人ひとりが生徒指導の担当者であるということを認識すべきである。

　1人の教師が関わる教育課程の領域としては，教科の指導，特別活動の各領域の指導（学級担任でなくても，担任の出張や欠勤の場合は，その代理として指導しなければならない。小・中学校の道徳の指導も同じ。）など，学校教育のすべての領域や分野を指導していることになる。担当の領域や分野だけではなく，出張や欠勤の場合の代理もあることから，教育課程の全領域と生徒指導との関係を把握し，的確な指導ができるよう研修しておくことが必要である。

(2) 教職員全員の協力体制

　学年・学級・クラブ・部などを越えて，教師全体の協力体制，教科指導・道徳・特別活動等の各担当者の協力体制，教師のみならず養護教諭・事務職員をも含めた学校に勤務しているすべての人たちとの協力体制が必要である。

　この場合に注意すべきことは，

① 担任や担当者の直接の指導領域（教室の座席についての批判やクラブ・部活動の技術指導など）に立ち入ってはならないこと

② 偏見をもった指導をしないこと

③　注意をする時は，事情をよく確かめた上で指導する

　これらについての配慮を怠ると，生徒や担当の教師の不満や反感をもたれ，協力体系がマイナスにはたらくことがある。

(3) **学級・ホームルーム担任と生徒指導**

　中学校・高等学校においては，教科（学業）指導は各教科担任が当たり，教科指導と共に必要に応じて生徒指導も行うが，教科以外のすべての指導を直接担当するのは，学級・ホームルーム担任といっても過言ではない。

　学級・ホームルーム担任は，朝のSHRに始まり，担当教科の指導，道徳，学級・ホームルーム活動の指導（生活上の諸問題の解決，集団生活の向上などから学業指導，健康安全指導，進路指導など），清掃指導，帰りのSHRやLHRの指導に至るまで，時間的にも内容的にも生徒指導との関わりが深い。

　このように，学級・ホームルーム担任は，全校の生徒指導に果たしている役割が大きいのである。

§2　学校・地域社会の人たちとの協力体制

　学校を離れて児童・生徒が生活している家庭や地域社会との協力体制が必要である。

　そのために，学年・学校通信，育友会新聞などで生徒指導に対する学校の取り組みや家庭に対する要望などを掲載したり，全校あるいは学年保護者会の集まりなどを通して協力を呼びかける。また，個人的な指導に当たっては，小学校の児童の場合は連絡帳でよい場合もあるが，秘密が漏れないように，直接出会って協力を求めることが最適であろう。

§3　明るく親しみやすいイメージをもつ生徒指導体制

　生徒指導といえば非行対策のような暗いイメージを持ちがちである。

　しかし，生徒指導は生徒の人間関係の健全な育成，生徒の自主的な判断・行動力の育成を目的とするものであるため，たとえば生徒指導室を生徒相談室に

するとかその部屋に花や絵を飾るとか，教師と生徒が親しみやすい場にしたいものである。

§4 生徒理解と教師理解

(1) 生徒理解をする教師の目・耳

　生徒理解をするために，いろいろな検査・テストがあるが，直接，指導に当たっている教師の目や耳を軽視してはならない。それは，生徒の直接行動を目にし，その行動が出てきた背景を知り，指導の過程で生徒の心情に触れ，継続的な指導をしているからである。より広く・深い生徒理解をすすめるために，指導要録や指導の記録などに目を通し，前年度の学級担任，クラブの顧問に聞くことも大事なことである。

　また，自分自身の生徒理解・生徒指導の力量を高めるために，教師としての目や耳を養っておく必要がある。

　すなわち，見えないものが見える目，聞こえないものが聞こえる耳，生徒が見てほしいと望んでいる見える目，聞いてほしいと望んでいることが聞こえる耳をもつことである。このことにより，児童・生徒から監視の目・耳とみられるか，生徒愛に満ちた目・耳と感じられるかは，日常の生徒指導から生徒が判断するのである。松下静男の『おしえ・そだて・まなぶ』によると，

　「見ていて，見えない目……見ていたと思うのに，見ていなかったのか？

　見てないようで，見ている目……見てないと思っていたのに，見ていたのか？

　見えないものが見える目。何を考えているか，悩んでいるかが見える！

　見てほしいと願っているものが見える目……どこでも，いつでも見てくれている

　心を表現できる目……嬉しそうな目，悲しそうな目だなあ，あの目は「こう」言っている目だ

　ある時は，複眼・千里眼……あちらをみていた筈なのに家庭の出来事が見え

　　　　　　　　　　る筈がないのに
聞いていて，聞こえない耳……聞こえていたと思うのに？
聞いてないようで，聞いている耳……聞いてない，聞こえてないと思っていたのに
聞こえないものが聞こえる耳……訴えようとしているものが聞こえてくる
聞いてほしいと思っていることが聞こえる耳……いつでも，どこでも気にかけている。」

　直接，口に出さなくても，意図を汲んでくれるこどもたち
　よい教師は，ヒントだけを示して，生徒に考えさせる。よくない教師は，自分だけ喋って，生徒は何も理解していない。

(2) 教師理解

　生徒理解については，客観テストや検査，教師相互の情報交換，指導要録などの記録の閲覧，授業・特別活動の指導・教育相談・日常会話等によって生徒理解が可能である。さらに，保護者面談により児童・生徒の生育歴や家庭生活の実態も理解することができる。

　しかし，児童・生徒や保護者が教師理解をする機会が少ない。学校と家庭や地域社会が一体となって生徒指導をすすめるために，保護者や地域社会の人びとに教師理解をしてもらい，積極的に相談を持ちかけられる人間関係を築きたいものである。
そのために，
　① 学校・学年・学級通信に教師の欄を設け，交代で，「わたしの○学校時代」「わたしの親」「わたしの趣味・特技」などを執筆する
　② 学年・学級保護者会で「わたしの一言」として2～3分間スピーチをする
　③ 文化祭や体育祭などでは，教師の演技を入れる
などを取り入れる。

第2節 生徒指導の組織と運営

　生徒指導の組織と運営をのべるに当たって，生徒指導の全体像を図示しておきたい。

〈生徒指導の本質〉

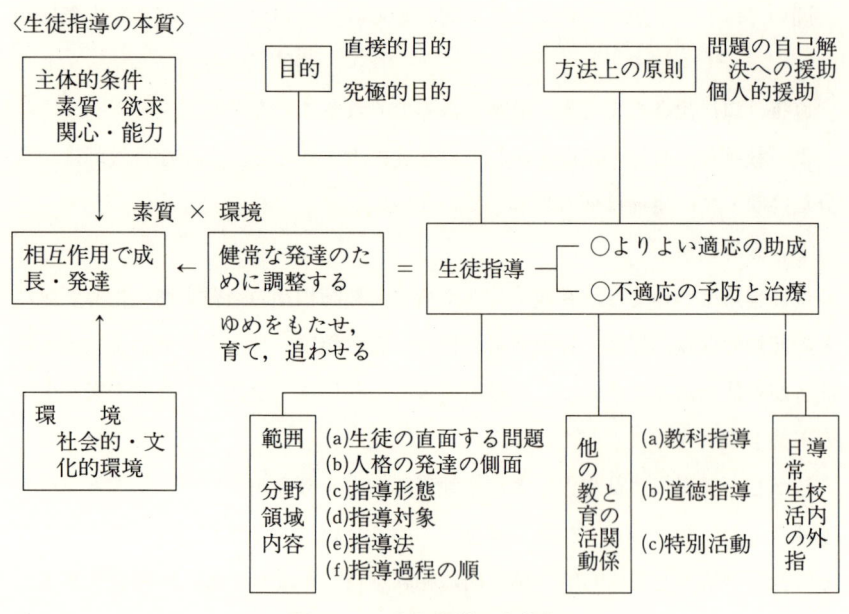

```
┌─────────┐
│ 主体的条件 │        ┌──┐ 直接的目的        ┌──────┐ 問題の自己解
│ 素質・欲求 │        │目的│                 │方法上の原則│ 決への援助
│ 関心・能力 │        └──┘ 究極的目的        └──────┘ 個人的援助
└─────────┘
     │    素質 × 環境
     ↓
┌─────────┐  ┌──────────┐   ┌────┐   ○よりよい適応の助成
│相互作用で成│←─│健常な発達のた│ ＝ │生徒指導│──
│長・発達    │  │めに調整する  │   └────┘   ○不適応の予防と治療
└─────────┘  └──────────┘
     ↑           ゆめをもたせ，
     │           育て，追わせる
┌─────────┐
│　環　境　　│
│ 社会的・文 │           ┌──┐(a)生徒の直面する問題  ┌他┐(a)教科指導  ┌日導┐
│ 化的環境　 │           │範囲│(b)人格の発達の側面    │の教│             │常校│
└─────────┘           │分野│(c)指導形態            │教科│(b)道徳指導  │生内│
                          │領域│(d)指導対象            │育の│             │活外│
                          │内容│(e)指導法              │活関│(c)特別活動  │の指│
                          └──┘(f)指導過程の順        │動係│             │指　│
                                                       └──┘             └──┘
```

図 2-1　生徒指導の全体像

§1　生徒指導の組織

　全教職員が共通理解を図りながら，協力しあって実践する組織的な指導制を確立する。そのための組織として次のような組織図が考えられる。

(1) 学校全体の組織

　これらの各部は勿論のこと，各種委員会にも可能な限り生徒指導担当者を含めることが望ましい。

＊高等学校の例

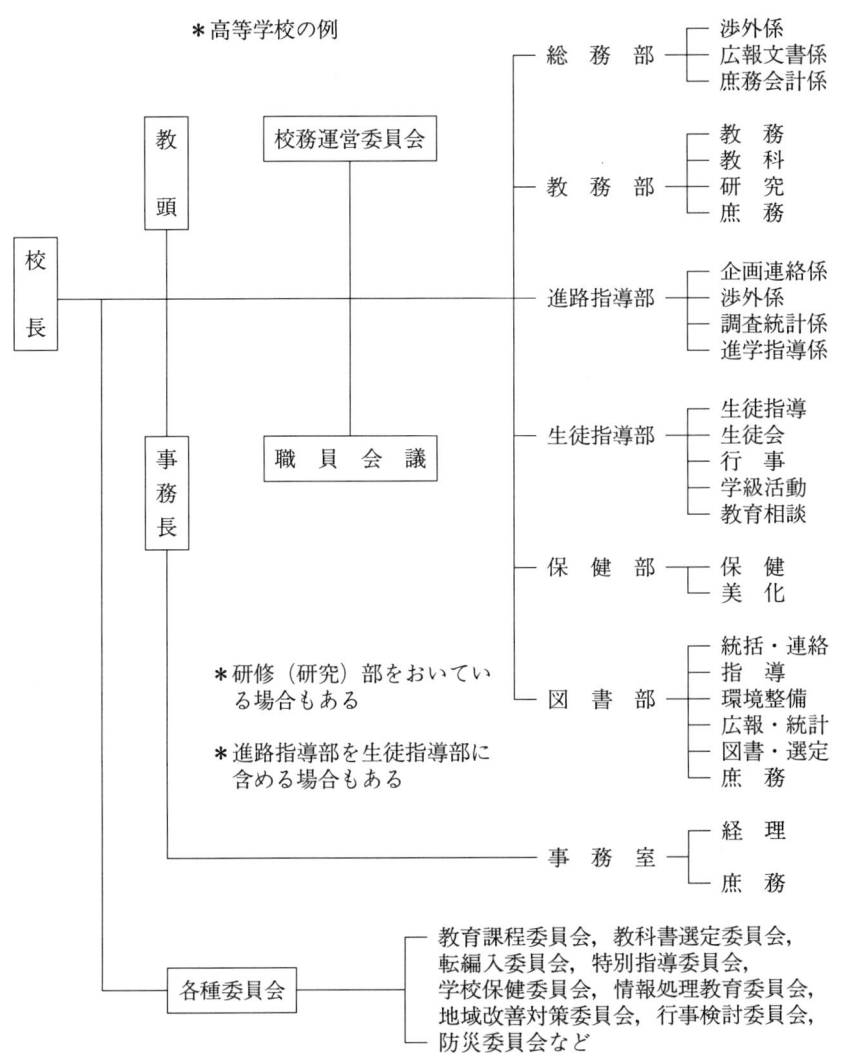

```
校長 ─┬─ 教頭 ─── 校務運営委員会 ─┬─ 総務部 ─┬─ 渉外係
      │                              │          ├─ 広報文書係
      │                              │          └─ 庶務会計係
      │                              │
      │                              ├─ 教務部 ─┬─ 教務
      │                              │          ├─ 教科
      │                              │          ├─ 研究
      │                              │          └─ 庶務
      │                              │
      │                              ├─ 進路指導部 ─┬─ 企画連絡係
      │                              │              ├─ 渉外係
      │                              │              ├─ 調査統計係
      │                              │              └─ 進学指導係
      │                              │
      │    事務長 ─── 職員会議 ──── ├─ 生徒指導部 ─┬─ 生徒指導
      │                              │              ├─ 生徒会
      │                              │              ├─ 行事
      │                              │              ├─ 学級活動
      │                              │              └─ 教育相談
      │                              │
      │                              ├─ 保健部 ─┬─ 保健
      │                              │          └─ 美化
      │                              │
      │                              └─ 図書部 ─┬─ 統括・連絡
      │                                         ├─ 指導
      │                                         ├─ 環境整備
      │                                         ├─ 広報・統計
      │                                         ├─ 図書・選定
      │                                         └─ 庶務
      │
      ├─────────────── 事務室 ─┬─ 経理
      │                         └─ 庶務
      │
      └─ 各種委員会 ─── 教育課程委員会，教科書選定委員会，
                        転編入委員会，特別指導委員会，
                        学校保健委員会，情報処理教育委員会，
                        地域改善対策委員会，行事検討委員会，
                        防災委員会など
```

＊研修（研究）部をおいている場合もある

＊進路指導部を生徒指導部に含める場合もある

図 2-2　学校全体の組織

学校全体の組織の中で，

① 生徒指導の目標　　　② 生徒指導の重点
③ 具体的な実践目標　　④ 生徒指導上の留意点
⑤ 月間指導目標　　　　⑥ 生徒指導年間計画

などを設定し，全教職員がそれを共通理解し，一体となって生徒指導に当たることが必要である。

(2) **生徒指導部の組織と内容**

1) 生徒指導主事の役割

学校教育法施行規則第52条の2第3項では，「生徒指導主事は，校長の監督を受け，生徒指導に関する事項をつかさどり，当該事項について連絡調整及び指導，助言に当たる」と規定している。

生徒指導主事は，

① 学校における生徒指導を組織的，計画的，継続的に運営する
② 生徒指導に対する意思統一を図るため，教職員間の連絡・調整に当たる

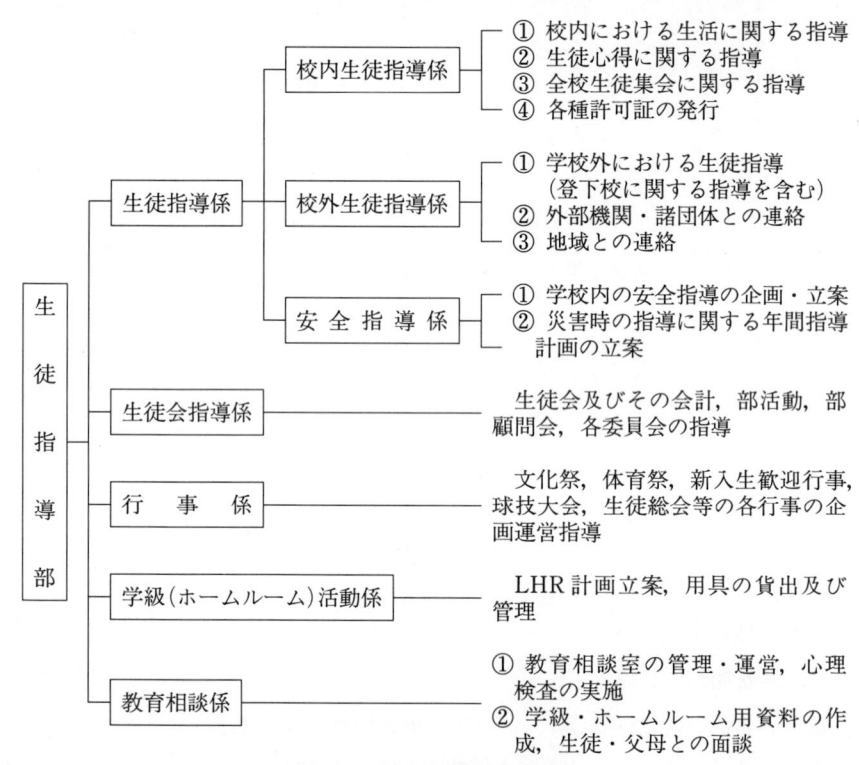

```
                    ┌─ 校内生徒指導係 ─── ① 校内における生活に関する指導
                    │                    ② 生徒心得に関する指導
                    │                    ③ 全校生徒集会に関する指導
                    │                    ④ 各種許可証の発行
                    │
                    │                    ① 学校外における生徒指導
         ┌─ 生徒指導係 ─┼─ 校外生徒指導係 ─    (登下校に関する指導を含む)
         │          │                    ② 外部機関・諸団体との連絡
         │          │                    ③ 地域との連絡
         │          │
         │          └─ 安 全 指 導 係 ─── ① 学校内の安全指導の企画・立案
         │                               ② 災害時の指導に関する年間指導
生                                           計画の立案
徒       │
指       ├─ 生徒会指導係 ──────────── 生徒会及びその会計，部活動，部
導       │                            顧問会，各委員会の指導
部       │
         │                            文化祭，体育祭，新入生歓迎行事，
         ├─ 行  事  係 ──────────── 球技大会，生徒総会等の各行事の企
         │                            画運営指導
         │
         ├─ 学級(ホームルーム)活動係 ── LHR計画立案，用具の貸出及び
         │                            管理
         │
         │                            ① 教育相談室の管理・運営，心理
         └─ 教育相談係 ────────────    検査の実施
                                      ② 学級・ホームルーム用資料の作
                                         成，生徒・父母との面談
```

図 2-3 生徒指導部の組織

第2章　生徒指導の組織　43

月	目標	校内生活指導	校外生活指導	相談・諸調査	その他
4	基本的生活習慣の確立	・学級の組織 ・委員指導 ・生徒心得共通事項確認 ・校内安全点検	・校外生徒会 ・通学路調査 ・連休指導	・家庭環境調査 ・家庭訪問週間 ・昼食指導	・車検 ・ツ反，BCG接種 ・部活動オリエンテーション
5	友情を育てる	・校外学習への取組み ・安全指導	・登下校指導 ・連休指導 ・校外巡視	・留守家庭調査	・中間テスト ・ふれあい懇話会
6	自主性を育てる	・更衣 ・清掃指導 ・避難訓練	・校外巡視 ・再生資源回収	・校区内危険個所，たまり場調査 ・教育相談	・西区大会 ・PTA研修旅行 ・地区懇談会（7月も）
7	地域での活動意欲を育てる	・夏休みの生活・計画 ・全校集会	・校外巡視 ・夏祭り指導	・教育相談週間 ・個別懇談 ・全体保護者会	・期末テスト ・市総体 ・ふれあい懇話会 ・PTA補導
8	地域での活動意欲を育てる	・校内安全点検	・校外巡視 ・奉仕活動 ・夏祭り参加	・電話連絡 ・はがき訪問 ・家庭訪問	・PTA補導 ・高校見学
9	集団への寄与を目指す	・服装指導 ・体育会指導 ・昼食指導 ・安全指導	・登下校指導 ・校外巡視	・夏休みの反省	・車検 ・ふれあい懇話会 ・盲学校交流 ・体育会
10	学習意欲の向上を目指す	・更衣 ・学習指導	・登下校指導 ・校外巡視	・学習相談	・中間テスト ・生徒指導研究発表会
11	行事への主体的な取組みをさせる	・読書指導 ・余暇の利用 ・校外学習 ・生徒会長選挙	・登下校指導 ・校外巡視 ・再生資源回収 ・クリーン作戦	・教育相談週間 ・3年保護者会	・補導委員会 ・文化祭
12	奉仕活動への意欲を育てる	・学期末反省と冬休みの計画 ・生徒総会	・登下校指導 ・校外巡視	・個別懇談会	・PTA補導 ・ふれあい懇話会
1	希望と意欲を結集した学級づくりをすすめる	・生徒会新役員就任 ・新春の集い ・耐寒訓練指導 ・校内ロードレース大会	・登下校指導 ・校外巡視	・冬休みの反省 ・3年個別懇談会 ・崩壊家庭調査	・盲学校交流
2	落ち着きのある学級生活を送らせる	・遅刻指導	・登下校指導 ・校外巡視	・教育相談週間	・私立高校入試 ・就職統一選考
3	反省を生かし次年度へつなげる	・1年間の反省 ・春休みの生活指導 ・校内安全点検	・登下校指導 ・校外巡視	・進路相談	・公立高校入試

図 2-4　**生徒指導の年間計画**（神戸市立A中学）

③ 時と場合によっては，所属学年や所属校務分掌を越えて，相談を受けたり，援助・助言をする
④ 全校保護者会や地域社会，関係諸団体に生徒指導担当者の代表として出席したり，学校の生徒指導の方針を述べたりする
⑤ 生徒指導に関する情報を収集し，必要な事項については教職員に伝達・啓蒙する

2) 生徒指導の組織

生徒指導主事または生徒指導部長を中心として，部内の係を決め，各係ごとに目標や重点目標，運営などを決定し，生徒指導部会で討議の上，職員会議に諮る。

全教職員が，生徒指導の各係や仕事の内容を理解し，連絡や指導に当たれるようにしておくことが必要である。

生徒指導には間髪を入れず即指導という場面が多いこと，教師により指導の方針や内容が異なると，指導の効果が上がらないばかりかマイナスにはたらく場合が多いからである。

3) 生徒指導の年間計画

学校・学年・各部などを横軸にとり，月を縦軸にとって，学校年間行事を一覧表にし，さらに，各部門ごとに細案を立てている。

ここに中学校の生徒指導の年間計画の一例を示しておく（図2-4参照）。なお，中・高の選択教科の教科の選択，小・中・高校の特別活動のクラブの選択，部活動の部の選択，学校・学年行事における指導など内容は質量ともに多い。

§2 問題行動発生時の組織

(1) 組織と運営

① 小事・大事に関わらず，校長・教頭に報告し，対応策の支持を受けて行動する。
② 学級指導の範囲で対応できる場合は，学年代表（主任・係），学年生徒

指導担当者の指示・援助・指導を受け，学級担任が指導する。
③　学年全体の指導に関わる場合は，学年代表（主任・係），学年生徒指導担当者が中心となり，学年担当者全員で指導する。
④　学校全体の指導に関わる場合は，生徒指導部会や各種委員会，職員会議で対応策を協議し，全教職員が共通理解のもとに指導に当たる。
⑤　保護者への連絡は，原則として学級担任が当たる。

特に留意すべきこと
①　怪我・病気の場合は，生命の安全を第一とし，応急処置をとり，必要と考える場合は，救急車の手配をしたり，医療機関に連れていく。
②　周囲の生徒が動揺しないよう，その場の指導を他の教員に依頼する。

(2) 問題行動発生時の組織

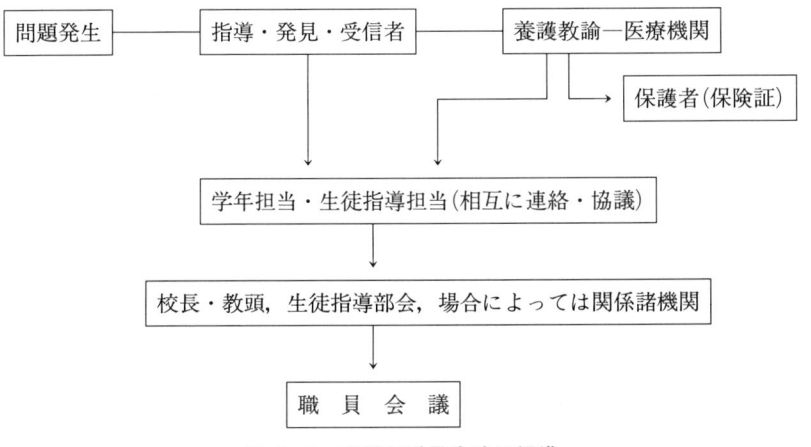

図 2-5　問題行動発生時の組織

(3) その他留意すべきこと
①　冷静に，事実の確認を行う
②　関係の児童・生徒が複数の場合は，原則として個々に聴き取りを行い，その後，学年担当者や生徒指導担当者で調整する
③　叱責や説諭で終わるのではなく，動機や背景を探り，今後の指導に役立

てたり，事例研究の資料として役立てる（氏名は仮名を使うこと）
④ 指導中に知ったことや生徒の人権に関わることは，外部に漏らしてはならない（守秘義務に反することになる）
⑤ 事実確認のために，下校時以降も引き止める場合は，学級担任が家庭に連絡する
⑥ 回りの生徒に動揺や不安，刺激をなくすため，回りの生徒に分からないようにする（場所や教師の声など）

§3　生徒指導の運営

(1) 学級・ホームルーム担任の任務

学級・ホームルーム担任は，学校経営を構成する3要素（学校経営・学年経営・学級経営）である学級経営の担当者として，登校から下校までの教科指導を除く指導の大半の指導に当たるのである。

① 登校の様子
② 朝の会（SHR）で出欠の確認，その日の伝達・連絡，健康状態の把握
　　　──小学校では担任クラスで授業，中・高校では担当教科の指導──
③ 昼食時の給食指導や食事指導（中・高校）
　　　──小学校では担任クラスで授業，中・高校では担当教科の指導──
④ 学級担当清掃区域の清掃指導
⑤ 帰りの会（SHR）で，一日の反省，伝達・連絡事項の確認
　　　──部活動の指導，学級・学年・学校事務の処理，教育相談──

学級・ホームルーム担任は，教科指導と同時に生徒指導を，朝の会から帰りの会までの学級・ホームルームの生徒指導，道徳・特別活動の学級活動・ホームルーム活動の指導の中での生徒指導，部活動での生徒指導等，生徒指導の領域が広い。

(2) 学級活動・ホームルーム活動の運営

学級活動・ホームルーム活動の運営は，特別活動の領域に入るが，その指導

内容の多くは生徒指導と関係している。

　学級・ホームルームの実態に応じて，その展開や資料はそれゆれの担任が決定するものであるから，日頃から生徒の実態の把握や資料の収集に心がけておきたい。ホームルーム活動・学級活動の内容を述べておく。

観　　　点	内容例（数字は学年）
(1) HRの一員としての共同生活	1　ホームルームの一員として 2　修学旅行，生徒会活動への参加 3　卒業に当たって
(2) 人間としての望ましい生き方・在り方	1　男女の交際 2　人生の幸福とは 3　座右の銘
(3) 進路の選択・決定，適応	1　学習上の悩み 2　進路について 3　職業の意義
(4) 心身の健康の保持安全	1　スポーツの意義と効用 2　ストレス・悩みの克服 3　こころの健康とは

図 2-6　ホームルーム活動の内容例

中学校の特別活動の観点と内容

		観点・分類など	活動内容・クラブ・行事（例）
A 学級活動	(1)	学級や学校の生活の充実と向上	○学校内の組織づくりや仕事の分担処理など ○学級や学校における生活上の諸問題の解決
	(2)	個人及び社会の一員としての在り方	○青年期の理解，自己の個性の理解 ○個人的な不安や悩みの解消 ○健全な生き方の探求 ○望ましい人間関係の確立
	(3)	学業生活の充実	○自主的な学習の意欲や態度の形成 ○学校図書館の利用 ○情報の適切な利用

		観点・分類など	活動内容・クラブ・行事（例）
A 学級活動	(4)	健康や安全な学校生活	○健康で安全な生活態度や習慣の形成 ○性的な発達への適応 ○食事（学校給食）指導
	(5)	将来の生き方と進路の適切な選択	○進路適性の吟味　　　○進路情報の理解と活用 ○望ましい職業観の形成　○将来の生き方の設計 ○適切な進路の選択
B 生徒会活動	(1)	学校生活の充実や改善向上を図る活動	生徒総会　生徒会役員会　代表委員会　各種委員会
	(2)	生徒の諸活動についての連絡調整に関する活動	クラブ活動・部活動の予算，時間・場所の決定
	(3)	学校行事への協力に関する活動	体育祭運営委員会　文化祭運営委員会
C クラブ活動	(1)	文化的活動を行うクラブ	読書・英文タイプ・美術・書道・華道・演劇・放送・頭の体操
	(2)	体育的活動を行うクラブ	バレー・サッカー・ハンドボール・テニス・体操・陸上・柔道
	(3)	生産的活動を行うクラブ	園芸・手芸・家庭研究・工作
	(4)	奉仕的活動を行うクラブ	手話・点字・ユネスコ
D 学校行事	(1)	儀式的行事	入学式・卒業式・始業式・終業式・対面式
	(2)	学芸的行事	文化祭・講演会・合唱コンクール・芸術鑑賞会・展覧会
	(3)	健康安全・体育的行事	体育祭・健康診断・避難訓練・交通安全指導・陸上競技大会・球技大会・マラソン大会
	(4)	旅行・集団宿泊の行事	新入生歓迎遠足・修学旅行・自然教室・遠足・野外活動・宿泊訓練
	(5)	勤労生産・奉仕的行事	会社見学・地域クリーン作戦・全校清掃・独居老人訪問・廃品回収活動・ボランティア活動・緑化運動

図 2-7　中学校の特別活動の具体的な活動内容

§4 教育相談（一般的な学業・生活・進路相談）

(1) 教育相談の組織

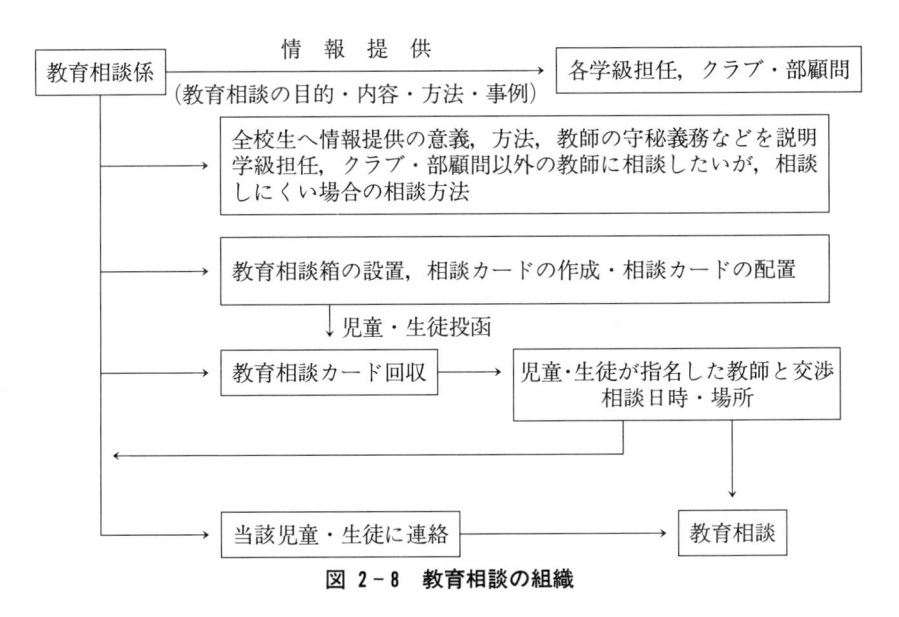

```
                    情 報 提 供
┌────────┐ ─────────────────→ ┌──────────────────────┐
│教育相談係│ (教育相談の目的・内容・方法・事例)│各学級担任，クラブ・部顧問│
└────────┘                     └──────────────────────┘
   │  ┌────────────────────────────────────────────┐
   ├→│全校生へ情報提供の意義，方法，教師の守秘義務などを説明│
   │  │学級担任，クラブ・部顧問以外の教師に相談したいが，相談│
   │  │しにくい場合の相談方法                              │
   │  └────────────────────────────────────────────┘
   │  ┌────────────────────────────────────────┐
   ├→│教育相談箱の設置，相談カードの作成・相談カードの配置│
   │  └────────────────────────────────────────┘
   │            │ 児童・生徒投函
   │            ↓
   │  ┌────────────────┐    ┌──────────────────┐
   ├→│教育相談カード回収│ →  │児童・生徒が指名した教師と交渉│
   │  └────────────────┘    │      相談日時・場所        │
   │                          └──────────────────┘
   │←─────────────────────────────────────┘
   │  ┌──────────────────┐         ┌────────┐
   └→│当該児童・生徒に連絡│ ──────→│教育相談│
      └──────────────────┘         └────────┘
```

図 2-8　教育相談の組織

　悩みや不安の解決のための相談相手にあげている1位が友人であり，もっとも相談相手として相応しいと考えられる教師が下位に位置していることは周知の通りである。

　この原因の1つと考えられるのが，新しい学級編成当初の頃は，前年度の学級担任や自分の所属クラブ・部活動の担当の先生を選びたいが，現在の学級担任への遠慮・気兼ねがあるという。

　そこで，施錠した教育相談箱を設置し，相談カードを投函する。教育相談係の教師が，開函し，投函者が指定した先生と相談日時・場所を打ち合わせをした後，教育相談係の先生が直接，投函者に連絡する。この場合，だれが，だれに，どんな内容の相談をしたかの秘密を守る。この方式を採用した結果，相談者が倍増どころではなかった。

(2) 教育相談カード

相談者──→教育相談カードに記入──→投函──→指定曜日に教育相談係が開函──→相談を希望している先生に連絡──→必要事項を記入したカード──→相談者に返却。

とくに、こだわりをもたない児童・生徒の場合は、教育相談箱を利用しなくても、直接、相談するよう指導しておく。

相談カードを活用して、学級担任との教育相談・学習相談・進路相談などをする曜日を設定している学校もある。

一般的な学業・生活・進路相談に、カウンセリングの技法を用いて相談に当たる必要がある。

```
相談者　年　組　氏名
相談したい先生
希望日時　　月　　日　　時
-----------キリトリセン-----------
相談者　年　組　氏名
相談日時　　月　　日　　時
場所
```

図 2-9 教育相談カード

後の章で述べているカウンセリングの理論や技法の研究が必要である。

§5 関係諸機関との連絡

生徒指導に関係のある諸機関として、次のような機関がある。

① 病気・怪我の場合　　救急車、学校医、生徒の主治医
② その他の機関　　　　教育委員会、警察署、児童相談所、愛護センター、教育研究（修）所

①の生徒の主治医の医院や病院名と電話番号を学級担任が調べておき、所定の場所に備え付けていたり、関係諸機関の電話番号の一覧表を見やすい場所に常備しておく。

（松下静男）

参考文献
中西信男編『生徒指導と教育相談の力量』教師の力量形成　第5巻　ぎょうせい　1990年

松下静男『おしえ・そだて・まなぶ』近畿印刷出版　1992年
教師養成研究会編『教育原理』6訂版　学芸図書　1991年
仙﨑武編著『生徒指導』ぎょうせい　1990年
中・高等学校『学校要覧』
神戸市立岩岡中学校『望ましい人間関係を育てる生徒指導』1993年

第3章　生徒指導の方法論

第1節　生徒指導の方法論

§1　生徒指導の具体的方法

(1) 生徒指導のねらい

「生徒指導」は，児童・生徒の人間関係の健全な育成，自主的な判断・行動力の育成を目的とする。また，一人ひとりの個性を尊重して，一人ひとりの生徒を個別的に育成・指導しようとする。

中学校・高等学校指導要領に示された「生徒指導」のねらいを，仮に記号をつけて図式的にあらわせば，次のようになる。

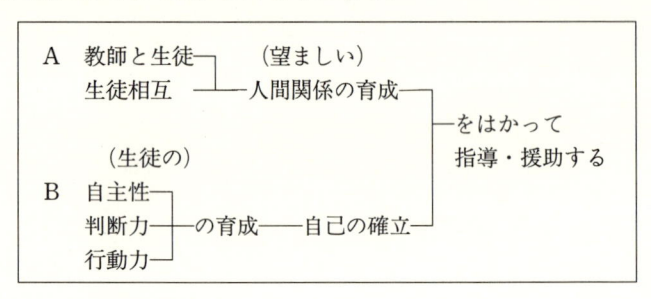

```
       A  教師と生徒 ┐ （望ましい）
          生徒相互  ┴─人間関係の育成─┐
                                    ├─をはかって
          （生徒の）                 │  指導・援助する
       B  自主性  ┐                  │
          判断力  ├─の育成──自己の確立─┘
          行動力  ┘
```

(2) 集団指導と個別指導

上図Aについては，学校全体，あるいは学年・学級での指導は常時あることであるが，Bは個人指導が中心になる。本来的にいえば，Bが形成されてくることがAの指導をスムーズにすると考えられる。

したがって，方法としては集団指導は当然あるとしても，個別指導の形態をとるケースが多いと考えられる。

1) 生徒一人ひとりの日常をつぶさに観察すること

　前記Bの指導には，生徒個人の性格（個性）や，判断力・行動性を，日々ていねいに見つめることは何より大切である。そのためには，教科の授業だけではもちろん不十分であるから，休み時間や，清掃時などできる限り，生徒と接触する機会を作ること，また，折りにふれて生徒各個人との対話の時間を作ることに留意すべきである。

2) 生徒個々の情報を多く得るように努めること

　前項の補助的資料として，教師は，自己が担当する以前や，自己の領域外での生徒の動向について，できるだけ多くの情報を得ることは，生徒の全体像を正確に把握するために必要である。具体的にいえば，中学校の場合は，生徒の小学校時代の様子を当時の担任から聞く，状況によってもっと遡る必要があれば，幼児のころについて父母から情報を得る，さらに生徒の家族関係・家庭での人間関係も知っておくなど，情報が多い方がよいことはいうまでもない。現在の生徒の状況については，自分の担当教科以外の，各教科での状況，生徒の属する部活動の状態などを，それぞれの教師から，折りにふれくわしく聞くことが大切である。

　普通，1人の教師は，40人の生徒を抱えていて，人数的にも，そのすべての生徒について熟知することは至難のことであり，また，接触時間からみても生徒が学校にいる1日の6～8時間の中で，教科教育と特別活動等すべてを合わせても2～3時間程度に過ぎない。生徒を知るに当たって，教師の直感や判断力は大切なことであるにしても，生徒数や，接触時間からみて，極度に難しいものであることは否定できない。その困難さが，しばしば教師の「偏見」となってあらわれる。その弊害を防ぐためにも，上に述べたように，各種の情報を得ることに努めて，教師の主観だけによって，指導の方向づけをしないよう留意しなければならない。

　さらにいえば，他の人びとから情報を得るときも，それらの人びと自身の見方，人柄も考慮して，情報自体，客観性をもつものかどうかを十分考える必要

はある。

　情報の収集に関して，十分注意しなければならないことは，それが他に漏れない緻密な配慮が必要であることである。

　言うまでもなく，教師を含めて地方公務員には，法で規定された「守秘義務」があるが，それ以前の教師の姿勢として，子どものプライバシーを心して守っていく態度がきわめて大切である。

　参考までに「守秘義務」を記載しておく。

地方公務員法　第三十四条
　職員は，職務上知り得た秘密を漏らしてはならない。その職を退いた後も，また同様とする。

　秘密：「一般的に了知されていない事実であって，それを一般に了知せしめることが一定の利益の侵害になると客観的に考えられるもの」

（自治庁の見解）

　なお，「秘密」の内容については，法の上では，はっきりした規定はされていない。

(3) 生徒指導は，具体的活動を通して

　前項のＡ，Ｂは，いずれも教師から生徒への一方通行の説話だけでは効果はあがらない。教師の話は，しばしば「説教」になるし，「説教」に対しては，生徒は多くの場合，防衛的に「聞き流す」習性がある。教師のことばが，生徒の頭の上を通り過ぎていくのである。生徒の心に定着させ，自己の判断として物事を見つめ，自立的な行動に結びつくようにするには，実践的行動が一番実を結ぶものである。

　具体的にいえば，「望ましい友人関係を作る」には，説教・講話よりも，たとえば，クラス全体なりグループ単位なりで，学校内の清掃作業をさせるのである。教師は，その様子を自分も一緒に行動しながら，子細に観察し，その過程のなかで，具体的に人との付き合いの仕方を指摘し，修正し，教えていくの

が一番効果的である。

(4) 家庭・地域との連携を図ること

とくに、家庭との連携は大切である。生徒の健全な発達は、学校・教師だけの力でできるものではない。友人との交友のなかで育つ部分も大きいが、大きなひとつの要素として、家庭内の人間関係や、家庭環境の力はきわめて重いものとして考えなければならない。

前述の「情報の収集」でも家庭の協力は必要であるが、ここでいうのは、生徒の人間形成の上での家庭の協力のことである。

具体的な例をあげれば、近ごろ、中学生に不登校（登校拒否）が増えているが、その原因のうち、かなりのケースが「母子分離不全」といわれる。平明にいえば「親離れ」していないのである。さらに、登校拒否は中・高のみならず、大学生にも起こっているし、とくに男子の「親離れ不全」は大学を卒業して、社会人になった年齢の者にまでみられる。学校で、教師がそれに気がついたときは、当然、教師だけで事態を改善することはできないから、父母との緊密な連携と、父母の協力が欠かせないことになるのは自明のことである。

そのような意味で、家庭との連携は大切である。

一方、地域社会との関係は、現在何処とも希薄であるから、多くを望めないと思う。昔の町や村では、地域の教育力がかなり高かったけれども、現状では無理であろう。その故に、今、地域教育力を高めようとする動きも起こりつつある。事柄によっては、地域の力を借りることも必要であろう。

§2 小学校での「生徒指導」

「生徒指導」は中学校・高等学校を対象とする教育活動と考えられがちである。しかし、文部省の文例の中にも散見できるように、内容的には決して小学校を疎外するものではない。「児童・生徒指導」と明確に表現する方がよいともいえる。「健全育成」は当然小学校から取り組むことであるし、狭く「問題行動」に限定しても低年齢化の進むなかで小学校での指導は欠かせない。逆に、

子どもの成長過程を考えれば，小学校での指導を最も密度の高いものにする必要があるともいえる。

問題行動で例をあげるならば，小学校以前の幼稚園の段階で，すでに「いじめ」に関することが報告されている。昨年ある幼稚園で，園児の靴箱にあった園内靴を誰かが，鋏でズタズタに切り裂いたという出来事が起こった。それが，「いじめ」によるものなのか，「いじめに対する報復」なのか，わからなかったようであるが，子どもの問題行動は，そこまで「低年齢化」している例である。そのような状態であるから，生徒指導のねらいからいえば，小学校から取り組むべきことと考えられる。その考え方から，具体的に中・高での「生徒指導主事」に当たる「係」を各小学校に設置している地方教育委員会もある。

[参考]

> 学校教育法施行規則　第五十二条の二
> 　中学校には生徒指導主事を置くものとする。ただし，特別の事情のあるときは，これを置かないことができる。
> 2　生徒指導主事は，教諭をもって，これに充てる。
> 3　生徒指導主事は，校長の監督を受け，生徒指導に関する事項をつかさどり，当該事項について連絡調整及び指導，助言に当たる。

・高等学校にも準用される（同施行規則　第六十五条）。
・小学校は規定されていないが，担当する主任，あるいは係が置かれることがある（全国で約半数の府県）。

第❷節　生徒指導と教科指導の関係

「教科の指導と生徒指導の関係は，教科の指導は教科における生徒指導によって推進され，逆に，生徒指導は教科の指導によって推進されるという，相互関係にある。」これは，『文部省教職研究会編―生徒指導ハンドブック』に記載[1]の説明である。

生徒指導と教科指導との関係の説明としては、ごく普通の表現であろう。この文言の解説として、後に続く具体的項目をみればうなずける点はあるが、総括的な上記の説明では、論理の組み立て方において概念が並列的であり、相互乗り入れ的なものになっている点に不備がある。というのは、「生徒指導」はすべての教育活動の基盤にあって、「生徒指導」自体の活動は別にあるにしても、一つの教育姿勢として常にあらゆる教育活動に内在されるべきものであり、単に同次元・同等の価値を有する概念が、並列に存在するものではないからである。

端的にいえば、生徒指導の考え方とか、生徒指導の基本的姿勢を伴わない、あるいは内在しない教科指導は有り得ない。もし有るとすれば、その教科指導は、まさしく「知識の切り売り」の時間であり、教師は生徒の気持ちも状態も一切無関心・無頓着に、生徒の顔もみず、生徒の背面の壁に向かって、単に教科のなかの知識条項を一方的にしゃべっているに過ぎない。昔からそういう教師は存在したし、今もいないわけではない。しかし大学の講義も本来は同様のことが求められるが、一応別な面があるとしても、少なくとも小・中・高の教育現場では、本来あってはならないことである。

学校教育というものは、知識教育が主なる柱になることは当然である。

知識教育は、実践的には教科教育とか学習指導であるが、それは本来、各個人の人間性の育成を基に、ついで各個人が社会・共同体に参加する能力、さらには社会・共同体の育成に参加する能力の育成を目指すものである。そしてそのために、人間社会の有する膨大な文化を、小・中・高と子どもの年代に応じて各教科に分けて分類・整理し、かくてそれぞれの年齢において吸収しやすいように配列の工夫をされた知識や技能を児童・生徒に定着させるというのが教科教育である。したがって、国民教育という立場での、国家事業としての一般初等・中等教育にとって、「教科教育」は宿命的命題ですらある。

日本の学校教育においても、学制の制定以来、教科指導がもっとも重要な要

素であり，また量的にも，教科教育は学校教育の内容の，大きな部分を占めるものであったことは，当然ともいえる。その意味で，日本の学校教育は，当初から知識教育中心であった。もちろん，戦前においても，常に徳育や，情操教育の必要が説かれ，学校教育の中に取り入れられてはいた。しかし，たとえば戦前の徳育の中心であった「修身」は，忠・孝を中心とする封建的徳目の，教条主義的知識教育の面がかなりみられたし，音楽も，音符が読めること，正しい音階で歌うことが強調されて，"心豊かに"を大切にする楽しい「歌う時間」の実践が，すべての学校で行われていたわけではなかった。

今も，戦前とは内容や形，あるいは求める方向が異なるとはいえ，全般的には「知識中心の教育」に変わりはない。多くの父母，保護者が，国語・数学・英語などを「主要教科」と呼び，音・美・体・技家を「副教科」と呼んで，何の抵抗感も持たない現実は，今に至るも基本的に変わらない知育に偏った日本の学校の実態と，学校教育に対する偏った認識をあからさまにあらわしているといえよう。

教育史の上から，例示して説明する。

一つの見方からすれば，明治中期以後の日本の産業革命，近代資本主義経済の成立は，学制の制定以来「邑(むら)に不学の戸なく」と標榜された初等教育（義務教育）によって，国民全体が一律に一つの段階の知識を身につけたことの成果であったといえる。その意味で，旧帝国大学を卒業したエリート知識階級の指導層が先頭には立ったにしても，日本の近代化を担った，あるいは根底で支えたのは，国民が学校（たとえ，当初4年制に過ぎないものであったにせよ）で得た知識を基として，全体的に高まった，その知的水準であったといえよう。

端的に表現すれば，それは小中学校の教育が，知育中心であったことによるものであり，更にいえば，教科教育の成果であったのであるといえる。

ここで，一番強調したいことは，教科教育の実施のあり方である。

上に述べた事柄は，知育つまり実態としての教科教育が，教科知識の羅列的教授であれば，さほどの効果がなかったのではないかということである。言い換えれば，教科教育の背景に，人と人の血の通った人間関係があったから効果がみられたのではないかということである。

　知識そのものは客観的なもので，感情を疎外する。したがって，知識を系統的に教授するための教科教育は，情緒・情感を伴う教育法は本来のあり方ではないといえる。しかし子どもの吸収の仕方は，発達段階で異なるのは当然のことであり，大学の講義は知識そのものの教授に終始することがあってもよいといえるが，年齢の小さいほど知識そのものだけの円滑な吸収は難しい面がある。幼児教育の専門家は，幼稚園児段階でもかなりの知識吸収力があることを指摘してはいるが，なおかつ低年齢の子どもが，知識を円滑に吸収するには，教えるものと教えられるものとの人間関係が非常に重要な鍵になる。

　前述の日本の近代化を可能にした土台である国民の知的レベルは，たとえ初等教育における，きわめて初歩的知識ではあっても，その定着を実現したのは，心を込めて教えてくれる先生の情熱によってであった。その子どもたちを見つめる暖かい人間性が，子どもたちに"身についたもの"としての知識を与えたのではなかろうか。自由主義教育をいまだ知らず，国家主義教育の厳しい枠の中ではあったが，子どもが好きで，子どもを大切にする基本的な教師の姿勢を持ったあまたの小学校"訓導"（今の教諭）の地道な働きが，まさに血の通った教科教育を成立させたというべきであろう。当時はもちろん「生徒指導」の概念はなかったし，今いわれる「生徒指導」の内容とすべて一致するわけではないが，ここにみられる生徒と教師の交流のあり方は，即，生徒指導の姿勢にほかならない。

　以上の理由で，生徒指導と教科指導の関係は，並列的・相互乗り入れ的なものではなく，教科指導の根底に生徒指導の姿勢が存在しなければならないというのである。

第3節　生徒指導と道徳の関係

「学習指導要領」によれば，道徳教育は「道徳性を養うこと」を目標とし，各教科・特別活動等学校教育のあらゆる場で関連的に活動することが示されている。週1回特設されている道徳の時間は，それらあらゆる場での道徳教育を「補充・深化・統合」する時間であり，こうして生徒の「道徳的心情・道徳的判断力・道徳的実践意欲と態度」の向上を図って道徳的実践力の育成を図るべしとしている。

ここでは，生徒指導との関係・関連について，とくに指示はしていない。

しかし，道徳教育は結局のところ自己を見つめ，他の人びととの関係のあり方を見つめていくところから出発する以上，本来的に生徒指導の求めるところと一致する。言い換えれば，教科指導とは少し異なる趣きはあるが，ここでも道徳教育の実施の根底に，生徒指導の姿勢が必要といえるのである。

人の心の内なる道徳律は，各自固有のものであるにしても，倫理・道徳は究極のところ，人に対する望ましい関係の樹立を目指さなければならず，その意味で不変・妥当なものでなければならない。一方で，「自己の確立」と望ましい「人間関係」を目標とする生徒指導と，本来的に同じものを目指しているといえるわけである。ただ，「教科指導と生徒指導の関係」と僅かに違いがみられるのは，生徒指導の姿勢が，道徳教育の根底になければならないとしても，相互に関係しあう面が，教科指導の場合とは違って，いくらかは存在することであろう。

第4節　生徒指導と特別活動の関係

この場合も，生徒指導の姿勢が，特別活動の根底になければならないという点に変わりはない。ただ，教科指導や道徳教育と異なるのは，具体的な教育活

第3章　生徒指導の方法論　61

動の実際に当たって、生徒指導の具体的な指導の場が特別活動の時間に取れることである。

「学校週五日制」の週を除いて、週34時間の時間割の中で、道徳1、特別活動2、残りは教科の時間で、生徒指導の時間は全く確保されていない。今まで述べてきたように、生徒指導は、学校のすべての教育活動の基礎として内在するものであるから、それでよいといえるが、生徒指導上の立場で、全校生あるいは学級で指導したい事柄もある。特別活動のなかの学校行事は、年間かなりの時間を学校裁量でとることができるし、授業時間内に保障されている学級活動は、内容的にも生徒指導上の問題が含まれているから、それらの時間を活用して、生徒指導の実際具体的な教育活動ができる利点がある。

◎　以上、生徒指導と教科・道徳・特別活動の関係を述べてきたが、わかりやすく図であらわせば次のようになる。

冒頭にも述べた普通説明される関係は［A］に当たるが、［B］が正しい。

繰り返すことになるが、「生徒指導の姿勢を、すべての教育活動の基底に踏まえること」が、一番大切であるということである。

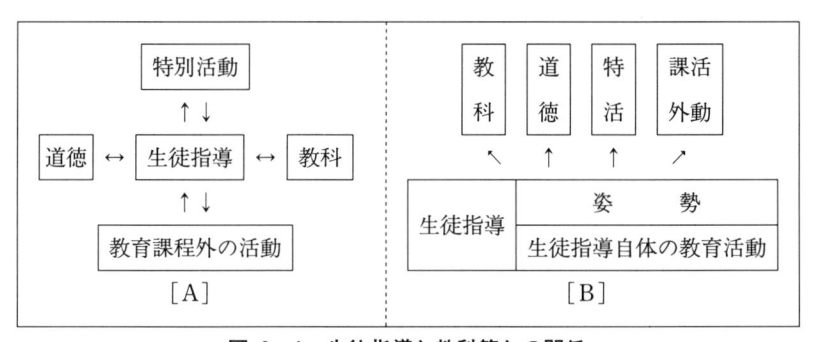

図 3-1　生徒指導と教科等との関係

第5節　生徒指導の関連事項

§1　生徒のアルバイト就労

　全体として豊かな時代になったから，昔のように，児童などの年少者が，家計を助けるために勉学の傍ら新聞配達などで働くことは減った。しかし，貧富の差は今も存在するから，そのようなケースがなくなったわけではない。ただ実態としては，中・高生（とくに高校生）のアルバイト就労の多くは，小遣いの不足を補うためや，欲しいものを自力で手に入れるためである。（中学生の場合，家庭教育の観点から，「お金を手に入れることが容易ではないことを体験させるために」，小遣いの枠を越える物品を欲しがるとき，親がさせることはある）。中・高生のアルバイト就労は，労働の実態を経験し，働くなかで，実際の社会勉強になるプラスの一面はあるが，問題は，単に所有欲・消費欲に動かされ，勉強を放棄して安易に行う生徒もある点である。教師は，そのことに留意して，自己の担当する生徒の動向に注意し，必要に応じて十分な指導を行わなければならない。

```
［学校教育法］第 16 条
　子女を使用する者は，その使用によって，子女が，義務教育を受けることを妨げてはならない。
［労働基準法］第 56 条
　満十五歳に満たない児童は，労働者として使用してはならない。
```

(1)　労働基準法第 56 条では，上記の規定にかかわらず，非工業的職業で児童の健康や福祉に有害でなく，また労働が軽易なものに限って（新聞配達や牛乳配達等），次の条件で，満十二歳以上の児童（主として中学生）を使用することを認めている。

①　使用者が，行政官庁（労働基準監督署）の許可をうけること。
②　就学時間外であること。

①については，使用者は，
- ⓐ 子どもの年齢を証明する戸籍証明書
- ⓑ 就学に差し支えないことを証明する学校長の証明書
- ⓒ 親権者の同意書

　　ⓐ～ⓒを所定の許可申請書に添えて，労働基準監督署に提出する。

(女子年少者労働基準規則)

(2) また労基法第56条の2で，「満十二歳未満」の子どもについては映画・演劇の子役に限って，上記①，②の条件で使用できるとしている。

(3) 満十五歳以上十八歳の者については，原則として就労は禁止されないが，深夜業の禁止等，種々の保護措置がある。

§2　生徒の活動規制等

(学校教育と宗教・学校教育と政治・校則)

(1) 学校教育と宗教

> [憲法] 第二十条
> 　信教の自由は，何人に対してもこれを保証する。(以下略)
> 　③　国及びその機関は，宗教教育その他いかなる宗教的活動もしてはならない。
> [教育基本法] 第九条
> 　宗教に関する寛容の態度及び宗教の社会生活における地位は，教育上これを尊重しなければならない。
> 　②　国及び地方公共団体が設置する学校は，特定の宗教のための宗教教育その他宗教的活動をしてはならない。

1) 教育基本法第九条第一項の「寛容の態度」は，憲法第二十条第一項の「信教の自由」に関することであり，「信じない自由」も含めて，中学生段階でもわかりやすく説明して，十分理解させておくことが必要である。

2) 国宝や文化財を研究するなど，文化上の目的で，学校が主催して神社・寺院教会等を訪問することは，児童・生徒に強要しないとか，教師が敬礼や儀式を命令しないなどの条件を守る上で許される。(S. 24. 10. 25―文部事務次

官通達より)

3) 生徒個々の宗教的信条は自由であるが，宗教上の立場から，体育の「格技(柔・剣道)」の授業を拒否する例がある。処々でその問題が起こり，新聞で報道されたこともあるが，ほとんど円満な解決はしていない。その宗教では「格技＝格闘技」であり，「格闘」は「闘争」であって，その宗教が「闘争」を禁止しているというのが理由である。体育の授業のみならず，部活のラグビー部に子どもが入ろうとしたのを，同じ理由で止めようとしたケースもある。部活は自由であるから別として，正規の体育授業での格技は，心身の健全な発達と体力の練磨・向上を目的とするスポーツの一つであることを説明して，保護者や生徒に理解を求めるよう努力すべきであるが，どうしても納得しないことが多い。その場合は，見学を認めざるを得ない。しかし，単位を与えるかどうかは，裁判でも争われたが，学校の正規の教科課程を，病気などではなく，自分の信条的判断で拒否するのであるから，単位の認定は認められないこともある。

(2) 学校教育と政治

> ［教育基本法］　第八条
> 　　良識ある公民たるに必要な政治的教養は，教育上これを尊重しなければならない。
> ②　法律に定める学校は，特定の政党を支持し，又はこれに反対するための政治教育その他政治的活動をしてはならない。

⇩

政治教育の中立性・偏向教育の禁止

　上記は学校および教職員を対象とするが，生徒（主として高校生）が第二項に当たる政治的活動をするのは教育上望ましくないとされる。⇒ 禁止と指導

[理由]

① 生徒は，民事上，刑事上などにおいて成年者と異なった扱いをされるとともに参政権も与えられていないので，国家・社会としては政治的活動を行なうこ

とを期待していないこと。
② 心身ともに発達の過程にある生徒が政治的活動を行なうことは，十分な判断力や社会的経験を持たない時点で特定の政治的な立場の影響を受けることになり，将来広い視野に立って判断することが困難となるおそれがあること。
③ 生徒の政治的活動が，学校外だけでなく，学校内に持ち込まれて，他の生徒に好ましくない影響を与えること。
④ 政治的活動を行う事により，学校や家庭での学習がおろそかになるおそれがあること。(昭和44．10．31 文部省「高等学校における教養と政治的活動について」より——要点のみ)

(3) 校則（生徒心得）

法律的には，次に示す理論によってその設置・設定を認められている。しかし，内容については時代の変化に対応して，学校は流動的に対処する姿勢が必要であろう。

> 特別権力関係論
> 　公法上の特定の目的に必要な限度で，一定の法律上の原因に基づき，当事者の一方が他方を支配し，他方がこれに服従しなければならない関係。一般に国民が国の統治権に服するという関係に対応する概念で，国または公共団体と公務員との関係，国公立学校と学生との関係，国公立の伝染病院と入院患者との関係などがこれにあたる。(日本国語大辞典より)

1) 始業時間・授業時間・下校時間
児童・生徒に守らせるのは当然であるが，違反者に対する指導は，画一的であったり罰則を直ちに当てはめるのでなく，柔軟な指導の姿勢が必要である。

2) 服　装
制服（標準服）：一部小学校（国・私立），大多数の中学校・高等学校で定めている。中・高で定めている理由として以前から言われるのは，

①中・高生らしさを保つため　②経済的負担の軽減　③不良化防止

などであるが，今も意味あるのは②だけではないかと思われる。

服装と共に，規定する学校の多い髪型も同様であるが，校則を守らせるための杓子定規で厳しい学校の態度が，逆に生徒の反発を買って突飛な違反者が出

てくる面もある。

　これからは，たとえば服装が自由だとしたら，どんな服装が健全な中高生らしいものかを親子でよく話し合い，質素で堅実なものを身に付ける良識を育てていく方向がよいのではなかろうか。

　一部の小学校で制服を定めているのは，個々の学校の固有の理由があるだろうが，一つにはその学校の生徒である誇りを持たせようとする点もあるようである。しかしこれは，反面エリート意識の醸成に繋がる面があり，注意が必要である。

3)　オートバイ（高校生）

　「三ない運動」（オートバイを買わない，乗らない，免許を取らない）を展開するなど，規制している学校が多い。16歳以上は免許が取得できる（道路交通法第88条）。法が認めていることを規制するのは，校則と同じ意味で法解釈上許されるとしても，他の校則と質の違う面があるとも考えられる。

　免許取得にはとくに干渉せず，交通事故による他人および自己の生命の危険を避けるために，交通安全教育の徹底を図ることに重点を置くべきであるとする指導の方向もあると思う。

　ただし，通学の手段としては，原則として「禁止」を徹底すべきである。

(奥　俊治)

引用文献
1)　文部省教職研究会編『生徒指導ハンドブック』教育開発研究所 1985年

第4章　生徒指導とカウンセリング

第1節　カウンセリングの意義

§1　カウンセリングの基本概念

(1) カウンセリングとは何か

　カウンセリングとは，心に悩みや問題をもっている人に対し，面接・相談をすることによって，その人の悩みや問題の解決を援助していくことである。

　カウンセリングの適用範囲は広く，異性関係，親子関係，その他の人間関係に関する悩み，性格上の問題，学業や仕事上の悩み，進路の問題，人生観の問題など，さまざまな問題や悩みについてカウンセリングが行われる。また，神経症，無気力，登校拒否，などのような非社会的な問題行動はもちろん，暴力，いじめ，非行といった反社会的な問題行動の是正にもカウンセリングは適用される。さらに，カウンセリングは，そのような心の不適応状態からの回復を目的とした治療的機能だけでなく，重い不適応に陥らないための予防的機能，さらには，よりよい成長を促すための開発的機能をも果たし得るものである。

　なお，カウンセリングに類似したものとして心理療法（サイコセラピー）がある。心理療法とカウンセリングとは原理も方法も基本的には共通しており，両者の間には本質的な違いはないといってもよい。ただ，一般的には，重度の神経症や，躁鬱病，精神分裂病などのように病的な度合いの強い人を対象に行う場合を心理療法と呼び，ある程度の精神的な健常さが保たれている人を対象に行う場合をカウンセリングと呼んでいる。したがって，心理療法が医療的な行為であるのに対し，カウンセリングはどちらかといえば教育的な営みである

ということができる。このことはもちろん，心理療法に比べてカウンセリングの方が専門性の度合いが低いことを意味するものではない。ただ，カウンセリングでは，専門的な知識や技術だけでなく，カウンセリングを行う人の人間性が大いに問われるということはできるだろう。

(2) **学校カウンセリングの特質と限界**

一般に，カウンセリングを行う人をカウンセラー，カウンセリングを受ける人をクライエント（来談者）と呼ぶが，クライエントが就学中の生徒である場合をとくに，学校カウンセリングと呼んでいる。学校カウンセリングでは，クライエントの生徒が在学している学校の教師がカウンセラーとなる場合が多いが，学校によっては専門の学校カウンセラーが配置されているところもある。また，児童相談所や教育相談センターなどの専門機関で行われるカウンセリングも，学校カウンセリングの延長線上にあるといってよいだろう。だが，ここでは専門機関におけるカウンセリングや専門家によるカウンセリングは扱わないことにする。すなわちここでは，教育実践現場としての学校において，学校の教師が生徒を対象に行うカウンセリングを学校カウンセリングと呼ぶことにする。

したがって，学校カウンセリングもまた，生徒指導の一形態であり，理論的にも実践的にも生徒指導において重要な位置を占めている。すなわち，学校カウンセリングは，原則として生徒個別に行う生徒指導であり，生徒に対して受容的・共感的な態度で臨み，生徒からの訴えに十分耳を傾け，さらに生徒の内面的・深層的な部分をも大切にしていく生徒指導である。したがって，集団的な指導や，説諭・訓戒などによる教師主体の指導では行き届きにくいような，生徒一人ひとりの心の内奥とふれあう指導である。指導の対象としてはもちろん，心に悩みや問題を抱えた生徒，不適応を起こしている生徒などが優先されるが，基本姿勢はごく普通の健康な生徒の指導においても必要とされるものである。したがって，学校カウンセリングは，集団指導や，説諭・訓戒などによる教師の側からの働きかけによる指導とは，相補う位置にあるといってもよいだろう。

第4章 生徒指導とカウンセリング

　さて，学校カウンセリングのカウンセラーは多くの場合，教科指導を主務とする普通の教師であるから，カウンセリングの技術や専門的な知識・経験に関しては専門のカウンセラーにはとても及ばないし，設備の面でも学校は専門機関のようには整備されていない。したがって学校カウンセリングでは，専門機関におけるカウンセリングと同等のカウンセリングを行うことはあまり望めない。だが一方，学校カウンセリングでは専門機関にはない有利な点もある。すなわち，

(1) 生徒本人について，性格，交友関係，家庭環境，最近の出来事など，多くの情報を得ることができる。

(2) いつでも，どこでも臨機応変に対応することができる。

(3) 同僚の教師や，本人の保護者，友人たちと，連携・協力しやすい。

(4) 本人の自発的な来談を待たず，教師の側から呼び出して面接を行うこともできる。

などの点は，学校カウンセリングならではの特質といえるだろう。

　だが，その反面，学校カウンセリングには，

(1) 教師は一般に生徒を管理し，評価し，場合によっては生徒を処罰しなければならない立場にあるため，生徒が教師に対して本心を話しにくい。

(2) 教師の側も同僚の教師の協力を得るうえで，生徒の秘密を完全には守りにくい。

(3) 生徒全体への公平さを保つうえで，一部の生徒だけを特別扱いしにくい。

(4) 技術・知識・設備などの面において限界があるため，重い症例は扱えない。

といった難点もある。

　(1)，(2)，(3)の点に関しては，教師や学校全体の努力・工夫によってある程度，克服・改善していくことも期待できるが，(4)の点については学校カウンセリングの明らかな限界といってよい。分裂病や器質性の精神障害などのように病院治療の必要な場合はもちろん，重度の神経症や心身症，あるいは暴行，

恐喝などの悪質な非行，といった教師の手に余るケースは，素人的な対応をしているとかえって症状や状況が悪化する恐れがある。教師や学校では対応しきれない場合は，早めに専門機関の協力を得ることが必要である。ただしこのことは，厄介なことは専門機関に押しつけて，教師はもはや関知しないようにする，ということではない。専門機関への紹介に際しては，カウンセラー的態度をもってあくまでも生徒本人や保護者の気持ちを十分に配慮しなければならないし，専門機関へ紹介したのちも，その機関と緊密に連絡を取りながら，教師としてできることを最大限尽くしていくことが必要である。

なお，以上のような学校カウンセリングの難点を改善していくうえで，専門のカウンセラーを学校に配備することはきわめて有益であるといえる。このことは，学校カウンセリングの将来に向けての重要な目標といってよいだろう。

§2　カウンセリングの人間観

カウンセリングの原理や方法は，基本的には心理療法から導入されたものであり，カウンセリングは心理療法の原理や方法によって支えられている。そして，心理療法の原理や方法を理解するには，その土台となっている人間観を知っておくことが必要である。ここでは，心理療法の代表格ともいえる精神分析療法とクライエント中心療法をそれぞれ生み出した，フロイト (S. Freud) とロジャース (C. R. Rogers) の人間観を紹介する。

(1) フロイトの人間観

フロイトの考えによれば，人間の心は，イド，自我，超自我という3つの要素から成っている。イドとは，欲望・衝動や，幼児期以来の感情的な想念・記憶の渦巻く部分であり，ひたすら欲望の満足や感情の表出を求めてやまず，「〜したい」「〜がほしい」という快感原則に従って作動している。そのエネルギーは"リビドー"と呼ばれる性的なエネルギーである。また，自我とは，外界とイドとを仲介する部分であり，外界の物理的・社会的制約を受け入れ，イドの欲望の満足や感情の表出を抑制する。理性を働かせることにより，現実に

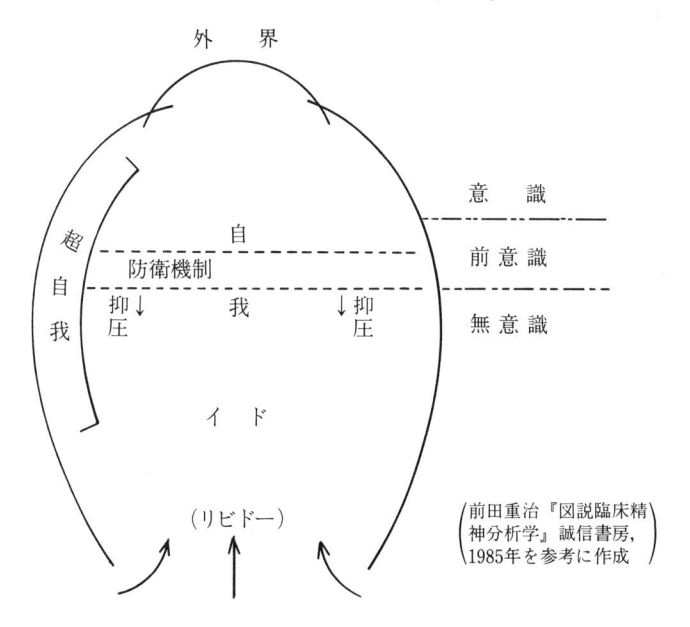

図4−1　イド・自我・超自我の関係

(前田重治『図説臨床精神分析学』誠信書房，1985年を参考に作成)

照らして「〜したほうがよい」という現実原則に従った判断を行う。そして，超自我とは，恒常的な判断の基準を与える部分であり，「〜してはならない」「〜しなくてはならない」「〜であるべきだ」などといった良心，道徳心，理想追求心のもとになっている。超自我は，親からのしつけを通じて内在化した，親の価値基準がもとになっている。これらのうち，イドの大部分と超自我の半分以上は，ありのままに意識化することの困難な無意識の領域にある。とくに，イドにあるさまざまな欲望・衝動や感情的な想念・記憶は，表に出すことをはばかられるようなものや，意識化することが本人にとって激しい苦痛となるものが多い。

　心の内部や外界に適応し，精神的に健康な生活を送るためには，とくに，自我の働きが維持されていることが必要である。自我は，理性を働かせ現実原則に従って人間を適応的な行動に方向づける役割を果たしている。だが，自我は，イドから突き上げる欲望・衝動や感情と，それに対する外界からの物理的・社

会的制約，および超自我の働きによる自己規制の三者の間で，常に葛藤に悩まされ，調整に苦慮し，場合によっては破綻の危機に瀕しかねない立場にある。そこで自我は，自らを防衛し，適応を維持していくためのさまざまな手段を用いる。これらは防衛機制（または適応機制）と呼ばれている。防衛機制にはさまざまなものがあり，とくに代表的なものとしては次のようなものがある。

(1) 抑圧：意識したくない欲望・衝動や感情，記憶などを無意識の中に押し込める（例：いやらしい性欲や他人への憎しみなど，自分にはないと信じ，聖人君子のようにふるまう）

(2) 逃避：空想，病気や，気の紛れる現実などの中に逃げ込む（例：小説やドラマの世界に浸り，現実のうさを忘れる；腹痛・嘔吐などの病気的な症状をあらわし，葛藤場面から逃れる；仕事・勉学などにやみくもに没頭することで気を紛らせる）

(3) 反動形成：本当の欲望・衝動や感情とは，正反対の態度・行動をあらわす（例：本当は相手のことが好きなのに，あえて冷たい態度をとる；本当は不安でたまらないのに，あえて強がったり，自信たっぷりにふるまったりする）

(4) 合理化：欲望・衝動や感情の正体を隠し，もっともらしい理屈をつけて正当化する（例：本当は功名心でやっているのに，世のため人のためにやっていると思い込む）

(5) 投影：本当は自分の欲望・感情なのに，それを相手がもっているように思い込む（例：本当は自分の方が相手を嫌っているのに，相手の方が自分を嫌っていると思い込む）

(6) 代償：本当の欲望に代わる別の欲望を満足させる（例：愛情の欲求を満たす代わりに，食欲を満たす）

(7) 昇華：社会的に認められる形にして欲望・衝動を満足させる（例：スポーツをすることによって，攻撃衝動を満足させる）

このほかにも，退行，同一視，知性化，取り入れ，置き換え，などさまざま

な防衛機制がある。防衛機制は，道徳的にはあまり好ましくないとされているものが多いが，実際には誰もがこれらの防衛機制を多かれ少なかれ利用している。そうして自我の働きを維持し，心の適応や安定を保っているのである。

したがって，不適応は，こうした自我による心の調整機能が失調したときに生じると考えられる。自我機能の失調に至る原因はいくつか考えられるが，その1つは，防衛機制への過度の依存である。防衛機制は必ずしも問題の根本的な解決をもたらすものではないため，過度に依存していると実状に合わなくなってしまう。また2つめは，苦痛な感情の抑圧である。抑圧された感情は消失することなく，無意識内をさまよっており，それが苦痛な感情であるほど自我を脅かす。とくに，幼いころの心的な外傷体験（傷つき体験）によって生じた苦痛感情はのちのちまで悪影響を及ぼすとされている。そして3つめは，イド，自我，超自我の三者間の力関係のバランスの失墜である。これはとくに，イドの内容が自我の力で処理しきれなくなっている場合と，超自我の力が強くなり過ぎて過剰な自己規制が働いている場合とが多い。

(2) **ロジャースの人間観**

ロジャースの考えによれば，人間の行動は客観的事実そのものよりもむしろ，本人が事実をどのように受けとめ，どのように位置づけ，心の中でどのように生活世界を構成しているかによって決まってくる。各人が自分の心の中で主観的に構成した生活世界の一瞬一瞬の場面を，ロジャースは現象的場と呼んでいるが，現象的場は主に自己概念と経験とから成っている。自己概念とは，自分についての意識であり，「自分は～という人間である」というある種の信念を伴った自己像である。また，経験とは，本人が生活の中で意識的・無意識的に感受している，自分の内外に関する一切の事実・事象である。自己概念がある程度安定性や一貫性をもっているのに対し，経験は本来，刻々と流動・変化し，複雑さ・多様さをもっている。

有機体としての人間は，本来的に，自らの内にある可能性を最大限に発揮しようとする傾向をもっており，それが自己概念の範囲内において実現されるこ

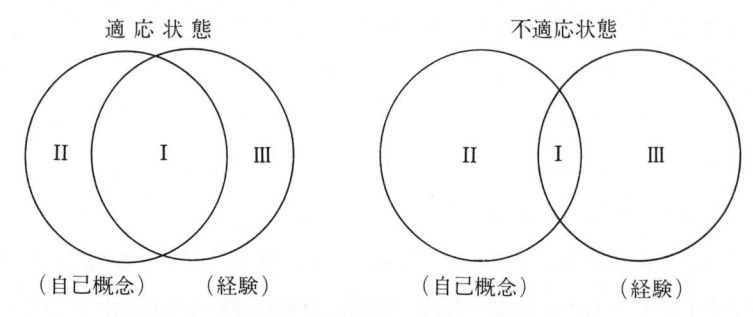

領域Ⅰ：自己概念と経験とが一致している部分
領域Ⅱ：自己概念のうちで，経験が歪曲された部分
領域Ⅲ：経験のうちで，否認されて自己概念から
　　　　締め出された部分

(Rogers, C.R. 伊東 博（編訳）『ロージァズ全集8 パースナリティ理論』
岩崎学術出版社，1967年に基づいて構成)

図4-2　自己概念と経験の関係

とが自己実現である。そして，有機体としての可能性が最高度に実現された状態が，ロジャースのいう十分に機能する人間であり，自己実現をなし，さらに十分に機能する人間となるためには，自己概念と経験とが一致した状態にあることが必要である。

　ところが，自己概念と経験とを一致させることはたやすいことではなく，多くの人間には，二者間に大なり小なりのズレがある。そして，自己概念に合わない経験を否認したり歪曲したりして，自己概念を維持しているのである。そして，この自己概念と経験とのズレが大きくなりすぎることが，不適応の原因となるわけである。

§3　カウンセリングの原理

　すでに触れたように，カウンセリングの原理は心理療法の原理を導入したものである。そこで，ここではフロイトの精神分析療法と，ロジャースのクライエント中心療法のそれぞれの原理を紹介する。

(1) 精神分析療法

　精神分析療法における治療の主眼は，無意識の領域に潜む不適応の原因を探り当て，その原因を意識化させることにある。すなわち，抑圧によって無意識の領域に押し込められている欲望・衝動や，激しい苦痛を伴った感情体験，超自我の過剰な自己規制などの正体に気づかせ，その存在を実感的に洞察させることである。そのような意識化の過程を経ることによって，自我は，それらの欲望・衝動，感情，自己規制に振り回されなくなり，的確な調整機能を果たすようになるのである。

　無意識内に潜む原因を探り当てるための手段として，伝統的な精神分析では自由連想という方法を用いる。これは，クライエント（来談者）にソファに横にならせてリラックスさせた状態で，心に浮かんでくることを何でもそのまま話させるという方法である。そして治療者は，クライエントが話した内容について，精神分析の理論的枠組みにのっとった解釈をクライエントに伝える。もちろんそれらの解釈の内容は，クライエントにしてみれば，もともと意識することを忌避したからこそ無意識化したものであるから，たやすくその解釈を受け入れられるわけではない。そこでクライエントは，解釈の内容を否定したり，解釈されること自体を回避しようとする。クライエントのこのような反応は，抵抗と呼ばれている。またクライエントは，自分の満たされていない欲望・衝動や，自分に心的外傷を与えた人間に対する感情を，治療者に向けることがある。これは転移と呼ばれている。抵抗も転移も治療過程の中では必ずといってよいほど生じる現象であり，それらは治療の進行の妨げになる一方，分析の重要な手掛かりを得る契機ともなる。こうした過程を辛抱強くたどっていくことによって，クライエントの不適応を引き起こしている無意識内の原因が徐々に明るみに出され，クライエントはしだいにそれを受け入れていくのである。

　以上が精神分析療法のあらましであるが，もちろん実際の治療過程はこれほど単純なかたちで進行していくわけではないし，確実に治癒することが保証されているわけでもない。また何よりも，精神分析を使いこなすには，十分な専

門知識とトレーニングが必要であり，素人が見よう見まねで利用できるものではないということはよくわきまえておくべきである。不適切な解釈によって，かえって症状が悪化することも多いのである。

だが，精神分析療法は現代の心理療法の原点であり，さまざまな心理療法にはかりしれない影響を与えている。精神分析療法それ自体を用いることはなくても，その理論体系から学ぶことはきわめて多いはずである。少なくとも，人間の心の深層においては，決してきれいごとではない欲望・衝動，感情などが渦巻いていること，無意識化したそれらが不適応の原因となっている場合があること，などは承知しておいてもよいのではないだろうか。

(2) **クライエント中心療法**

クライエント中心療法の主眼は，経験から著しくずれた自己概念を修正させ，経験に即したあるがままの自分を受容させていくことにある。

自己概念は，発生的には他者（とくに両親）からの評価や期待によって形成される部分が大きい。他者からの評価や期待は，必ずしも現実の自分に即したものではないにもかかわらず，自己概念の内容を大幅に規定する。したがって，良くも悪くも「自分は～であるはずだ」「自分は～であらねばならない」という自己概念に基づく思い込みが強いと，それに合わない現実の自分の姿や，自分に起こっている経験から目をそむけてしまうようになる。そこで，現実の自分や自分に起こっている経験に気づかせ，それらを含めたあるがままの自分を受容させることによって，それに即した自己概念を再編成させ，自己概念と経験との一致を図っていくのである。

あるがままの自分に気づかせる方法として，クライエント中心療法では，クライエントの発言を絶対的に受容する方法がとられる。すなわち治療者は，クライエントの発言にあいづちを打ったり（受容），クライエントの発言を繰り返したり（繰り返し），クライエントが言いたいことをうまく言葉にできないときには，代わりに言葉にしてやったり（明確化）しながら，クライエントの発言に何らの評価も批判も加えずに，発言をそのまま受容する。また治療者は，

自分のもっている思考枠ではなく，あくまでもクライエントの側の思考枠に沿って，クライエントの気持ちを共感的に理解していくのである。

絶対的な受容によって，クライエントは徐々に，自分でも意識していなかった自分を表出し，あるがままの自分の姿に気づき，あるがままの自分に生じている経験に目を向けるようになる。また，クライエントにとって治療者は，本来の自分を発見する心的行程への同行者であり，その共感的理解は行程を歩むための支えや勇気づけとなるのである。クライエントはやがて，それまでの自己概念へのとらわれから解放され，経験に即したあるがままの自分に基づいた，柔軟な自己概念を形成していくことになる。

クライエント中心療法における，あるがままの自分やそこに生じている経験とは，実質的にはかなりの部分が精神分析療法でいうところの無意識に相当するものと考えられる。したがって，無意識の内容に気づかせ，それを意識化させるという点では，クライエント中心療法も精神分析療法と共通しているということができる。両者の違いの第1点は，無意識を意識化させるための方法である。すなわち，精神分析療法では，基本的には治療者のもっている分析の枠組みに従ってクライエントの無意識内容を解釈し，それをクライエントに伝えていくのに対し，クライエント中心療法ではあくまでもクライエントの側の枠組みを尊重し，クライエント自身が自分の枠組みに従って無意識の内容に気づいていくのを，治療者はひたすら支えていくのである。また両者の第2の違いは，無意識の働きへの評価である。すなわち，精神分析療法では，無意識の大半を，欲望・衝動や感情的な想念が渦巻く醜悪な部分と見なしているのに対し，クライエント中心療法では，実現されるべき可能性の潜む部分として肯定的に見ているのである。そして，前者では，無意識を意識化し自我の力で統御しなければならないと考え，後者では，むしろ無意識に身を委ねることによってこそ本来の自分の姿になれると考えている。いいかえれば，精神分析療法では，自我のもつ理性的な統制力に頼ろうとするのに対し，クライエント中心療法では，人間に内在する成長力へ絶大な信頼をおいているのである。

第2節　カウンセリング・マインドと生徒指導

§1　カウンセリングの方法

(1)　カウンセリングの条件

1)　カウンセラーのとるべき基本的態度

カウンセリングはもちろん技術を伴う営みであるが，その技術が形だけのものであっては成果はあがらない。技術はあくまでもクライエントに対する態度を伝える手段であり，技術を使う前提としてカウンセラーには次のような態度が必要である。

(1)　誠実さ：クライエントのことを真剣に思い，クライエントの役に立ちたいと心から願っていること。そして，少なくともクライエントとの関係に関する限り，自分の気持ちに素直であれること。

(2)　無条件の積極的尊重・受容：善悪の判断や，評価，批判などを避け，クライエントの発言のすべてを尊重し，受け入れること。クライエントの不安や警戒心を解き，打ちとけた雰囲気の中で，クライエントがありのままの自分を出せるように努めること。

(3)　共感的理解：クライエントの気持ちをあたかも自分自身の気持ちであるかのように感じとり，クライエントの側の考えの枠組みに沿って，クライエントの発言を理解すること。

(4)　信頼関係の形成：クライエントから人間的に信頼されるように努めるとともに，カウンセラーの側からもクライエントを人間として信頼し，その成長力に期待する。そして，クライエントとの間に，ラポール（互いに心の通い合う，打ちとけた暖かい信頼関係）をつくる。また，クライエントの秘密は他言しないことを原則とし，どうしても他言せざるを得ないときは，クライエントの了承を得る。教師の場合はとくに，こうした信頼関係

の形成には平素から努めておくことが肝要である。

2) カウンセリング場面の設定

カウンセリングは基本的にはどのような場所でも可能である。学校であれば,教室,校庭,廊下,テラス,教員室など,さまざまな場所が面接場所となり得るし,また,チャンスをうまくつかまえられるという点では,場所をいとわないというのもそれなりの意味があるといえるだろう。だが,一般的には,そういった普段の生活が営まれる場所や,人目のある場所,あるいは叱責がなされることもあるような場所では,表面的な話にとどまってしまうことが多い。生徒が心を開いて,本音で話し合いに応じてくるようにするためには,やはりそれに適した場所を選ぶべきである。

したがって,カウンセリングはできるだけ,専用の面接室を設けてそこで行うことが望ましい。面接室は,明るく落ち着いたくつろげる雰囲気の部屋であることが大切である。できれば,ソファを置き,花や感じのよい絵を飾って,居心地のよい部屋にしておくことである。面接するさいのカウンセラーとクライエントの位置関係は,正面から向き合うとクライエントが圧迫感を感じることが多いので,一般的には90度の位置が無難である。

図4-3 面接の際のカウンセラーとクライエントの位置関係

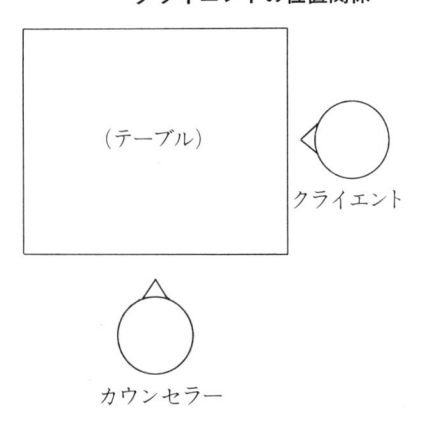

面接を始めるにあたっては,カウンセラーはできるだけクライエントが話しやすいように場面を構成することが大事である。とくに,呼び出して面接をする場合は,「君のことを心配している」「君の抱えている悩みや問題を,できれば一緒に考えていきたい」「ここでは何でも自由に話してよい」といった,カウンセラー側の意図を十分にクライエントに伝え,クライエントの不安や警戒心を解いてやることが必要である。

1回の面接時間は40～50分が普通であるが，学校では必ずしもこの時間にとらわれる必要はないだろう。ただ，長時間続けてもかえって成果があがらない場合も多いので，その場合には適当なところで切り上げて次回の面接の約束をした方がよい。面接を切り上げるさいに，クライエントの生徒が「話してよかった，また話しに来たい」という気持ちになれば，その面接は一応成功といってよい。

(2) カウンセリングの技術

カウンセリングの技術にはさまざまなものがあるが，ここではクライエント中心療法と精神分析療法から導入された，比較的一般的な技術を主に紹介する。

1) 受容

クライエントの話に暖かい態度でかつ真剣に耳を傾け，適宜，うなずいたり，「うん」「ほう」「そう」「なるほど」などのあいづちを打つ。受容が効果的になされれば，クライエントは「自分の話をよく聞いてもらっている」「自分の言うことが十分に尊重されている」という気持ちを抱くことができる。

2) 繰り返し

クライエントの話す内容の重要な箇所を，クライエントが話したとおりの言葉で，繰り返して伝え返す。繰り返しが効果的になされれば，クライエントは「自分の話を正しく的確に受けとめてもらっている」という気持ちを抱くことができる。

3) 反射

クライエントの話の中に出てくる感情的な体験を共感的に理解し，クライエントの感情をクライエントが話したとおりの言葉で伝え返す。反射が効果的になされれば，クライエントは「自分の気持ちがこの人には分かってもらえる」という安心感や信頼感をもつことができる。

4) 明確化

クライエントが自分の感情や考えをうまく言い表せなくて困っているとき，的確な言葉を使って表現してやる。また，さらに一歩踏み込んで，重要な問題

点となる部分に焦点を合わせて、話の内容を整理してやることもある。明確化が効果的になされれば、クライエントは「自分の気持ちが本当によく分かってもらえている」という深い信頼感をもつことができる。さらに、自分の悩みの状況や原因をある程度冷静に見つめ直すことができるようになる。明確化が的確になされていくと、カウンセリングはそれだけ成果があがっていくが、不適切な明確化によって、かえってクライエントが心を閉ざすこともあるので、性急な明確化は慎んだほうがよい。

5) 直面化（対決）

クライエントの話の中で、明らかに不自然な事柄、客観的事実と違う事柄、矛盾している事柄などを指摘してやる。また、クライエントの様子や態度の中で、とくに重要な意味をもつと思われる箇所を指摘してやる。このようなことによって、クライエントは自分が意識していなかった問題点に気づくようになる。ただし、直面化（対決）は、クライエントとカウンセラーの間でしっかりとした信頼関係ができあがってからでないと、指摘された点が本質にかかわっているほど、かえってクライエントが感情的になり反発を示す結果となる。

6) 解釈

クライエントの話の内容や態度の奥にある本当の原因について、推測されることを話してやる。適切な解釈が適切な時期に与えられるならば、クライエントは自分の悩みや問題の真相についての深い洞察を得ることができる。ただし、適切な解釈を与えるためには、かなりの専門知識と十分な経験が必要である。誤った解釈は、状態をますます悪化させてしまうし、仮に正しい解釈であっても、与える時期や与えかたが不適切であれば効を奏しない。解釈を与えるには、少なくとも、クライエントがカウンセラーに十分な信頼をおいていること、また、解釈の内容をクライエントがすでに自分でおぼろげに気づいていること、などの点を前提条件とした方がよいだろう。また、カウンセラーの側から解釈を与えなくても、解釈の内容をクライエント自身が自ら洞察するように導いていくことができればそれに越したことはないし、実際、それが可能なケースも

少なくないはずである。

7) その他の技術

(1) リード：クライエントの話の中で，もう少し詳しく知りたいことがあるとき，その点について質問する。知りたいことをストレートに聞くのではなく，やや焦点をぼかして聞くぐらいがよい。

(2) 助言：解決に役立つ情報や，具体的な解決策を与えてやる。解決策は実行可能なものを，できれば複数個提示し，クライエント自身に選択させる方がよい。クライエントがその解決策を実行できたら，無条件にほめてやることも大事である。

(3) 支持：クライエントの考えや判断を可能な限り支持してやる。

(4) 説得：説得は，受容，共感を柱とするカウンセリングの基本方針にはなじまないかもしれないし，実際，クライエントの気持ちを無視した安易な説得では，かえってクライエントの心が離れていくだけの結果に終わることも多い。だが，クライエントの状態によっては，説得が有効である場合や，とりあえず説得によって乗り切らざるを得ないような場合があるのも事実といえよう。國分康孝は，次のようなクライエントに対しては，説得を用いてみることを提案している。すなわち，

(1)わがままで世間知らずの人，(2)良心的すぎてひとつの考え方（ねばならぬ）に固執し，自縄自縛している人，(3)先の見えない人，(4)お人好しすぎて人が自分をどう見ているかに気づかない人，(5)ある危機状況におかれ一時的に自力で判断し行動する能力が弱まっている人[1]

などである。ただし，國分も主張しているように，説得が効を奏するためにはやはり，カウンセラーとクライエントの間によい信頼関係があることが必要である。したがって，とくに急を要する事態でない限り，説得にかかる以前にクライエントとの間で十分な信頼関係を築いておくことが大事

である。

(3) カウンセリングの過程で生じる障壁

カウンセリングは必ずしもスムーズに進行していくものではなく，カウンセリングの過程においてさまざまな心的な葛藤が，障壁となってカウンセラーの前に立ちふさがる。カウンセリングの過程で生じる障壁的な現象として次のようなことがあげられる。

1) 抵抗

クライエントは，自分の抱えている問題に悩まされ，何とかして問題を解決したいと願う一方で，問題の本質的部分に直面することを恐れたり，現在の状態が変化していくことに大きな不安を覚えたりする。これがカウンセリング過程における抵抗であり，表面的には，沈黙や，話のうわすべり，面接への遅刻やすっぽかしなどとなって現れることが多い。抵抗は，カウンセリングの進行を妨げるだけでなく，クライエントが問題の解決を安易な手段に頼ろうとしてますます状態を悪化させたり，場合によっては身体的な症状に転化されたりすることもある。だが，抵抗はカウンセリング過程においては，多かれ少なかれ必ず生じるものと考えておいた方がよい。問題の本質的部分はもともと直面するのがいやだからこそ目をそむけて潜在化させたのであるし，やっとの思いで現在の自分を維持しているのに，新しい自分になったら一体自分はどうなるのかという不安を覚えるのも無理からぬことである。したがって，カウンセラーはこの抵抗にも十分な共感的理解をもって臨むことが大切である。そして，なぜそこで抵抗が生じているのかを熟考し，クライエントとの信頼関係を大事にしながら，クライエントとともに辛抱強くその抵抗を乗り越えていくことが必要である。焦りを覚えたり，クライエントに対して反感を抱いたりして，性急に直面化を促したり，みだりに解釈を与えたりしては，台無しになってしまう。

2) 行動化

カウンセリングの過程が進行していく途上において，クライエントの行動傾向の悪化が見られることがある。たとえば，衝動的になったり，粗暴になった

り，何でもないことで喧嘩を仕掛けるようになったりするのである。このような行動化は，カウンセリングのやりかたのまずさが原因となっている場合もあるが，カウンセラーを試す意味がある場合や，クライエントなりの変化や適応へ向けてのもがきである場合も少なくない。いずれにしても，カウンセラーの落ち着いた対応と，望ましい方向への誘導が必要となる。

3) 転移

カウンセリングの過程において，クライエントがカウンセラーに対して特別な親愛感情，または嫌悪感情を抱くようになることがある。これは，クライエントが特定の人物（とくに親きょうだい）に抱いている感情が，カウンセラーに向けられるためであり，転移と呼ばれている。転移は，好感的なものであれ反感的なものであれ，クライエント自身の潜在感情が表出したものであるから，カウンセラーにとってはクライエントの内面を知るための貴重な手掛かりとなるし，クライエント自身がその正体に気づき，適切に処理していくことができるようになれば，問題の解決への足掛かりとなる。ただ，クライエントの転移はしばしば，カウンセラーの感情を巻き込み，クライエントの転移に呼応するかたちで，カウンセラーの側にも転移を生じさせることがある。これを逆転移と呼ぶ。逆転移が起こると，カウンセラーはクライエントに対して特別な好意や反感をもつようになり，クライエントへの対応に冷静さを欠くようになるので，十分な注意が必要である。

(4) 保護者との面接

面接は，クライエント本人に対してだけでなく，その保護者や家族に対しても行うことが望ましい。これは，保護者・家族の協力を得るためであることはもちろんであるが，クライエントが問題を抱えた主原因が家族の中に存することが少なくないためでもある。すなわち，クライエントに対する接し方・態度を中心にして，家族の成員間の交流のひずみがクライエント本人の問題となって現れている場合が多い。その場合には，クライエント本人が変わるだけでなく，家族内部でのひずみが是正されることによってはじめて，問題が解決に向

かっていくことになる。そのためには，クライエント本人と面接する一方で，クライエントの保護者・家族とも面接することが必要となるのである。

　家族との面接の場合も，本人に対するカウンセリングの場合と基本的な方法は同じであるが，その他の留意点として，次のことがあげられるだろう。

(1)　特定の人物を悪者扱いしたり，家族の責任を追及したりするような言い方は避ける。

(2)　クライエント本人や面接した家族の成員の打ち明けた秘密は，家族の成員相互の間でも，原則として漏らさないようにする。

§2　カウンセリング・マインド

(1)　学校カウンセリングの担当者

　理想としては，すべての教師がカウンセラーとしての資質と知識・技術をもち，必要に応じていつでもどのような生徒に対してもカウンセリングを行うことができるのが望ましいことはいうまでもない。だが，先にも述べたように，教育実践の場において教師は，生徒の自由を規制し，生徒を評価し，時には叱責・処罰しなければならない場合があることも事実である。したがって，そのようないわばトレーナーとしての役割と，生徒を絶対的に受容し，共感的理解を示すカウンセラーとしての役割とを，一人の人間の中で両立させることは必ずしもたやすいことではない。そこで次善の策として，教師の間でそれぞれの役割を分担し，誰かがカウンセラーの役割を担当する，という方法がとられることも多い。カウンセラーの役割を誰が担当すべきかは一概にはいえず，生徒個人との関係や，人間的な向き不向きもある程度考慮する必要があるだろう。

　一般的には，次のような立場の教師がカウンセラーになり得る可能性をもっている。

(1)　専門の学校カウンセラー

　　もっとも望ましいのは明らかであるが，実際に配置されている学校は少ない。

(2) カウンセリング担当教師

　校務の分掌として，カウンセリングを担当している教師である。十分な研修と経験を積めば，カウンセラーとして優れた働きをすることも可能である。ただ，教科の指導や学級の担任を本務にしていると，カウンセラーとしての仕事が時間的にも労力的にも負担過重となり，カウンセラーの役割を存分に果たすことが困難となる場合も生じてくる。

(3) 養護教師

　養護教師は生徒を管理・評価する立場にはないし，保健室は校内のオアシスのような場所でもある。また，養護教師の任務には生徒の心身の健康の保持が含まれているし，実際，養護教師になる者には人間的にカウンセラーとしての素質を備えた者が多い。このようなことから，生徒が自発的に保健室を訪れて養護教師に悩みを打ち明けるというケースもめずらしくなく，実質的に養護教師がカウンセラー役を担当する機会は少なくない。だが，そういった既成事実がもとになって，カウンセラー役をすべて養護教師一人に押しつけられてしまいがちになることもある。さらに，養護教師が生徒の気持ちを理解し生徒の側につくことによって，他の教師から妬まれたり，孤立したりするという事態が生じることもある。

(4) 生徒の所属する学級の担任教師

　学級担任の教師は一般的には，生徒にもっとも近い位置にあり，プライベートなことにも十分関与し得る立場にあるため，カウンセラー役を担当するうえで比較的無理がない。生徒ととくに相性が悪くない限り，カウンセリングを試みるべきであろう。また仮に，カウンセラー役をカウンセリング担当教師・養護教師やその他の別の教師に委ねる場合でも，生徒のことを親身になって考え，生徒のためにできる限りのことをしてやらねばならないのは当然である。

(5) 生徒が特別な信頼を寄せている教師

　生徒の所属するクラブの顧問や，生徒の好きな教科の担当教師，あるい

は，人間的な面でその生徒に尊敬されている教師などにも，カウンセラーとしての役割が期待できる。

いずれにしても，教師が役割を分担するとき，もっとも大事なことはお互いの役割について理解し合うことである。とくに，生徒に厳しい態度で臨むトレーナー役と，生徒を受容するカウンセラー役とは，相対立する部分が大きいため，ともすると，お互いのやり方を批判し合ったり，反目し合ったりすることにもなりかねない。生徒の成長のためには，いずれの役割もともに必要であることを認め合い，協力し合うことが必要といえるだろう。

(2) **カウンセリング・マインド**

カウンセリングそのものは，一定の形式と専門的な技術を伴った特殊な行為であり，クライエントの抱えた問題を解決していくための心的な作業である。だが，そこでは，単に問題を機械的に処理するのではなく，クライエントとカウンセラーの人間同士のふれあいがあり，カウンセリングを通じてクライエントの人間としての成長を促すという側面がある。そこで近年，カウンセリングのそのような特質に注目し，人間関係や教育実践における1つの基本理念として，カウンセリングの精神を生かそうという動きが盛んになりつつある。そして，そのさいのカウンセリングの精神をカウンセリング・マインドと呼んでいる。

カウンセリング・マインドの基本姿勢については，尾崎勝と西君子がきわめて的確にまとめ，次のような要点をあげている。

(1) 児童・生徒の成長への可能性を信頼し，畏敬の念をもつ
(2) 人間として対等の関係を実感し，心のひびき合いをもつ
(3) 児童・生徒の考え方・感じ方をありのままに受けとめ，共感的に理解しようとする
(4) 教え与えることに性急にならず，自分で学ぼうとする構えを大切にする
(5) 知的側面だけでなく，情緒的側面へのかかわりを大切にしていく

(6) 児童・生徒を先入観や固定的な考えで見ないで,新鮮な目で柔軟に見ていく
(7) 児童・生徒とともに考え,歩もうとする
(8) 児童・生徒の自尊心を大切にし,追い立てないで待てる
(9) 共感的理解と訓育的指導とを統合していく[2]

　もちろん,カウンセリング・マインドもまた,理念の1つであるから,生徒指導やその他の教育実践に関して万能性を保証するものではないし,むしろその有効性はこれから試されていくものといった方がよいかもしれない。
　ただ,このカウンセリング・マインドが生まれてくる母体ともなった,クライエント中心療法の提唱者ロジャースは,永年のカウンセリング経験に基づき,自分のカウンセリングを受けたクライエントが一般的に,次のような方向に変化していくことを述べている。

(1) 見せかけのものから離れる
(2) "べき"から離れる
(3) 期待に沿うということをしなくなる
(4) 他者を喜ばすということから離れる
(5) 自己の方向に向かう
(6) 過程的な存在に向かう
(7) 複雑さに向かう
(8) 経験に対して開かれるようになる
(9) 他者を受け容れるようになる
(10) 自己を信頼するようになる[3]

　ロジャースのこのような指摘は,ある意味でカウンセリング・マインドのもたらす効果や本質的な意義を示唆するものといえるかもしれない。すなわち,

ロジャースの提唱したクライエント中心療法の基本的な意図は，クライエントがあるがままの自分へと変容していくことを支え，促すことにある。あるがままの自分とは，見せかけ，"べき"という「とらわれ」，他人からの期待，などで凝り固まった自己概念ではなく，物理的，社会的，個人的，対人的なさまざまな経験が展開し，絶えず生成変化していく，その過程としての自分である。そのようなあるがままの自分の実像を，良し悪しの評価や好き嫌いの態度を超えて認識し，その自分を自分で受け入れていくことは，まさに真の自己理解・自己受容といってよいだろう。おそらく，カウンセリング・マインドのもっとも本質的な教育的意義は，生徒の真の自己理解・自己受容を促し，支えていくことにあるのではないかと思われるのである。

　もちろん，それは決してたやすいことではないし，きれいごとだけですむことでもないだろう。そもそもカウンセリングとは，クライエントの悩みや問題の原因を丹念に掘り起こしていくという骨の折れる作業であり，その過程においてはさまざまな醜悪な部分が露出してくることも当然起こり得る。したがって，焦らないこと，人間の醜い部分からも目をそらさないこと，などはカウンセリングを進めていくうえで最低限必要な心構えである。そのことをふまえるならば，むしろ，きれいごとでないこともいとわず受容し，焦らず，じっくりと生徒とつきあっていくことこそが，カウンセリング・マインドの根本精神といえるのではないだろうか。

（石田　潤）

引用文献

1) 國分康孝『学校カウンセリングの基本問題』誠信書房　1987年
2) 尾崎　勝・西　君子『カウンセリング・マインド』教育出版　1984年
3) Rogers, C. R.　村山正治（編訳）『ロージァズ全集12　人間論』岩崎学術出版社　1967年

参考文献

青木孝頼・堀　久（編）『生徒指導の基本と教育相談』図書文化　1984年
秋山俊夫（監修）『図説 生徒指導と教育臨床』北大路書房　1993年

岸田元美（監修）『改訂 生徒指導』北大路書房　1990年
國分康孝『カウンセリングと精神分析』誠信書房　1982年
長尾　博『学校カウンセリング』ナカニシヤ出版　1991年

第5章　生徒指導と進路指導

第1節　学歴社会と進路指導

§1　学歴社会とは

　「学歴社会」という言葉が，一般的に広く認識されるようになってきたのは，1960年代の後半からのことである。これは，高度経済成長期における，大学・短大の新設に伴う，高等教育人口の爆発的な増加によるところが大きい。大学・短大への進学率をみた場合，1960年には10.3%であったものが，10年後の1970年には23.6%にまで上昇し，高等教育はひとにぎりのエリートのためのものではなく，広く大衆に開かれたものへと変貌をとげたのである。くわえて，70年代初頭に刊行された，OECDの教育調査団の報告書『日本の教育政策』においても，日本の社会は「学歴社会」であるといった指摘がなされた。以来，大学・短大への進学率が38.9%（平成4年度）という今日の現状では，学校をとりまく社会状況の中で，良きにつけ，悪しきにつけ「学歴」という言葉のもつ意味を無視することができなくなってきているのである。

　18歳のある一日に，どのような成績をとるかによって，彼の残りの人生は決まってしまう。いいかえれば，日本の社会では，大学入試は，将来の経歴を大きく左右する選抜機構としてつくられているのである。その結果，生まれがものをいう貴族主義は存在しないが，それに代わる一種の学歴主義が生まれている。[1]

そもそも「学歴社会」とは，国民の教育水準が高度化し，それにつれて教育の制度や構造，あるいは教育のもつ社会的機能が，摩擦や緊張を伴いながら変化していく社会を意味する。このように，「学歴社会」が，教育的特徴と社会の構造的な特徴の両者から構成されるものであるとするなら，今日の日本社会においては，学歴（この場合の学歴は，学校歴という要素も十分に含んでいる）が，本人の社会的地位の達成に，大きな役割を果たしているのは事実である。

学校において，進路指導をする場合には，「学歴社会」の転換を絶えず模索しながらも，現実的には，その存在を無理に歪曲させたり，いたずらに否定的な立場から論じたりすることは避けなければならない。それよりも，このような「学歴社会」が成立してきた要因を客観的に分析し，理解したうえで，個々の生徒をどのように方向づけ，本人の将来にとって，よりプラスになるのかを，自主的・主体的に自己決定できるように導くことが肝要である。

§2　学歴社会の現状

学歴社会がどのような現状にあるのかを分析するには，いろいろな立場からの視点があるが，ここでは学校をとりまく社会の現象として，社会学的な見地からいくつかの点を指摘してみたい。

まず，社会の階層構造と大学の難易度による序列が対応し，その大学の序列と高校の序列が対応しているという考えが，広く一般に認識されているという点である（図5-1参照）。

この図からもわかるように，第2次大戦以降，大企業や政界，財界などを中心として，学歴差や学校歴差によって，企業などにおける職種や職位といった階層のふり分けが起こり，個人のもつ実力や能力といったものが，正当にはかられず，その代わりに評価の基準としての学歴や，学校歴が用いられるようになってきた。この傾向が，教育機会の拡大期の中で，高校や大学への進学率を引き上げ，いわゆる「学歴神話」を増幅させる結果となってきたのである。高

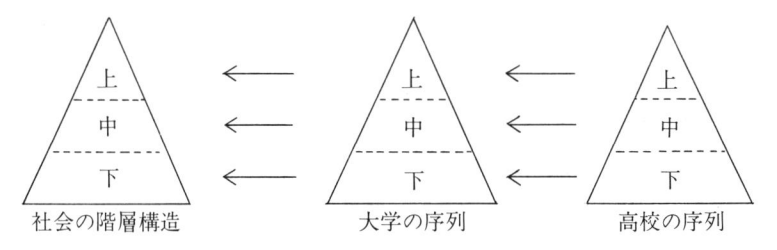

図5-1　社会の階層構造と大学・高校の序列

校の序列とは，そのまま難易度の高い大学への合格を可能ならしめる序列となり，学歴社会の進展とともに，「受験地獄」は大学入試のみならず，高校入試や中学入試といった段階へと徐々に早期化し，それに包含されていく年齢も，引き下げられていく傾向がある。

　また，生徒は，学校における学業達成を基盤として，進路指導という名目によって，社会の序列や分業に見合った職業に選抜され，振り分けられるというメカニズムを暗黙のうちに強要されている。したがって，学習そのものが儀礼化し，身につける学力や知識内容は，受験に向けたものへと形骸化してしまうのである。言い替えれば，学歴とは，社会階層的にみた下位層への振り分けを阻止するための「保険」のようなものであるといった解釈が成り立つのかもしれない。

　さらに，高校段階において，すでに序列ができあがっているということは，「偏差値」などを媒体として，必然的に生徒のあいだに順位や，競争といった意識が蔓延し，早期の段階での選抜がおこる。進路決定もそれにつれて早くなり，学業達成の成功者には，いわゆるエリート型のパス（経路）が用意されるが，多数の者にとっては，自分の希望がかないそうもないと知るや，「クーリング・アウト（冷却）」のメカニズムがはたらき，逸脱の原因のひとつともなりうる。このような現象を放置しておくことは，非行やいじめといった問題をはじめとした教育病理を生じさせることとなり，生徒指導を行ううえでの困難性にもつながるのである。

ことさらに進路指導や，学校の無力さを列記するのではないが，もう1点だけ「学歴社会」のもとでの，学校における進路指導の矛盾を指摘するのならば，教育における階層の再生産の理論がある。ブルデュー（P. Bourdieu）によれば，「文化資本としての教育のメカニズム」の存在は，教育（学校）が階層の再生産を助力し，こうした資本が，世代間に継承されると解釈される。したがって，学校における序列は，そのまま階層差を反映しているという考えが成り立つのである。すでに述べたように，社会の階層構造が，大学や高校における序列と対応するだけでなく，その前提として，すでに階層差が学業達成に強い規定力をもっているのであれば，学校は不平等を拡大し，再生産する媒体となってしまうのである。出身階層が高い者にとっては，教育への多大なる投資が可能であり，それは，そのまま，序列の高い高校や大学への進学を容易にするための先行投資ともなりうる。逆に，出身階層が低い者にとっては，教育への多くの投資を望めず，それがイコール「学歴稼ぎ」の競争への参加の断念や，無益な出費となってしまうといった構図があるのかもしれない。これはまさに学校教育の矛盾であり，このような学校教育システムをつくりあげてきた社会の矛盾なのである。

　最近になって，いくつかの企業では，求人のさいの項目から「最終学歴」の項を削除したり，採用にあたっては「学歴」を選考の資料としないなどといったような試みがなされ，「学歴」のもつ付加価値を無視し，人物そのものや，ボランティアの活動歴，何ができるのかといった長所などによって人物を多面的にとらえて選考をするところがみられるようである。また，採用が一定の大学などに偏らないことが望ましいといった点を考慮して，いわゆる「学閥」を解消するための動きもみられる。これらは，現在の社会構造のなかから「学歴」によるメリトクラシーを否定するためのものであるばかりでなく，人材選考における「人物本意」への移行であり，今後もこうした試みが多くみられるようになっていく傾向にある。こうした，個人の「能力」（この場合の能力とは，単に学力を指すものではない）を中心におくような社会を前提として，進

路指導がなされるとすれば,「学歴社会」もまた違ったとらえかたになっていくのかもしれない。

このように,いくつかの点から,「学歴社会」の現状について考察してみたが,このような状況のもとで,進路指導とはいったい「どのようなもの」であると考えるのがよいのか。また,本当の意味での進路指導とは「どうあるべき」なのか。以下では,これらを中心課題として,数々の矛盾に対する答えを模索してみたい。

§3 学歴社会の弊害と進路指導

まずは,1985年に出された「臨時教育審議会」の第一次答申のなかから,やや長くなるが,学歴社会について指摘されている部分を参照すると,以下のような指摘がなされている。

　わが国は,学歴が偏重されている社会であるとの認識は,個人に対する評価が,「なにをどれだけ学んだか」よりも「いつどこで学んだか」が重視され,しかもそれが個人の価値,能力や個性の評価にまで影響を及ぼしている現実があることによるものである。このため,人生の初期に形式的な学歴を獲得しなければならない状況になっている。つまり,教育・学習歴が必ずしも適正に評価されていないきらいがあるという問題,そして,学習自体の喜びが奪われているという問題が生じている(一部省略)。

　反面,戦前の官公庁,大企業などにおいては,学歴に基づく処遇差や賃金格差を設けるという,いわゆる学歴社会が形成されたが,このことが学歴が偏重されているとの認識が生まれる歴史的背景となった。また,戦後における被雇用者の割合の上昇に伴うホワイトカラーの増大,進学率の急上昇などを背景に,有名大学重視の傾向が強まってきた。

　さらに,学校,社会を通じて,多様な教育・学習の機会やコースが現在必ずしも十分に用意されておらず,また,いったん社会にでた後に,改めて学

歴や資格を取得することや,自らの能力開発を行うことが容易でないという状況もある。[2]

この答申にも指摘されているように,現在の学校教育には,学習すること自体に,喜びや満足を得る,という文脈を求めることは不可能であるのかもしれない。逆に,学習のあとには多種多様な試験が用意されており,「偏差値」によって個人の学力を置き換え,その数値を上げることに喜びや満足を感じるという風潮が蔓延しているといっても過言ではない。進路選択の時期にさしかかった生徒にとっては,その数値こそすべての価値を代弁するものであり,「偏差値」の数値が進路を決定していくのである。こうした,いわゆる「偏差値による輪切り」という実態が,生徒を没個性化し,将来的な展望を画一化していくのである。まさに,学歴社会の弊害の根元ともいうべきものの存在がここにあるといえよう。

最近の動向としては,こうした問題に対応すべく,高等学校においては,単位制高校の登場や,総合学科新設の答申,小中学校も含めた学習指導要領の改訂や,文部省による業者テストの排除の行政指導といった改革が推進されてきてはいるものの,いずれも「学歴社会」を転換させるような決め手には,今のところなり得ていないようである。

このような現状のもとで,進路指導は本来,どのような意味合いをもつものなのであろうか。

教育は,いうまでもなく,人格の総合的な完成を目指して行われる過程であり,結果を求めることにその主眼が置かれているわけではない。しかし,「学歴社会」では,偏差値をあげ,競争や選抜を勝ち抜いていくことが眼目として要求されるわけであるから,おのずと,結果こそすべてであるといった風潮が,教育に先行してしまうきらいがある。くわえて,教師の側も,それに呼応するかのように,試験や点数を過大に重要視する傾向が無いとは言いにくい。こうした状況のなかで,生徒に本当の意味での人生観や世界観を教えることは至難

の技である。進路指導の重要性といった言葉はよく耳にするものの，目の前に見え隠れする「学歴社会」の存在にたいして，生徒をどう指導していくかといった具体的な対応の方法や，実際の指導イメージがわからないのが実際なのかもしれない。以下に，1989年に文部省が行った，中学3年生の進路意識調査の結果をあげ，まず，生徒の実際の意識レベルをとらえてみたい。

「高校へ進学することを希望する理由」（複数回答）

将来の仕事に役立つ知識・技能を身に付けたいから	54.7%
高校を出たほうが就職に有利であると思うから	43.1%
大学へ進みたいから	33.3%
教養を高めたいから	23.1%
両親など家族の者がすすめるから	8.0%
みんなが行くから	7.8%
特に理由はない	3.8%

　この結果からも明らかなように，「高校を卒業しているほうが，中卒に比べて就職に有利であると思っている」という回答は，背景には「積極的に高校へ進学する理由はないのだが，仕方なしに」といったニュアンスをくみとることができる。学歴による職業上の扱いの差はとりあえず回避したいという認識が強くはたらいているのかもしれない。これに，「両親などのすすめ」や，「みんなが行くから」，あるいは「特に理由なし」を加えた層が，明確な将来展望や職業意識をもっておらず，大まかな見方をすればネガティブな進路選択者である。また，こうしたアンケート調査の限界なのかもしれないが，実際に中学生の進路意識を，面接などの異なった方法で多方面から明確にしていけば，「みんなが行くから」といった回答が多くを占めるであろうことも容易に察することができる。宮崎の指摘によれば，現在およそ7割近くの高校生が，無目的・不本意に高校に在籍しており，その数は増加する傾向にある。[3] こうした「志望外入学者」の存在を生み出しているところに，まず進路指導上での問題を指摘できる。

　進路指導の目的のひとつは，将来的な展望に立ったときに，自分はどんな人

間になりたいのかといったアイデンティティを確立することであり，広義の自己実現である。それが，世間の体裁や，人のすすめによって，簡単に翻意するようなものであってはならないことは明確である。

中学3年という早期の段階において，ネガティブな進路選択者がこれほど多く存在する理由を，進路指導に結び付けて考えるならば，学校教育段階での個人の職業的社会化が不十分である点があげられる。

「フリー・アルバイター」といったような職種が，社会的にみても容認されるような昨今の風潮の背景には，「できれば，いつまでも仕事に就きたくない」とか，「自分が就きたい職業がない」，「自分が何に向いているのかがわからない」といったモラトリアム意識をもつ若年層が多く存在することを予想するのに難くはないのである。確かに，欧米並の余暇型社会が到来し，仕事よりも遊びといった志向が社会的な変化としてあらわれ始めていることも事実であろうし，消費社会にともなった，豊かな時代のなかで，労働の必要性を強要されなくてもよい若者が増えてきたこともまた事実である。この点について，有本は以下のように述べている。

　職業的社会化も時間をかける必要があるのであり，子どもの時には子どもの時に欠かせない準備が必要である。選抜の低年齢化はそのような職業に関する成長発達の緩やかな行程を阻害し，かりに就きたい職業が夢，希望，志望といった形で芽生えたとしても，多くの子どもにとってはそれを主体的に選択し，現実のものにしていくことを早期に断念せざるをえない圧力が作用する。子どもの成長発達を十分に実りあるものにするには，子どものなかに意欲，意志，希望，アイデンティティが育つのを時間をかけてじっくり醸成する環境が必要であるのであって，それを選抜のために偏差値ですべてが測定されるならば，子どもは早い時期に希望を見切り，現実的に対処せざるをえない。偏差値や輪切りのなかでしか，職業は考えられなくなってしまうから，結果的に「職業的発達」の過程は阻害され，職業嫌い，職業的不適応，

職業離れは進行することになるのである${}^{4)}$。

　この指摘のように，生徒の職業的社会化は，現代の社会状況によって阻まれているのが，現実なのかもしれない。これが，もっとも大きな「学歴社会」の弊害なのである。こうした状況を安易に曲解して，若者の職業意識の未成熟さの原因を，彼らの側に一方的に押しつけるのは考えものである。先の調査結果にあった「将来の仕事に役立つ知識や技能を身に付ける」という意識の背景に，理想的にいうのならば，自分にとってふさわしい職業や将来設計をすでに決めていて，そのプロセスとして，「大学へ進みたい」や「教養を高めたい」といった，段階的・発展的で，ポジティブな進路選択ができる学生が多くなっていくよう指導することが大切なのである。それを可能ならしめるのが，学校教育段階での職業指導であろう。

§4　職業的発達と職業教育

　「進路指導」という用語は，昭和33年，35年にそれぞれ改訂された中学校，高等学校の学習指導要領によって用いられるようになったもので，それ以前には「職業指導」が，一般的であった。

　同様の変化がアメリカにおいてもみられ，それまでの「ボケイショナル・ガイダンス (Vocational Guidance)」にかわって「キャリア・エデュケーション (Career Education)」が用いられるようになっている。この「キャリア」という概念は，個々人の生き方であり，生活の仕方と解することができる。それは，とりもなおさず，「進路」の指導が，単なる就職の斡旋や，進学情報の提供サービスにとどまらず，ひろく，人間としての生き方や，将来への積極的な展望をもった適応を援助するものであることを示している。

　とりわけ，中学校や高等学校においては，進路指導を通して，生徒に望ましい「人生・職業（キャリア）」観を，「教育（エデュケート）」し，発達させね

ばならない。職業的発達理論のなかでも，その発達段階や発達課題に注目した研究としては，スーパー（D. E. Super）が行った「キャリアの類型的研究（Career Pattern Study）」は，職業的成熟の概念を作り上げたものとして注目される。スーパーは，職業的成熟の指標として，以下のような6点を指摘している。

---
① 職業選択への方向付け　② 希望職業についての情報収集と計画性
③ 希望職業の一貫性　　　④ 諸特性の結晶化
⑤ 労働経験の独立性　　　⑥ 希望職業についての知恵

「職業的成熟の指標」D. E. Super[5]

彼の職業的発達理論の中心には，「自己概念（self concept）の発達」が置かれており，それは，自己概念の形成，自己概念の翻訳（職業をするうえでのイメージの置き換え），自己概念の実現というプロセスで発達するものであると指摘している。あわせて，青年期の中期ないしは後期までのあいだには，少なくとも自己像を形成し，職業についての希望を結晶化させ，その希望を特定化するといった課題も求めているのである。

これを学校教育にあてはめて考えるならば，学校での諸活動を通じて，まず自分は何が得意で，何を好むかといったような点を理解し，次に，自分がどのような人間であるのかを考え，自己のアイデンティティを確立する（自己概念の形成）。

そこへ，職業的な知識を導入され，あるいは疑似体験をすることによって，自分にふさわしいと思われるような職業水準や分野についてのおおまかな予想をたてる（自己概念の翻訳）。

最後に，進路選択期にさしかかるまでには，おおまかな予想を，あるひとつの選択へと絞っていき，職業に対する方向付けを行う（自己概念の実現）のである。

進路指導においては，個人差を考慮したうえで，このようなプロセスをたどって，段階的に職業意識は成熟するものであることを留意する必要がある。

第2節　進路指導の意義と原理

§1　進路指導は就職指導か，進学指導か

　学校における進路指導の内容とはなにかを問われると，中学校や高等学校卒業時の就職先の斡旋や，上級学校への受験指導という答えがすぐにかえってくるのが一般的である。しかし，こうしたいわゆる情報サービスが，そのすべてであろうか。この点について，仙崎は，以下のように定義している。

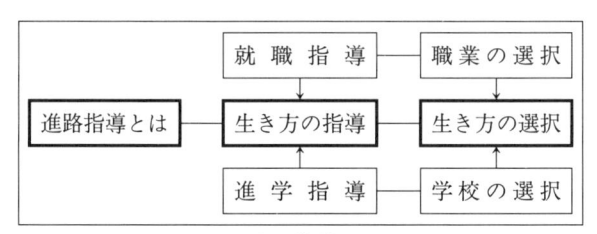

```
              ┌─ 就職指導 ── 職業の選択
進路指導とは ──┼─ 生き方の指導 ── 生き方の選択
              └─ 進学指導 ── 学校の選択
```

図 5-2　進路指導のありかた

　進路指導の本質は，斡旋・受験などの一過性的なプレースメント（配置）サービスにのみに矮小化される活動ではなく，個々の児童生徒がその進路発達段階に応じて，自己の進路適性を伸長し，進路選択期において主体的に自らの生き方や進路を選択・決定するとともに，その後の職業生涯のなかで十分な社会的・職業的自己実現ができるように，すべての教師が学校の教育活動の全体を通じ，各学年，組織的・計画的・継続的に指導・援助する過程である。[6]

　このように考えると，学校における進路指導は，学校の教育目標や理念を達成するための機能をもっており，それゆえに，教育活動の中においても重要な位置を占めるのである。
　生徒の自己実現を援助する過程において，卒業時期のみに行われるような断

片的な指導であってはならない。したがって、冒頭の問いにたいしては、進路指導は、就職指導でも進学指導でもない。つまり、図5-2のような関係が、本来の進路指導のありかたである。いいかえれば、進路指導とは、生き方の指導であり、人生の指導であるといえる。

§2 進路指導の意義と個人の理解

文部省の『進路指導の手引』によれば、進路指導の意義を以下のように規定している。

> 進路指導とは、生徒の個人資料、進路情報、啓発的経験および進路相談を通して、生徒が自ら将来の進路の選択・計画をし、就職または進学して、さらにその後の生活によりよく適応し、進歩する能力を伸長するように、教師が組織的、系統的に指導援助する過程である。[7]

この定義を正確に解釈するならば、主体的な進路の選択権は生徒にあり、教師はそのための援助者でなくてはならない。試験の成績や偏差値などによる輪切りよって、生徒に進路の選択を迫るのは、教師の権力による都合主義であり、決して許されるべきものではない。「先生と面接をしたら、○○高校にしろといわれた」とか、「自分の能力では○○高校は、とても無理だといわれた」などという話をよく耳にするが、こうした場合にも、客観的な情報を提供しないまま、生徒に納得させずに一方的な押しつけの指導をしたのでは、生徒が不適応をおこす原因になるのである。個々の生徒にとって、主体的な進路選択や進路決定を促すためには、生徒の側は、客観的に自分を知るための「自己理解」が必要であり、教師の側では、「生徒理解（個人理解）」が必要となる。この両者がそろってこそ、進路指導が機能的に行われるのである（図5-3「進路指導の流れ」参照）。

こうした、「自己理解」と「生徒理解」を深めるのに必要なのが、「生徒の個人資料」である。文部省は、この個人資料について、次のように指摘している。

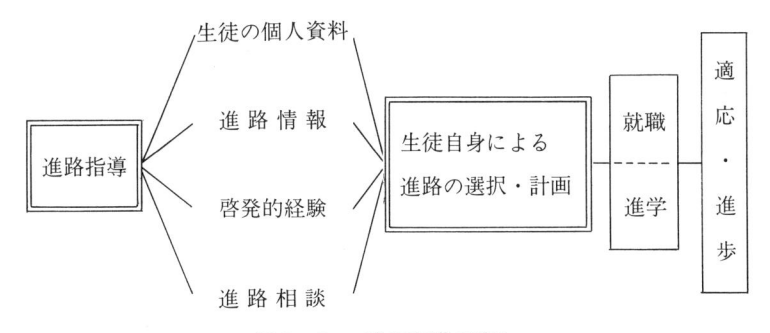

第5章　生徒指導と進路指導　103

図5-3　進路指導の流れ

　個人資料とは，生徒の進路選択や，その後の生活における適応性の伸長に役立つ，予見的な価値をもった資料のことで，教師の生徒理解，生徒の自己理解に必要な心理的・身体的・社会的な諸事実の資料である。

　この資料には，おもに生徒の能力，人格，身体についての記載がなされていることが多く，学校によっては，生徒個人の「カルテ」という呼び方をしているところもある。しかし，この「カルテ」の実際の活用方法はといえば，学内テストの点数や校内順位の一覧を整理してあるだけのものがほとんどであり，およそ「その後の生活における適応性の伸長に役立つ」ものとはいいにくい。そして，この学習能力一覧ともいうべきものによって，生徒の進路が決定されるのであれば，個人資料は，まったく意味のない，本末転倒なものであるといえよう。したがって，個人資料の利用については，生徒の学習能力を判断するためだけのものではなく，もっとさまざまな視点からの，生徒の個人的な特性を理解し得るようなものでなくてはならないのである。

§3　進路指導の定義

　中学校，高等学校における，進路指導の定義を，学習指導要領を参照すると以下のように記述されている。

> 中学校において
> 　将来の生き方と進路の適切な<u>選択</u>に関すること。(<u>進路指導の吟味</u>，<u>進路情報の理解と活用</u>，望ましい職業観の形成，将来の生活の設計，適切な進路の選択など)

> 高等学校において
> 　将来の生き方と進路の適切な<u>選択決定</u>に関すること。(<u>進路適性の理解</u>，進路情報の理解と活用，望ましい職業観の形成，将来の生活の設計，適切な進路の選択決定，<u>進路先への適応</u>など)

文部省「学習指導要領」より　　下線部筆者

　以上の定義をみると，進路指導とは，学校教育のなかにおいて，職業や進路の選択や適応に必要な能力を伸長するための，開発的な援助活動であるということができる。つまり，生徒が学校における教育的活動のすべてを通して，進路選択の有効な情報を与えられ，主体的に職業や進路を選択できるように援助することが進路指導の目標である。

　また，中学校と高等学校では，その目的に若干の違いは見られるものの，およそ内容的には大差はない（下線部が，中・高で異なる箇所）。ただし，高等学校では，生徒の精神的発達や，社会化の程度が中学生に比べてより「大人」になっていることや，社会との接続が近くなっていることなどを考慮して，「進路の選択」にとどまらず，「決定」という文言が付け加えられている。また，資料や情報を総合的に判断して自己の「進路適性」を理解したうえで進路を決め，その進路先への「適応」が求められている点にも注意する必要がある。

§4　進路指導の組織と方法

　進路指導をより有効的に行うためには，学校における全教職員が協力して組織体制をつくり，しかも，全学年のすべての教育諸活動を通して，綿密な計画に基づいて系統的，継続的に行わなければならない。そこで，具体的には，ど

のような活動が進路指導の範疇にあるのかについて理解しておく必要がある。

　教師にとって,学校における進路指導の活動とは,前述のように,生徒の「生き方の指導」であることを大前提としている。そうした方向付けや援助を行う場合に有効な点は,以下のように要約することができる。

① 生徒の個人資料を作成し,それに基づいて生徒理解を深めながら,一方では,生徒にも自己理解をさせること。
② 就職や進学の情報といった資料を作成して提供し,それを理解させ,進路選択の援助や斡旋をすること。
③ 学校教育の諸活動を通して,学校内外での啓発的経験をつませ,それを進路選択に役立たせること。
④ 進路選択についての悩みや相談にのり,生徒の適性や興味にあった方向性を一緒になって模索すること。
⑤ 進路指導を終え,社会や上級学校へ進んだ生徒にたいして,現在の状況に適応しているかどうかを追跡調査し,より進歩・向上するように援助すること。

　こうした活動を通して,進路指導を担当する教師は,生徒一人ひとりに,各自の能力や適性,または個人のおかれた環境などを理解させ,将来の職業や人生の展望をもたせ,就職先や進学先の情報を与えていく。さらに,その過程においては,進路に関する相談にのりながら,最終的な進路を自己決定できるように援助することが大切である。また,学校を卒業した後でも,事後指導の機会を作り,社会へのさらなる適応を助力することも忘れてはならない。

　あわせて,進路指導の方法のなかで,教師が注意しておかなければならないことは,

① 進路指導は,生徒と教師の人間関係を深めながら行われるものであり,教師の価値観や考え方を一方的に押しつけてはならないこと。
② 個人の資料作成においては,学業成績に偏ることなく,必要な資料をさ

まざまな角度から収集する必要があること。また，その際，生徒のプライバシーに立ち入った項目を聞かねばならない場合があり，知り得た情報はあくまでも守秘義務のひとつであること。

③　生徒の個性を尊重し，生徒の長所を把握するように心がけること。とりわけ昨今の新学習指導要録の記入方法の改訂で指摘されているように，相対評価よりも絶対評価が中心となっており，その生徒は「何が得意か」「何ができるのか」といった視点からの進路指導であること。

などである。

また，進路指導が「組織的」なものであるためには，全体の計画と体制が，整ったものである必要がある。

図5-4は，進路指導における全体計画の構図であるが，ここからも指摘できるように，全体の計画のなかには，まず進路指導の目標の設定がなされ，それにあわせて進路指導の重点項目や方針，努力目標が決められていくのが一般的

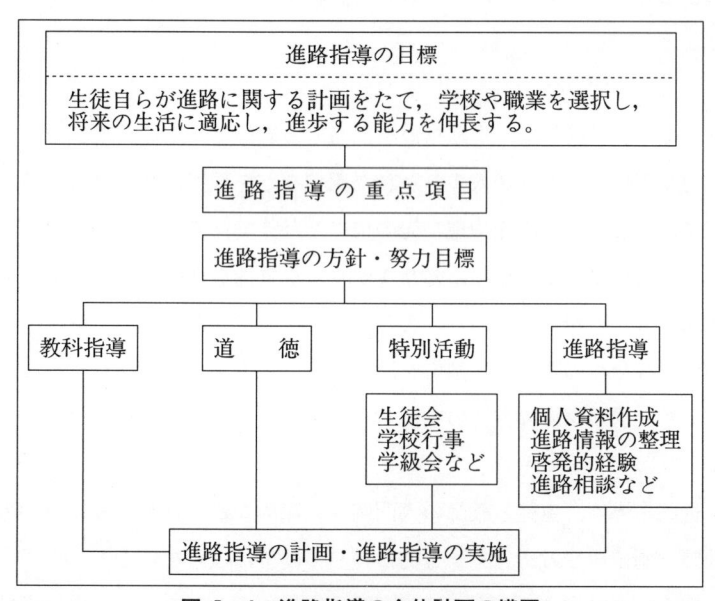

図 5-4　進路指導の全体計画の構図

である。そうした進路指導の目標を，学校組織の全体へと浸透させながら，進路指導の計画がなされ，その実施にあたっては，学級活動（ホームルーム）や学校行事といった特別活動においてはもちろんのこと，各教科や道徳，その他の特別活動の時間においても，進路指導は行われなければならないのである。

近年になって中学校や高等学校において，「選択科目」制度を導入し，生徒の興味や関心に合わせて，教科科目を選択できるような一定時間を用意している学校が増えてきている。しかし，こうした時間に，何を選択してよいのか迷う生徒も少なくないようである。本来，このような選択科目の制度は，生徒個々の進路や方向性がある程度決まっている場合には，大きな効果をあげ得るものだが，進路指導が不徹底であるとその目的も空転してしまう。進路指導が他の教科科目や教育活動と密接に連携し，その重要性が問われていることは，こうした所でも指摘できよう。

また，進路指導は，中学校においても高等学校においても，その第1学年から計画的に始められなければならない。また，その実施には，学校全体の教職員の協力的な組織体制が必要不可欠である。進路指導は担任が行うだけでは，機能的な情報の収集や，企業や上級学校との連絡も滞る結果となるためである。ほとんどの学校では，「生徒指導部」などと同様に，「進路指導部」のような校内組織をもつところが多く，校務分掌によって，数人の教職員が進路指導の担当をしている。これも，できるだけ各学年から1名以上の教師が配置されていることが望ましく，学年相互の関連を作り出すような努力をしなければならない。また，校内の職員研修などを利用して，全教職員に進路指導の情報や技術を正しく理解するような試みを計画的に行うことも有用である。**（原　清治）**

引用文献
1) OECD教育調査団　（深代惇郎　訳）『日本の教育政策』朝日新聞社　1972年
2) 臨時教育審議会第一次答申，1985年6（大石勝男『進路指導と生徒指導』による，後掲〈参考文献〉参照）
3) 宮崎和夫「私にとって学歴とは」麻生誠・潮木守一編『学歴効用論』有斐閣

1977年
4) 有本 章「学歴社会の職業的社会化」有本章・近藤大生編『現代の職業と教育』福村出版　1991年
5) D. E. Super 日本職業指導学会訳『職業生活の心理学』誠信書房　1960年
6) 仙崎 武「進路指導の意義と理論」中西信男・新保信一編『生徒指導・相談の心理と方法』日本文化科学社　1991年
7) 文部省『進路指導の手引』　1983年

参考文献
文部省『中学校及び高等学校における進路指導の現状』　文部省初等中等教育局　1989年
文部省『学校基本調査』　1993年
江原武一「高学歴社会の人間形成」柴野昌山編『社会と教育』（新・教職教養シリーズ　第8巻）協同出版　1993年
米川英樹「教育機会の拡大」柴野昌山編（前掲書）
R. Dore, The Diploma Disease, *University of California Press*, 1976（松居弘道訳『学歴社会―新しい文明病』岩波書店　1978年）
坂柳恒夫「職業指導の理論と歴史」有本章・近藤大生編（前掲書）
大石勝男「進路指導と生徒指導」大石勝男・森部英生編『生徒指導の研究』亜紀書房　1992年
原　清治「特別活動の評価」宮崎和夫他著『特別活動の理論と実践』学文社　1993年
竹内義彰「職業指導と人間形成」竹内義彰著『職業と人間形成』法律文化社　1977年

〈追記〉　教員免許法の一部改訂により，現在では生徒指導関連科目が必修教科のひとつとなったが，本文中にも述べた通り，「進路指導」とは職業的社会化の側面からみて小学校の時代からの継続的な指導が必要である。したがって，本論「進路指導」は，小学校教員の養成課程にも求められるべきであり，是非とも理解しておいていただきたい分野のひとつであることを追記しておく。

第6章　生徒指導の実践

第1節　小学校の生徒指導

§1　小学校における生徒指導上の問題

　小学校での，生徒指導上の問題は，児童の発達段階からみて，中学校・高等学校に比べて少ないように思われるが，中学校・高等学校での問題行動は既に小学校で芽生えている場合が多い。まず，生徒指導上の問題点を考察する。これは，中学校・高等学校での課題でもある。

(1) 小学校児童の問題傾向

　とくに，小学校高学年にあっては，次のような特色を見出すことができる。

1) 教師とのかかわり

　子どもは教師の言動を非常に敏感にとらえる。自分の思い通りにならない場合や叱られた理由が理解できない場合など，感情的な傾向が強くあらわれて，自分を見直したり，教師の思いを考えることなく反抗的態度をあらわす。

2) 子ども相互のかかわり

① 友達を傷つけたり，仲間はずれやいじめに対しても平気である。

② 集団で行動することが多く，みんながしているからという考えが強い。

③ 友達の立場を認め，共に喜ぶことが少なく，自己本位に考え行動し，しかも，自分が劣勢となっても素直に認めようとしない。

3) 親とのかかわり

① 親が一方的に子どもに接するとき，子どもは親の態度を見抜いて，それにあわせて行動しようとする。

② 言い訳上手な子どもが目立つ。

(2) 教師の指導上の問題

1) 生徒指導に立ち向かう心

　生徒指導は，学校教育活動や地域での活動など，あらゆる場でかかわっている。「自分はこれだけやっているのに」「親の理解がない，協力がない」といった考えや「もう，これ以上できない」と限界を意識しては生徒指導は進まない。

2) 生徒指導の愛の手

　この子は「自分の学校の子ども」「自分の手で教育するのだ」という子どもへの愛が必要である。常に，子どもの身になって子どもを理解し，子どもを認め生かすことを考え実践する教師でありたい。

3) 問題行動の芽の発見

　小学校での問題行動は，初期微動的であるから早期発見，早期治療が必要である。教師は見通しのきく生徒指導の力量が必要である。常に，児童をよく観察し，予防的に対応することに努めることである。

4) 教職員のまとまった指導

　一人の児童の見方，接し方は教師にとってまちまちであってはならない。そのためには，教師相互の豊かな人間関係を築き，生徒指導に対する共通理解や共同実践の場を設け，まとまりのある教職員全体のとりくみが必要である。

5) 組織が生きる指導体制

　生徒指導を進めるうえでの組織づくりは，きわめて重要である。それが関連的，意欲的に機能していなくてはならない。生徒指導主任にまかせるといった状態では，生徒指導は進まない。組織を動かす教師は生徒指導を理解し，具体的な目標をとらえ，生徒指導に対する共通理解と十分な指導実践の基盤をつくることである。

(3) 家庭・地域と関係機関と連携上の問題

　生徒指導は，学校・家庭・地域や関係機関との連携はきわめて重要である。これについては，第4節で具体的にのべる。ここではつぎの問題を提起する。

1) 家庭教育における問題
① 安住の場の確保

児童にとっては，家庭は心の安住の場である。子どもの心の安らぎがあってこそ，子どもの生活が守られる。家庭の問題をかかえ，学校生活を続けている子どもの存在を見落としてはならない。

② 家族での基本的生活習慣の定着

子どもの基本的生活習慣の欠如を学校が生徒指導のなかで対処していかなくてはならないところに問題がある。本質的に家庭での定着が大切である。

③ 家庭の学校教育に対する理解度

家庭と学校教育は真のつながりをもち児童を保護育成しなくてはならない。現代社会のひずみのなかで，自ら学ぶ力を身につけ，子どもの個性を発揮させていく学校の役割や活動の姿が必ずしも理解されていない。したがって，理解と協力を図る場の設定が必要となる。そして両者がお互いに理解を深め合うことが大切である。

2) 関係機関との連携の問題
① 教育相談所，児童相談所とのかかわり

学校の相談窓口は適切に機能しているだろうか。学校においてカウンセリングの技能が要求されているとき，必ずしも各教師の相談技術は十分とはいえない。相談技術の向上をはかることは大切であるが，地域の相談機関との連携を密にして，学校，家庭，教育相談所などが一体となって情報交換を行い児童理解に努め，子ども一人ひとりの願いを実現させていく指導を考えることである。

② 警察との真の連携

「学校は，あくまで子どもの問題を学校で処理することである。」といった考え方が先に立ち，警察に連絡することを避け，指導の時期を逃すことがある。むしろ，緊密な連絡をとり，非行の早期発見，再犯防止に努める必要がある。

③ 地域社会との連携

子どもたちは，学校や家庭では両親や教師の直接的な援助，指導をうける機

会があり，一面，保護育成的な環境にある。しかし，地域環境のなかには教育的に好ましくない環境が横たわっている場合もある。学校としては，環境の浄化や地域，とくにPTAとの連携，協力の強化を図り，子どもたちの健全な育成や保護・補導活動を進める必要がある。

§2 小学校での生徒指導の位置づけと実践計画

(1) 小学校の生徒指導の重点

小学校教育は小学校児童の発達段階に即し，豊かな人間形成の基盤を築いていく過程にある。とくに，生徒指導では，豊かな心の芽生えを生かし，基本的生活習慣の確立や温かい交友関係の指導の充実を図る必要がある。

現在，青少年の非行をはじめとするさまざまな問題行動が増加している。その芽生えは小学校時代からみられる。小学校教育の充実は生徒指導の見直しと充実にあると考える。したがって，自ら考え，判断し，行動のできる児童の育成を目指した教育活動の展開が生徒指導の実践でもある。

(2) 実践計画

生徒指導の実践計画は学校や児童の実態および生徒指導上の問題を考慮し，教師全員の創意と協力によって作成されるものである。

実践計画の内容としては，つぎのことを考え，明らかにする。

① 生徒指導の目標……………学校教育目標の具現化
② 指導の重点…………………指導のための具体的目標
③ 指導の具体的方策…………指導の基本的な内容と方法
④ 指導組織……………………指導の一貫性をはかるための構成と構成員
⑤ 指導計画……………………年間・月間の全体指導事項，学級指導項目
⑥ 生徒指導上の配慮…………指導上の留意点と点検評価内容

〈小学校生徒指導実践校 A 校の例〉

1. 目標
   一人ひとりの児童が自分の持ち味を生かして，安全，健康で充実した学校生活

がおくれるような生き方を身につけさせる。
2. 指導の重点
    (1) 教師と子どもの心のふれ合いを重視し，教育目標の学級での実現化を計り，一人ひとりの児童に定着させる。
    (2) 基本的生活習慣を身につけさせるために，一人ひとりの児童の内面に目を向け，指導する。
    (3) 各教科・道徳・特別活動での指導を生かし，安全教育の徹底を図る。
3. 指導の基本方針
    (1) 具体的実践の場を学年・学級に明確に位置づけ，全職員の共通理解をもとに協力体制をつくる。
    (2) 児童一人ひとりの能力，特性を正しくとらえた指導を行う。
    (3) 指導計画の改善を図り，児童の意欲的な活動を促し，併せて環境整備にあたる。
    (4) 基本的生活習慣の徹底を図り，よい習慣が身につくように指導する。
    (5) 教育相談の充実を図る。
    (6) 関係機関，保護者，地区関係者との連携を図る。

§3 生徒指導の組織づくり

生徒指導は，すべての児童を対象とし，学校教育活動全体を通じて推進されるものであるから，すべての教師がこれにあたり指導しやすい体制をつくることである。そのために，つぎのような点の配慮が必要である。

(1) 生徒指導の網目

小学校は，学級担任が生徒指導の直接担当者である。学級担任は学年の他の担任との連携をはかり，生徒指導の中核となる。また，学年相互の連携を図ることによって全教師による生徒指導のネットワークをつくる。具体的には，学年内に生徒指導担当が学年の状況を把握し，生徒指導主任や生徒指導部会との組織的連携のもと，情報交換を行い，全校的な生徒の在り方を究明していく。

児童の問題行動をとらえたときは，その問題が全教師の体のなかに神経的刺激のごとく行きわたり，つながりをもって問題分析と対応指導に当たることである。

(2) 機能する組織

教師は組織の1員としての自覚と自己の役割を協同して実践する意欲の生まれる組織づくりが必要である。そのためには，つぎの点に留意することである。

① 学校全体組織の中での生徒指導担当部の位置づけを明らかにする。
② 他の組織とのかかわりを明らかにする。
③ 生徒指導部内の係分担を明らかにし，人的配置を考える。
④ 地域の諸団体や諸機関と関連づけられている。

組織計画は，生徒指導部を中心とした校内体制と地区・校区・関係機関などによる組織（生徒指導推進協議会）の校外体制と一体に計画する（147頁参照）。

(3) 組織に基づく指導

児童の問題行動は全組織をあげての指導が重要である。小学校では，登校途中いなくなったり，学校を飛び出し家に帰らない児童を探すといった事例が多い。その時，学校は組織的に対応する対策を考えておくことである。

問題行動「学校から飛び出し，いなくなった児童（4年男）」を事例として指導の具体策を考えた小学校Ａ校の実践報告を紹介する。

  1) 問題行動発生時の対応
 (1) 生徒指導部への連絡

学校からいなくなったことを発見した担任は（他の児童からの事情聴取を含め学年主任に報告する。学年主任と担任は校長（教頭）に報告する。さらに，生徒指導主任に報告し，家庭との連絡をとる。

 (2) 関係機関への連絡

①校長は，事態によっては，事件の概要を教育委員会，補導所など関係機関に連絡する。

②警察へは保護者と相談の上，保護者が保護願いを出す。

 (3) 対応策の協議

①緊急部会を開き校長・教頭とも相談協議し，対応策を立てる。
② 実情把握と全教師の共通理解
　　⑦ 児童の日常生活の変化や行動について，各係，保護者や友達から情報の提供を求める（原因，行きそうな場所，服装なども）。
　　④ 本人の写真，学級の集合写真などあれば出しておく。
　　⑨ 20分の休み時間，昼休みに職員集合のうえ，生徒指導主任より問題行

動について説明して，学校としての対応と協議共通理解を図る。
　　㊁　当日欠席の児童が一緒でないかなどについても所在を確認する。
　③　学校に対策本部を設置し，定期的に情報を入れ，連絡を取り合う。
(4) 具体的な対応
　①　空時間や専科の教師で自宅周辺および校区内を探す。
　②　放課後，各学年単位で校区内および駅周辺を探す。分担場所はあらかじめ準備している校内指導分担表を活用する。
　③　担任は，学校に待機し，電話連絡にあたる。
　④　捜索状況を30分毎に学校に連絡する。
　⑤　午後5時以降（勤務時間外）にわたる時には，校長の指示にもとづき，また教職員の協議を得て，さらに捜索を続ける。
　⑥　発見時の措置（深夜に発見）
　　㋐　連絡，協力を依頼した関係機関にはすぐ連絡する。
　　㋑　児童を保護し，家庭に連絡し，家庭に連れていく。
　　㋒　担任，生徒指導主任が家庭訪問して，本人の無事を確認し，翌日，本人と保護者との面接を予定する。
　　㊁　本人，保護者との面接による事情聴取（原因，行動，どう過ごしたか）と指導を行う。
(5) 事後指導と予防
　①　担任による児童の観察と指導を行う。（学校での行動，友人関係など）
　②　校内外生活指導係で児童の校外での生活を実態を把握するための調査を行い，校外生活のあり方の指導資料をつくり，学級指導に活用する。
　③　地域との連携をはかり補導活動を実施する。
(6) 指導のための留意点
　①　事故のてん末について，全教職員で共通理解と指導のあり方を検討する。
　②　問題行動に対して迅速に対応し，児童の安全確保につとめる。
　③　豊かな学級経営の推進をはかり，日頃から児童間，児童と教師の温かい人間関係づくりと支えあう土壌づくりにつとめる。
　　　　　　小学校の生徒指導は充実した学級経営と一人ひとりを生かす学級指導である。
　④　常に，教師間，家庭・地域・関係機関との連絡や交流につとめる

§4　問題行動の指導の実際

　小学校児童の問題行動は先にも述べたように低年齢化，多様化，集団化，一般化の傾向にある。具体的には，万引，不登校，いじめ，無気力，心身症など

多様である。非行の動機や目的が明確に認められず，補導されても罪の意識や反省がみられないことがある。児童期には，遊び型非行といった特徴がみられる。好奇心や興味本位の行動で欲求の統制力に欠け，行為の善悪を考えず万引などしたりする。小学校の問題行動の大半は万引で，比較的，手口が簡単で偶発的なものが多く含まれている。非行化の初期にあらわれやすいことから，「初発非行」と呼ばれ，少年非行の中心となっている（165頁参照）。

万引に対する意識や態様は，児童の身体的・精神的な発達段階によっていくつかの特徴がみられる。

① 低学年　日常遊んでいる近所の中で行う。発見されてもどこの誰かが分かるために直接注意しても不思議でないような関係が発見者との間で成立している。盗むものも，菓子，ガムのようなささいなもので，動機は直接欲しくなったからという単純なものである。

② 中学年　自分の道徳心に準拠して行動するようになる。また，空き巣ねらいなど，犯罪としての意識や形態を備え，現金を対象とするようになる。発覚した後も非行を反復する。集団としての遊び仲間ができ，集団による万引がみられる。

③ 高学年　体力もつき，行動範囲も広くなる。繁華街の大型店などで複数で万引をするようになり，手口も巧妙になる。先輩中学生との交際を介在とした非行もあらわれ，中学生の非行に似た動機のバイク盗み，自動販売機荒しなどがみられる。

(1) **万引の指導事例**（小学校Ａ校実践報告から）

1) 集団で万引し，換金した児童（第5学年男子5名）

冬季休業中にＡ男たち5名は，3回にわたって駅前の商店街で万引をしていた。クリスマス・セール中の品物をＡ男が面白半分に万引したことがきっかけであったが，そのうちに2回，3回と重ねる毎に計画的になり，万引の役割を分担したり，捕まったときの言い逃れの口実を考えて行動するようになったい。万引した品物は，消しゴム，シャープペンシル，小型の鉛筆けづり器など5種類，33品にものぼった。万引した品物が増えたところで換金の方法を考え出したＡ男たちは，

同じ学級の子どもたちに言葉巧みに声をかけ，1個20円から60円で売り，690円を得ていた。消しゴムを買ったS子の母親から学級担任への知らせで，A男たちの一連の問題行動が明らかになった。

2) 指導の過程

指導上とくに配慮すべき問題行動をもった児童の指導は，一般に，次のような過程をとる。

(1) 事実を確認し，原因を明らかにする。
(2) 原因にたいして適切な援助や指導を検討する。
(3) 具体的な指導の対策を考え，指導の実践に移る。
(4) 指導の過程，結果を評価し，今後の指導の在り方を明確にしていく。

また，発生から解決までの指導過程の状況を時間の流れにもとづいて記録することが大切である。

指導の流れを図にあらわすと，次のようになる。

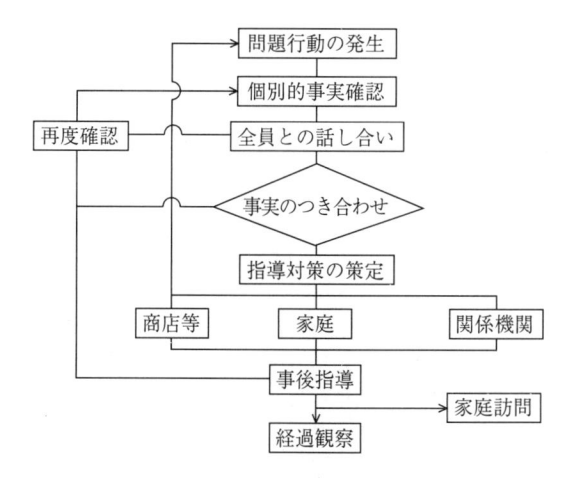

図 6-1 指導の流れ

3) 指導の実際

〈事実確認〉

学校担任は，S子の母親からの話を手がかりに，校長，教頭，生徒指導，同学年の教師の助言を求めながら，5名の男子から万引や品物の売買について個別に事情

を聞くなどして事実を慎重に確かめた。その結果，見知らぬ男の人から「この品物を売って欲しい。」と頼まれ，何度も断わったが怖わくなったので引き受けたことを話した。そこで，再び5名からその男のことを聞いたが，具体的な内容になると話に食い違いがあり，態度に落ち着きがなかった。事実は万引をごまかすための作り話であることがわかった。

〈万引した児童の指導〉

　学校級任は，5名の児童たちに，反省を促すとともに，次のことを中心に指導した。
・万引は，面白半分にやったとしても許される行為ではないこと。
・万引は，回数を重ねるごとに自分のしていることが悪いことだと判断できなくなる。
・万引に誘われても，断わる勇気，やめさせる勇気をもつこと。

〈万引をした品物を買った児童への指導〉
・児童同士による品物の売買をしてはいけないこと。
・不審に思った時は，教師や父母に相談すること。
・万引をした児童を非難したり，中傷したりしないこと。

　なお，品物の売買について声をかけられた児童については，別の機会に同様の指導をした。

〈家庭との連絡〉

　万引した児童の保護者に来校してもらい，事実の経過を報告した。学級担任は，冬季休業中の家庭生活での素振りや態度の変化を尋ねながら，学校の指導方針や指導方法について説明し，以下の5点を中心に理解を求め，協力を依頼した。
・万引は犯罪行為であることを認識させること。
・親として万引を2度とさせない厳しい姿勢を示すこと。
・帰宅後の遊びや交友関係を把握し，必要な注意を守らせること。
・正しい金銭感覚を養うため，小遣いの使い方を身につけさせること。
・家庭での基本的な生活習慣や態度を養うこと。

　保護者からは，児童の欲しがる品物の買い与えや幼児期からの甘やかしの反省などの問題点も出され，今回の問題行動を親として真剣に受け止めている様子が見られた。学校と家庭とが連携しながら，児童の日頃の行動を見守ることの大切さを確認し合った。万引した品物の返却や弁償方法については，明細表をつくり保護者の責任のもとで対処することになった。

4) 指導過程の考察

　万引の背景は，社会一般の物質中心主義的な風潮や保護者の養育態度，自己中心的な風潮の増大，しつけなどの生活習慣の不徹底が考えられる。このよう

な状況は児童の健全育成にとって好ましい状況でない。万引は特定の児童に限られた問題行動としてでなく社会環境の変化に伴い広範囲に一般児童を巻き込む問題としてとらえることである。万引を防止するには日頃からの学級活動や道徳の実践指導を通して善悪の判断を身につけさせることが必要である。

第❷節　中学校の生徒指導

§1　中学校における生徒指導上の課題

(1)　生徒の問題行動と指導の重点

1)　生徒の問題傾向をとらえる

　現代社会は，まさに変化の激しい様相をもち，人間はそれに対応し生きていかねばならない。とくに，社会の変化に主体的に対応できる能力の育成といった新しい学力観に立った学校教育活動が求められている。しかし，科学技術の革新，経済界の変動，都市化，情報化，教育の量的拡大からの教育産業や受験競争の激化などの社会の変動は，生徒にきわめて大きな影響を及ぼしている。

　それが，心理的に不安定な青年期初期の生徒の意識や行動に反映し，問題行動としては，次のような傾向がみられる。

(1)	非行の集団化	地域内・学校内での不良交友，いじめ
(2)	問題行動の遊び型化	万引，不純異性交友
(3)	基本的な行動様式の乱れ	挨拶，言葉づかい
(4)	連帯感の欠如	非協力，自己中心的，利己的行動
(5)	目的意識の欠如	学習意欲の欠如，学力不振，向上心の欠如
(6)	罪意識の欠如	器物破損，窃盗，万引
(7)	社会認識の欠如	奉仕的，勤労活動の忌避

　これらさまざまな問題行動は，学校教育の困難さを引き起こしている。しかし，学校は問題行動生徒の対策に終始することなく本来的な生徒一人ひとりに

対し，充実した学校生活の場を与え，生徒のもつ能力，特性に即した援助・指導を行って非行防止に日頃から努力することである。行動力をもつ中学生は十分に自分を発揮できない悩みをもっている。それを発揮させる場を教師は用意する必要がある。

2) 教師の指導力の向上をはかる

社会環境の変化とともに生徒はものの考え方，感じ方や行動にも変化がある。したがって，中学生になると教師の指導力量を見抜き，それに対応して行動する。その実態が教師の生徒への影響力や，生徒指導力の現われでもある。

したがって，教師相互が生徒指導に対する共通理解や問題行動についての具体的な事例研究などを積み重ねて指導力の向上をはかることである。この指導的資質を高め，努力する教師の姿が生徒に対する人間的魅力となり，生徒指導のなかに生きる。今，このような教師が求められている。

3) 学習指導の充実に努める

中学生は自己の進路に目を向け，学校で楽しく自己を発揮し，学力をつけたいと願っている。教師に「わかる授業」を求めている。とくに，この時期での学習の不適応はいろいろな問題行動や「落ちこぼした生徒」をつくる可能性をもっている。教師は自らの教科指導に創意と工夫を凝らし，生徒の学習に対する興味・関心・意欲を高め，学習不適応を起こさせない努力が必要である。

4) 豊かな学級経営に努める

中学校での学級担任は，小学校と違って生徒に接することのできる時間に制約がある。しかし，生徒にとって担任教師は学校でのもっとも身近な存在である。また，生徒の担任に対する期待は大きく，生徒指導上の役割も大きい。したがって，学級経営の効果は学級での生徒指導を左右するといっても過言でない。

中学校での学級経営は個性的な生徒の人間関係を築く基盤である。そこでの学級指導の計画と実践は，個々の生徒を理解し，集団を通して個々の生徒を生かす指導の工夫が大切である。教師は個々の生徒について多面的，個性的，発

達的な理解を深め，人間的なふれ合いを基盤にして，学級の生徒全員に対する個別的な指導を計画的，継続的に実践することである。

　神戸市Ａ中学校（平成4・5年度生徒指導文部省指定校）では「望ましい人間関係を育てる生徒指導」を課題として，学級づくりを中核に研究と実践を深め，大きな成果をあげている。生徒の実態調査にも「学校生活が楽しい」と答えた生徒が89％もあり，係活動で「責任をもって取り組める」と答えた生徒は70％いる。ここでの学級づくりの実践目標は，つぎのように設定され，実践と研究を進めている。

① 豊かな心情を育み，情緒の安定した生徒の育成
② 実践意欲を高める学級づくり
③ 人間関係の基盤になる生徒指導の実践
5) 校内生産活動の推進

　今日の青少年の生活意識のなかには，きつい，汚い，危険な仕事・職場を敬遠するという傾向があると指摘されている。このように，一言で述べることはできないにしても，たしかに汗を流して働くこと，しんどいことはしたくないという安易な生活意識がある。これからの学校教育活動では，勤労体験を重視した活動を積極的に進め，生徒に正しい勤労観や金銭感覚，社会観を身につけさせていく必要がある。具体的には，飼育・栽培活動や環境整備活動，地域環境浄化活動などを生徒自らの手で計画・実践させ，成就感・達成感による喜びを体験させることが大切である。とくに，目的意識をもって自ら学ぶ生徒の育成が強く望まれており，将来にわたる正しい職業観や人生観の形成は，生徒指導上重要な課題である。

§2　機能する生徒指導体制

　生徒指導の目的が理解され，指導体制を整えられていても有機的に機能していなくてはならない。学校の教育活動は，計画・実践・評価の一連の過程で運営されている。生徒指導もその過程で実践可能な体制の確立が求められる。

表 6-1

学校教育目標
・人権を尊重する教育をすすめる
・すこやかな心とたくましい体を育てる
・進んで学習する習慣を養い、学力を高める

生徒実践目標
・明るい挨拶
・毎日読書
・必ず復習

生徒の実態
　素直で明るい。言われたことは責任をもって最後までやり遂げる。反面、自己中心的であり、受け身の姿勢が多く見られた。
　実態調査では「人に対して思いやりをもっていると思う」と答えた生徒が75%、「学校生活が楽しい」とする生徒は89%であった。また、委員や係活動にやる気をもって取り組んでいる生徒が28%、責任をもって取り組める生徒は70%いる。

目指す生徒像
・心をひろくもち、相手の立場も考えることができる生徒
・自分の行動に節度のある生徒
・自ら心を拓くことができる生徒
・豊かな感性をもつ生徒

重点指導目標
・基本的生活習慣を確立する
・友情を育てる
・自主性を育てる
・地域での活動意欲を育てる
・学習意欲の向上を図る
・集団への寄与をめざす
・行事への主体的な取り組みをさせる
・奉仕的活動への意欲を育てる

地域の実態
　昭和50年代後半より、新興住宅が増え人口も増加しつつある。
　多くの生徒が安定した学校生活を送れているのは地域の教育力に負うところが大きい。
　地域の人々は学校教育に関心が高く、学校に協力的であり、PTA活動も着実に進められている。郷土の誇りと愛着が強い所である。

研究主題
望ましい人間関係を育てる生徒指導
―学校、家庭、地域との連携を通して―

研究仮説
・生徒同士が、互いに認め合い、助け合い、励まし合えるような活動の場を多くすれば、思いやりのある心豊かな人間関係ができるであろう。
・生徒の自主性を尊重し、その活動に対して、教師が適切な援助を続ければ、意欲が持続し、目標を達成することができるであろう。
・生徒が、集団の中でも臆することなく自分の意見をはっきり言い、また人の発言に対してもきちんと聞ける態度を育成することが、言葉を通して望ましい人間関係を育てることになるであろう。
・学校と家庭、地域とのより一層の連携を図ることが、一人ひとりの生徒の健全育成に大きく寄与するであろう。

学級づくり研究部
・豊かな心情を育み、情緒の安定した生徒の育成
・実践意欲を高める学級づくり
・人間関係の基盤になる生徒指導の実践

生徒活動研究部
・自主的に活動できる生徒の育成
・学年・全校的視野における生徒指導
・活動意欲をもって取り組める生徒会活動の工夫

地域連携研究部
・学校と家庭、地域の相互理解、信頼関係で結ばれる活動
・地域における人間関係づくりの工夫
・地域ぐるみの健全育成

(1) 生徒指導方針の作成

　生徒指導は，学校や地域の実態，生徒の実態に即してどのように進めるかを明確にし，全教師の共通理解をはかることが，まず重要である。つまり，生徒指導の方針は，学校の教育目標を分析し，地域の実態に即した具体的な指導の重点を明らかにすることである。

　指導方針の作成にあたっては，つぎのことを視点とする。
(1) 生徒の実態を的確に把握する。
(2) 保護者，教師の求める生徒像を具体的化し，指導の重点に位置づける。
(3) 指導の基本的姿勢を全教師が理解する。
(4) 全教師が作成に参加し，その経過を重視する。

〈指導方針作成の手順〉

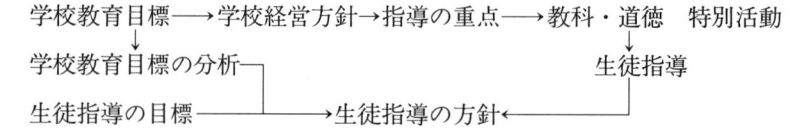

```
学校教育目標──→学校経営方針→指導の重点──→教科・道徳　特別活動
      ↓                              ↓
学校教育目標の分析─┐                   生徒指導
生徒指導の目標──────→生徒指導の方針←───
```

(2) 生徒指導のための研究組織

　組織づくりには，生徒指導の機能が十分に発揮できるように，個々の教師の個性や能力を生かした組織を工夫するとともに，それが生徒指導推進のための研究組織としても機能するような工夫が大切である。神戸市立Ａ中学校の実践例（重点指導目標と研究）を紹介する（表6-1）。

(3) 指導計画の作成

　生徒指導計画は学校教育の全体計画にかかわっている。そのためには，各教科，領域間の関連において共通の具体的な指導目標や指導姿勢の協力体制があってこそ全体計画は生きたものになる。

1) 全体計画と生徒指導年間計画

〈実践例〉・全体計画の構想（図6-2）
　　　　　・年間指導計画

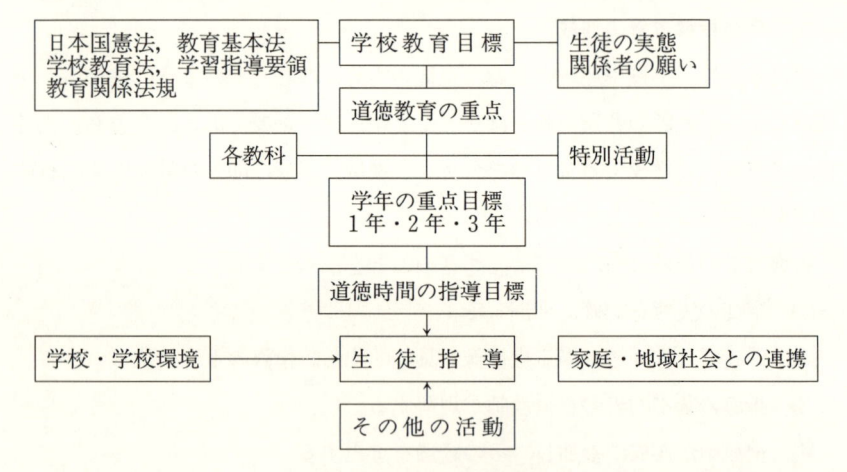

```
┌─────────────────────┐   ┌─────────────┐   ┌─────────────┐
│日本国憲法，教育基本法│   │学校教育目標 │   │生徒の実態   │
│学校教育法，学習指導要領├──┤             ├──┤関係者の願い │
│教育関係法規         │   └──────┬──────┘   └─────────────┘
└─────────────────────┘          │
                          ┌──────┴──────┐
                          │道徳教育の重点│
                 ┌────────┤             ├────────┐
            ┌────┴───┐    └─────────────┘   ┌────┴────┐
            │各教科  │                      │特別活動 │
            └────────┘                      └─────────┘
                          ┌─────────────┐
                          │学年の重点目標│
                          │1年・2年・3年│
                          └──────┬──────┘
                          ┌──────┴──────┐
                          │道徳時間の指導目標│
                          └──────┬──────┘
┌─────────────┐          ┌──────┴──────┐          ┌───────────────────┐
│学校・学校環境├─────────→│生 徒 指 導 │←─────────┤家庭・地域社会との連携│
└─────────────┘          └──────┬──────┘          └───────────────────┘
                          ┌──────┴──────┐
                          │その他の活動 │
                          └─────────────┘
```

図 6-2　全体計画の構想

　年間指導計画は，全体計画の構想に基づき，学校行事，特別活動，地域活動や生徒の生活実態に関係づけて，実践行動目標を具体化する（前述43頁参照）。

3）　学級指導の計画と実践

　中学生は身体的発達からみて，精神的にも不安定な時期であり，自己への嫌悪感さえ感じるようになる。中学校の生徒指導は生徒への十分な理解と援助なくしては実現しない。とりわけ，担任教師による生徒指導が基盤である。しかし一般に学級における生徒指導計画がおろそかになっていることが多い。したがって，教師は学級の実態に基づいて生徒とともに学級目標を設定し，目標実現のための具体的な指導の手だて（指導内容）が必要である。

〈実践例〉学級づくりの指導内容（神戸市立Ａ中学校）

　　○　よりよい学級づくりを目指す指導内容。
　　　① 学級指導　（教師が主体となって指導する内容）
　　　　・道徳，学活　・ショート・タイム運営　・教室環境の整備　・集団読書
　　　② 学級活動　（生徒主体となる活動の指導する内容）
　　　　・学習規律　・表現力　・学級会
　　　③ 行事への参加
　　　④ 教育相談の充実
　　　　・学習ノートの活用　　・面接相談

○ 具体的な活動項目
① 相互学習と学習規律　　② 心開くショー・タイム運営
③ 自己啓発と教育相談　　④ 学習計画ノートの活用
⑤ 欠席者連絡カードの活用　⑥ 学級だよりの充実
⑦ 話し合い授業づくり　　⑧ 道徳の時間の充実
⑨ 人権主張大会の実施　　⑩ 給食指導の徹底

§3 問題行動に対する対応と処置

　生徒指導は問題行動（非行を含む）の生徒に注目されがちであるが、基本的にはすべての生徒の人格のよりよい発達を目指す。学校では一人ひとりの個性能力の伸長をはかり、基礎的資質・能力を身につけていくのである。
　そこで、生徒にとっては楽しく充実した学校生活の実現でなくてはならない。
　ある生徒指導担当者の実践報告のなかに『現実に学校はいろいろな問題行動の生徒を抱え、非行防止や問題行動生徒への指導、および校則のあり方やその指導などが話題になる。世間は「あの学校の生徒指導はどうなっているのか」との表面的な批判は厳しく、生徒指導を全人格陶冶としての教育機能としてとらえていない面が多分にある。また、学校も生徒指導主任や担当者の仕事は校内巡視とか問題行動生徒への家庭訪問とか非行対策の最前線に立つものと考え、その役割は大変だから誰かにやってもらうという風潮さえないとはいえない。これは、中学校が社会の変化をまともに受け、教師の力量云々では解決しがたい諸問題を抱え、その解決を誤ると保護者やマスコミ関係、行政からも総批判を加えられる状況におかれているからであると言っても過言でない』とある。
　これは、中学校の生徒指導の難しさと当面する課題を示している。

1）問題行動の実態と対応の仕方

　中学校での問題行動の主なものは、深夜はいかい、家出、無断外泊、怠学、不登校、万引、不純異性交友、不良交友、喫煙、いじめ、暴力行為、無免許運転などである（166, 202, 204頁参照）。
　なお、実践報告のなかには「問題行動を細かく分析すれば、どの事例もそれ

ぞれ違う。また，指導方法や解決していく方法も違う。その時々のさまざまな要因を組み合せ，その都度解決に至る筋道を発見せねばならない。しかし，教師は自分のこれまでの経験から即断しないで多くの事例を積み重ねて，保護者や生徒の体験を自分の体験とし，事にあたるときそれを生かす態度が必要である。」とある。これはさまざまな問題行動に対応をしてきた教師の実感である。問題行動生徒の処置の過程は，その内容や程度によって違いがあるが，基本的には，つぎのような過程をとる。

(1) 発見者による処置（発見者が教師の場合，外部からの通報を含む）
① 軽微なものや一時的なもの……　説諭や行動を指示，（一応の処置）
② 内容や程度によっては…………　①の処置をとり，速やかに校内のつぎ

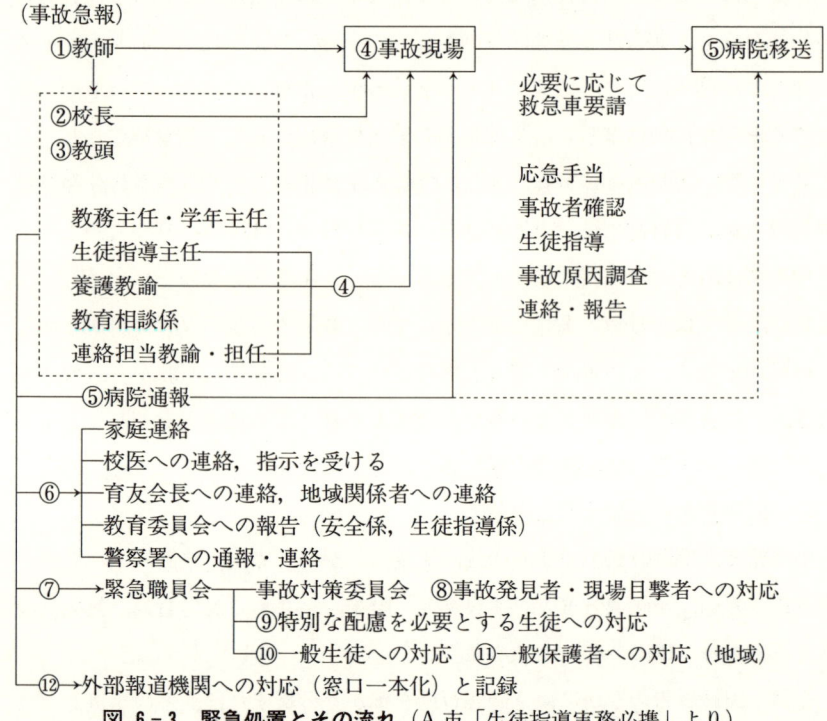

```
（事故急報）
①教師 ──────────→ ④事故現場 ─────→ ⑤病院移送

②校長                    必要に応じて
③教頭                    救急車要請

  教務主任・学年主任       応急手当
  生徒指導主任             事故者確認
  養護教諭          ④    生徒指導
  教育相談係               事故原因調査
  連絡担当教諭・担任       連絡・報告

 ⑤病院通報
 ├─家庭連絡
 ├─校医への連絡，指示を受ける
⑥├─育友会長への連絡，地域関係者への連絡
 ├─教育委員会への報告（安全係，生徒指導係）
 └─警察署への通報・連絡
⑦→緊急職員会─┬─事故対策委員会　⑧事故発見者・現場目撃者への対応
              ├─⑨特別な配慮を必要とする生徒への対応
              └─⑩一般生徒への対応　⑪一般保護者への対応（地域）
⑫→外部報道機関への対応（窓口一本化）と記録
```

図 6-3　緊急処置とその流れ（A市「生徒指導実務必携」より）

のところに報告する。

報告 ┬──────→ 校長（教頭）
　　　├──────→ ・学年主任・学級担任・生徒指導主事・生徒指導部
　　　└──────→ ・全職員

(2) 学校としての処置
① 本人に対する処置 … 原因の調査，指導方針の決定，指導
　　指導の評価・点検，継続指導
② 一般生徒に対する処置……説諭，集団指導
③ 外部に対する処置…………家庭との連絡，関係機関への連絡
　（協力体制をえる手だてをする。）

さまざまな問題行動への速やかな対応は指導の基本である。なかでも交通事故や傷害などの"事故"に対する処置と関係機関への連絡，報告は特に重要である（126頁図6‐3参照）。

2) 問題行動生徒の対応と指導

問題行動（非行を含む）の指導は，何よりもその原因を明らかにし，その一つ一つに対して方策を立て指導することが本来的である。しかし，今日の青少年の問題行動はその原因も複雑多岐にわたり複合して発生することから，何よりも早期発見，早期指導が望まれる。

ここで，1つの事例を通してその対応と指導過程を紹介する。

(1) **問題行動**（不良行為少年）

〈事例〉深夜徘徊　　中3男子A男（B市S校の実践報告より）

　A君の家庭は父母が離婚し，現在は母親が別な人と居を構えて1児をもうけ，別所帯で暮らしている。A君は母親方の祖母と妹の3人暮しである。中学1年生の2学期頃から出歩くようになり，同じような環境の仲間（年上の者もいる）と知り合い，行動範囲も広まった。結果，深夜までうろつき回り，深夜徘徊で警察に補導される。警察の連絡はすぐには学校には来ない。発見のきっかけは，遅刻が再三見られるようになった事から，担任が電話連絡し家庭訪問した結果，分かった事である。

(2) **指導内容**
   ① 母親に連絡をとる。別所帯であり、幼児を抱えて晩の仕事（スナック）に出ている関係で連絡は取りにくいが、一刻も早く連絡する必要があり店まで連絡する。家庭状況や学校の状況を相互連絡する。
   ② 本人が友人とたまり場にしている場所に、夜9時頃から再三および担任や生徒指導担当者が赴き、実態を探る。話す。他校生徒もいることから、他校と連絡を取り、協力態勢を敷く。
   ③ 母親にも依頼して、たまり場に来てもらう。
   ④ 学校へきたときは担任や生徒指導担当者が、毎日の生活や友人関係を聞き取り、時には服装違反や頭髪脱色等で学校に入れず、家庭に帰して訪問する。
   ⑤ 以上の指導を半年ばかり続けるが、その中、単車無免許運転で補導される。その折り、警察とも相談して両方から指導する。母親にも情報を適宜入れるが母親は自分の生活で精一杯のため、あまり、生徒と密接に話す機会がない。
   ⑥ 以上の指導を繰り返す中で、3学期の進路決定時期に、少しずつ自分の内容を述べ始める。結局、就職を選んで卒業していった。

(3) **指導のポイントと考察**
   ① 結局本人の深夜徘徊は卒業式まで続く。時には、友人に進められて喫煙する場合もあったが、大きな非行に走ることなく終わった。それは、担任や生徒指導担当者が始終本人に連絡をとり、語りかけたり話を聞いたりする機会持ち続けたこと。また、すべての事を保護者に伝え続けたことが大きかったと考える。
   ② 本人が自分の行動が誤っていると感じている時程、保護者に話されることを嫌い、密告したと責め、教師を脅かす。教師が折れると問題は長引く。学校全体が問題行動があれば即座に保護者に連絡されるものとの雰囲気を日常的につくっておく必要がある。
   ③ 生徒の日常行動は常に把握しておく。たとえば生徒からの欠席届が電話であっても鵜呑みにしないで観察し、2～3日遅刻が続いたり、欠席が続いたり変化がある時は即座に家庭連絡をする。保護者不在の場合は、決してつぎの機会としないで職場にまで連絡する粘りが必要である。
   ④ 上記の例のなかで、服装違反の場合に学校に入れない方法はいろいろ批判や意見がもたらされることがある。しかし、学校で同じような生徒が徒党を組む場合があって、行動がエスカレートする。また、注意する教師に暴力的に対応することを学校に来る理由となっている場合がある。したがって、状況を判断し、学校全体の秩序や平穏さ、また安心して学校生活が続けられる雰囲気づくりも重要であると考えたことである。

要するに、問題行動生徒は、概して学力や環境において恵まれない条件にある場合が多い。教師は暖かな愛情をもち生徒理解につとめると共に、他の教師との協力のもと組織的、継続的な個別指導を行うことである。とくに、その過程では、常に希望をもたせる指導が望まれる。

第3節　高等学校の生徒指導

§1　高校生の問題傾向と課題

高校生は、心理的にも青年期の中間期にあり、自我意識が強く、独立的、自主的な要求も強い。また、激情的な反抗態度が目立つ。一面、人生や社会についての問いかけから自己の存在に疑問をもち、不安と苛立ちを抱く時期でもある。これが、青年期の過程で、いろいろな悩みとなってあらわれる。

この悩みの解決への要求が満たされないとき、中学校よりも一層多岐にわたる不適切な行動や非行となってあらわれる。

(1) **最近の問題行動の実態**

問題行動としては、盗み・暴力行為・性非行・飲酒・怠学・中途退学等が目立つ。中途退学が依然としてあらわれることは高校での生徒指導上の課題でもある。

高校生にとって、自分の進路の決定は青年期の課題の仕上げである。青年期の悩みのなかでも勉学上の問題や進路の問題が大きく膨らみ、自らの解決に苦慮している。この不適応が登校拒否、あるいは、中途退学、または非行化へと問題行動が広がることになる。

(2) **生徒指導上の課題**

1) 選抜制度の問題

高等学校は小・中学校と違って入試選抜によって生徒集団が構成されている。さまざまな生徒の層の学校やある層に偏りのある学校などがあると共に、生徒

自身が不本意ながらも入学してきたということからくる意欲喪失，不満などによる多くの問題行動を抱えているのが現在の高校の実態である。ここで，生徒の主体的な活動をどのように高めるかが問題である。

2) 教科指導偏重の問題

高等学校は，大学進学という進路指導上の問題がある。そのための教科中心の教育は多様な問題行動生徒の発生をみる。この実態を真剣にとらえ，全人教育学的な学校教育の推進を図ることである。

3) 家庭・地域の連携の問題

高等学校は通学区域の広域化ということから，家庭との結びつきが弱く，家庭，学校の役割の相互理解に乏しくなることは生徒指導上の問題である。

4) ホーム・ルーム活動と生徒とのかかわりの問題

高校での教師は教科の指導に精通していることを誇りとし，ややもすると生徒理解，生徒指導，ホーム・ルーム運営には消極的になる傾向がある。問題行動が発生すると生徒指導担当に頼っていく。これは，教師自身がもつ生徒指導上の問題である。

5) 教科担任の生徒指導意識

教科担任は教科を通して人間形成をしていくという自覚が必要である。生徒が教科でどのような指導をうけるかによって，問題行動に走るか否かにかかるほどに，教科を通しての生徒指導意識の向上が望まれる。

6) 問題行動生徒の指導の欠けた処分

高校では退学を含めた処分は可能であるが，安易に処分に走ってはならない。懲戒のあり方が生徒指導上留意すべき問題として取り上げることができる。

問題行動に走った生徒に対しては，個人的な問題としてのみとらえるのでなく，所属集団の問題でもあると考え，一般化して集団を通して問題解決にあたる努力も必要となる。

§2 生徒指導体制と指導の重点

(1) 高校での生徒指導体制

生徒指導体制の基本は，小・中・高とも変わるものでないが，高校にあってはよりホーム・ルーム活動，生徒会活動における生徒の主体的な活動が，指導体制に大きく影響する。また，それを含めての生徒指導部の教育計画は，各組織が円滑に運営し，実践化できるようにすることである（41頁図2-2参照）。

したがって，計画にあたってはつぎの点に配慮する必要がある。

(1) ホーム・ルーム指導を基盤に生徒一人ひとりの行動や心情・態度の変化を的確に把握し，健全な生活態度の育成につとめる。
(2) 社会の一員としての責任感や奉仕の精神，道徳的実践力を高めるように指導計画を立てる。
(3) 各生徒委員会等の活性化をはかり，実践活動を推進する。
(4) 生徒指導上の問題解決にあたって，他の領域部門と密接な連携がとれるようにする。

(2) 生徒指導の重点

高等学校の生徒指導は，学校の実態に即し，生徒の主体的な参加による推進でなくてはならない。そのため，生徒指導活動の内容は生徒に理解されやすく具体的に問題提示することである。

〈事例〉 生徒指導重点施策（A高校の実践から）

高校生の生活と意識も社会の変化に呼応するがごとく非常に多岐にわたっている。学校教育の場でもその影響は大きく，生徒個人の内面に抱える問題について感知することは一層困難な状況にある。教師は生徒の実情や変化を見逃すことのないよう，日常生活とのかかわりの中からできるだけ多くのことを把握することに努める。これを視点にした生徒指導重点旋案は，つぎのようである。

(1) 重点目標

生徒一人ひとりの自己実現と活気に満ちた学校生活の創造を目指し，全教師

の共通理解と協力体制の推進を図る。
- ① 基本的生活習慣の確立
- ② 活気ある教育活動の展開
- ③ 自立向上を目指す自己教育力の育成

(2) 具体的目標
- ① 教科指導を通しての生徒指導の充実　② 個別・相談指導の充実
- ③ ホームルーム活動と部活動の活発　④ 安全指導の徹底
- ⑤ 学校生活への適応指導の強化

(3) 具体的活動内容
- ① 教科指導における課題別研究　② 道路要所での交通指導
- ③ 校内美化運動（清掃当番の徹底）　④ 日番活動の活発化
- ⑤ 委員会活動への確実な参加　⑥ 生徒による問題討議の推進
- ⑦ 清掃当番の徹底　⑧ 生徒会行事への援助・指導

§3　生徒指導の実際

(1) 学業指導と生徒指導

　高校での教科指導は，生徒の進路にかかわっているだけ生徒の学習の不適応はさまざまな問題行動となる。不断聞き分けのよい生徒であったり，校内規律にも従順な生徒であっても学業成績が低下し，劣等感に陥るとき，教師に反抗や反発を示す。そこには，粗暴な言動があり，反発する要因が潜んでいる。

(1) 感情的・衝動的行為で，強く攻めたて生徒を窮地に追い込まない。

(2) 一度は生徒の立場に立って，冷静に対処し，共感的理解をもって順序だて話し合う。

(3) 要因の分析を行い，具体的な指導の措置をとる。

〈事例〉　学業生活に自信をなくした生徒の指導（高3男）

　D男は，朝礼の時に運動靴の踵を踏みつぶし立っているのを，体育科の教師が見つけ注意すると，大声を発して指導した教師にくってかかった。全校生徒

第6章　生徒指導の実践　133

は一種異様な緊迫したこの光景を凝視して静まり返る。担任がすぐに中に入って，D男が冷静になるように諭しその場は治まったが，一時はどうなることかとおもわれるほどにD男は激怒していた[1]。

　D男は教師の指導に聞き分けのある方である。小学校3年のとき両親は離婚して母親と一緒に家を出る。中学校入学してまもなく現在の夫と母親は再婚する。義父は小企業を経営し，D男を長男として大事に扱う。D男は野球部に属し，泥にまみれながらも先輩の指導を真面目に受けていたくらいであったが，だんだん学習意欲を失い成績の低下と，劣等感に陥っていた。

　この場合の要因をつぎのように考える。
(1) 家庭環境からくる問題……母親と義父はD男に対する遠慮から放任，自由気ままに振舞わせている。
(2) 能力の抑圧からくる問題……D男は自己顕示欲が強いが，学習面，生活面でも自己の能力が十分発揮されない状態。
(3) 進路選択からくる問題………進学を希望しながら，家計の緊迫と義父に対する遠慮から級友間の進路についての話しに加わることができず，学業生活の不適応感や劣等感がうっ積し，常に悩みや不安があって，解決の糸口がつかめない。

　このように，最近，学校生活に馴染みたいと焦りながらも心打ち明けて相談する友達もなく，帰宅しても安住の地とならない家庭が目立つ。これらの生徒は教師の差しのべてくる手を内心待っていると考えて対処することである。

　ここでのD男に対する具体的な対応をつぎのように考える。
(1) ホーム・ルーム担任教師の面接指導を実施して，人間関係の調整，学習意欲の喚起をはかる。
(2) 家庭と連携して，家庭環境の調整をはかり，学校・家庭生活の情報交換をしていく。
(3) 教師間の連携指導で，担任を中心に一貫性のある教育活動を行う。
① 担任で学力補充の個別指導を行う。

② D男の尊敬している野球部顧問のもとで，下級生部員の指導に積極的に参加させる。

③ 学年会などで，D男を取り巻く情報の交換を行い，原因を明らかにし障害を取り除く努力をする。

指導にあったてつぎの点に留意することである。

(1) 生徒との心の疎通をはかり，共感的理解をしながら，要因を把握する。

(2) 指導にあったては，押しつけや強制でなく，十分理解するまで根気強く話し合っていく。

(3) 長い間の指導過程では，指導方法が変わることもあるが，基本的な指導方針は首尾一貫していることが大切である。

(2) ホーム・ルーム活動の充実

ホーム・ルーム活動では，心豊かな人間の育成と自己教育力の育成をはかることが重要である。また，人間としてのあり方，生き方に関する指導を重視し，生徒の自主的実践的態度を育成する中心的な活動とする。

ホーム・ルーム活動をすすめるにあたって大切なことは

(1) 全体として調和が保たれる人的環境・物的環境などの条件整備をする。

(2) 活動は，できるだけ能率的に効果の上がるよう工夫する。

(3) 学年の発達段階を考慮に入れ，それにふさわしい条件整備をする。

学習指導要領に示されている高校でのホーム・ルーム活動の時間数は年間35時間である。実際，地域・学校の実態によって活動状況は異なるが，A県の公立高校全日制の実施平均時間数の調査をあげるとつぎのようである。

〈人間としての在り方生き方に関するホーム・ルーム活動実施時間の平均〉
(平成2年度 A県 県立高校全日制)

ホーム・ルーム活動内容		学年別実施平均時間数			合計
		1年	2年	3年	
(1) ホーム・ルームにおける集団生活の向上		11.4	11.0	7.8	30.2
(2) 個人及び社会の一員としての在り方生き方	ア．個人生活社会生活の充実	7.4	6.9	5.6	19.9
	イ．学業生活の充実	5.0	4.9	4.1	14.0
	ウ．健康・安全	3.6	3.3	2.8	9.7

(3) 将来の生き方と進路の適切な選択決定　　　5.0　6.0　7.6　18.6
　　　　実　施　時　間　数　の　合　計　　　32.4　32.1　27.9　92.4

つぎの事例はその活動の一部である。

〈活動例〉　校内美化活動（ゴミマップの作成）

(1) 題材設定の理由

　　学習成績や自分の外見には気を配るが，社会生活を送る上での基本的マナーの欠如している生徒が多くなった。

(2) 指導のねらい

　　ゴミのポイ捨てによって，校内にどれだけのゴミが散乱するか。その実態調査などをして，校内美化に対する意識を高める。

(3) 指導課程

　① 事前の指導と生徒の活動

　　ア　ゴミの調査・集計・回収等の方法を決める。
　　イ　生徒を班に分け，担当場所を決める。
　　ウ　必要物品（集計表，校内の図面，ビニール袋等）を用意する。

　② 本時の活動テーマ

　　校内に散乱しているゴミを調査・集計・回収し，ゴミ散乱の実態について考える。

　③ 本時のねらい

　　ア　校内に散乱しているゴミを調査・集計・回収する。
　　イ　ゴミマップをつくる（ゴミ散乱の実態図）。
　　ウ　他の基本的マナーにも目を向ける。

　④ 本時の展開

	（活動の内容）	（指導・援助の留意点）
活動開始	○　活動内容の説明 　・班分けと回収場所の説明。 　・調査・集計・回収の方法の説明。	◇調査・集計・回収を同時に行わせる。
活動展開	○　班に分かれて担当場所のゴミを 　・調査する。・集計する。 　・回収する。 ○　ゴミマップを作成する。 　・班の代表が記入する。	◇回収したゴミを焼却場に運ぶ。 ◇1時間で実施できない時，ゴミの調査・集計・回収は前日の放課後行う。

活動まとめ	○ マップを見ながら感想を述べ合う。 ・ゴミ散乱の実態について ・ゴミ回収して，感じたこと ○ 生活全般にわたる基本的マナーのあり方について考える。	◇校内美化意識向上への方向づけをする。

⑤ 事後の指導と生徒の活動

　ア　文化祭を使って学校全体にゴミ散乱の実態を訴え，校内美化に対する全校生の意識を高める。

　イ　他の基本的マナーについても継続して指導する。

⑥ 評価の観点

　ア　校内美化に対する意識が高まったか。

　イ　他の基本的マナーにも目をむけることができたか。

　このような活動を通して，生徒に現在および将来にわたって自らの課題を明らかにさせ，解決する意欲や態度を身につけさせることは生徒指導の本質にかかわる事柄である。

(3) 生徒を生かす適応指導

　生徒は社会や学校生活にうまく適応できずにいるとき，いろいろな問題行動を引き起こす。高等学校での中途退学などは，本人の学習意欲や耐性に関連するところが多いが，学校教育の硬直した教育課程や校則，指導力などに根ざすところもある。また，校内暴力も学校生活に起因して起こった暴力行為である。そのなかでも指導困難なのが対教師暴力である（166頁参照）。

(1) 校内暴力の原因を考える。

　① 生徒自身の粗暴，凶暴性，爆発性といった資質の問題

　② 家庭環境，父母の養育態度

　③ 学校での誘発的原因

　　・授業がわからない　・学業成績がよくなく，劣等感をもつ

　　・日頃から悪者扱いをうける　・規則が厳しく，話しを聞いてくれない

・教師に反抗すると，仲間から認められる
(2) 指導のあり方を考える
　① 家庭との連携を密にする。
　② 生徒に対する個別指導を徹底する。
　③ 学校全体の指導体制を確立し，共同歩調で進める。
　具体的にはつぎのような点に留意して措置をする。
(1) 学校としての予防的措置
　① 健全育成を合言葉にし，学校教育全体を改善する。
　② 暴力行為に走るおそれのある集団に注目する。
　　・集団の指導者の長所，才能を発見し，集団行動を好ましい方向に向ける。
　　・好ましくない集団からできれば切り離し，好ましい集団に入れ健全な集団活動を体験させる。
　③ 関係機関との連絡をとり，十分な補導や取締りができるようにする。
(2) 暴力加害者，被害者に対する指導を行う。このさい，加害者，被害者の人間関係，誘発要因を探り指導する。

〈事例研究〉 教師を殴って謝らない生徒の指導

　生徒FのFの服装の乱れをY教師が注意する。FはY教師に飛びかかり殴る。その後の指導でもFは「Y教師の態度が悪い」と言って謝らない。

　Fが反省の意志を表明し，Y教師に謝罪すれば事態は解決すると考え，学級担任，生徒指導部長から教頭にいたるまで説諭を繰り返したが，Fは絶対に謝らない。

　説諭の内容は，「Y教師がF君のことをよくしようと思って注意したのだ。仮にも生徒が教師に殴ることは許されない。何はとあれ，Y教師に謝りなさい」ということである。

カウンセラーは，この問題行動の指導をFの行為を受容することからはじめた。「教師を殴ることはどの人間にもあり得る」という理解である。「許されないことをしたのだから謝りなさい」とは押し付けず，何度も面接する。そのうちFは「Y先生が自分にたいしてとった態度も結局は自分に原因があったのだ」という理解に至った。つまり，親身に考え，公平さが伝わるような指導である。「Yの環境が悪いから仕方がない」と許容するのでなく，「生徒の理解して欲しい」という心を受容し，心を傾けて聴きとる姿勢が必要である。

§4 家庭・地域社会との連携

(1) 地域社会に生きるボランティア活動

これからの教育は社会の変化がますます加速し，生涯学習時代を迎えようとしている今日，生徒一人ひとりが自らのあり方や生き方について主体的に考え，共に生きることのできる資質・能力・態度を身につけることである。

高校教育のなかでも，「奉仕的な活動」をより重視し，人を思いやる心，公共のために尽くす心を地域社会に対しても築いていく必要がある。

高校生のボランティアに関するアンケート調査（A県教育委員会）によると，必要であると考えているものが92%あるが，実際の活動経験は14%である。またボランティア活動をしてよかったと思う内容では（複数回答上位5）

① 自己の心を豊かにすることができた……………………36.7%
② 人生観が豊かになった………………………………………32.9%
③ 社会への理解が深まった……………………………………32.9%
④ 友達ができた…………………………………………………28.2%
⑤ 新しい活動分野が見つけられた……………………………24.7%

ボランティア活動で，他人のために役立つという気持ちがあるが自分自身を豊かにする性格をもっていることがわかる。

高校時代にこのような活動の機会を与えることは生徒指導の充実にもつながる。

神戸市A高校では,「ボランティア精神の育成」をあげ,つぎのような具体的な活動を展開している。その事例を紹介する。

　(1)　通学路清掃　　　　・毎月1回のボランティア委員による清掃活動
　　　　　　　　　　　　　・全校あげての学期1回の清掃活動
　(2)　点字実技講習会　　・毎月1回,講師招いての点字実技講習
　(3)　校内グリーン作戦　・校内周辺の花壇整備と季節の草花栽培
　(4)　募金活動　　　　　・ユニセフの募金活動（12月6日から3日間）
　(5)　献血活動　　　　　・5月文化祭に実施
　(6)　盲・聾学校訪問　　・障害ある生徒との心の交流と学校理解

　このような体験活動を通し,全生徒に対するボランティア意識の高揚に努めていることに注目したい。

(2) 連帯する中高連絡会

　生徒指導は,家庭・地域・関係機関との連携はきわめて重要であることは先にも述べたとおりである。県,市,地区単位での生徒指導推進協議会は児童生徒の「健全な育成」を目指した連携活動の1つであるが,高校では,とくに中学校との密接な連携と相互理解が必要である。

　高校とその周辺地域の中学校によって組織された「中高連絡会」は生徒指導推進にも大きな成果をあげている。主な活動内容はつぎのようである。

　(1)　学校見学会　　　　　・学校の実態や教育方針・指導方針の相互理解
　(2)　生徒指導の情報交換　・問題行動の生徒に関する指導方法などの協議
　　　　　　　　　　　　　　・生徒指導の現状や共通理解
　(3)　進路指導の情報交換　・高校への進学の問題や学業生活状況及び高校か
　　　　　　　　　　　　　　　らの進路状況
　(4)　その他　　　　　　　・実践活動（学校行事など）の相互理解

〈事例〉　県立B高校からの生徒指導現状報告の内容。（ある日の中高連絡会で）

　(1)　生徒指導の方針についての説明。

(2) 生徒会活動の実態についての説明（学校祭，球技大会，文化祭）。教師は裏方に回り自律・創造の精神（校訓）を具現化する態勢にある。
(3) 校内生活の実態についての説明。
・生徒の行動，校内規則の問題と違反者に対する指導方法など（服装違反の場合）。
(4) 部活動の実態についての説明。運動部 16，文化部 17 の活動状況。
(5) その他　　・自転車通学の制限措置の問題，単車の運転禁止（三ない運動），アルバイトの禁止など。

(3) 生徒指導担当教員の実践

学校教育施行規則 52 の 2 の規定にある生徒指導主事は学校によっては生徒指導担当教員として活躍している。その役割は頭で理解していても実践には大変な労力がいる。体を動かして，はじめて生徒指導の教育に対する機能の大きさと重要性を実感したとの報告に学ぶものがある。その一部を紹介する。

〈実践報告〉「生徒指導担当教員として」S 高等学校　N 教諭

(1) 生徒指導担当教員として心がけたこと。
① 「生徒の健全育成」のため，将来の展望をもって継続的に指導し，心豊かな人間づくりを目ざした。
② 生徒と触れ合う機会を増やし，対話を重視した。
③ 対症療法的措置を捨て，問題行動を未然に防止する観点に立った。
④ 各学年，諸機関との連携を密にし，情報収集して生徒指導に生かした。
⑤ 自分自身が積極的に行動することにした。

(2) 日々の活動で体験したこと。
① 事件処理に追われる毎日であった。
② 特別指導が切れ目なく続き，会議・家庭訪問等の連続であった。
③ 指導を通して，各関係教師間の連携，指導に関する共同歩調，問題行動に対する的確な対応の重要性を実感した。
④ 2 学期に入って，大量の特別指導者を出して多難なスタートであった。

⑤　喫煙する男女7名の補導を通して，特別指導のもつ意味と生徒の状況に応じた指導の必要性を痛感した。

⑥　問題行動の未然防止には，職員の随時校内散歩が効果的であった。

報告書のまとめには，「毎日があわただしく追われていたが，生徒指導は根気であることを実感すると共に，指導した生徒が立ち直って元気よく学校生活を送っている姿をみると，心安らぐ思いがする。また一方指導の甲斐なく学校を去っていった生徒を思うと『元気だろうか』とふと考える。生徒指導は自分自身の成長ではないかと思った。」とある。まさに，実践することによって得た生徒指導の本質にかかわる教師の態度が伺われる。

第4節　家庭・地域社会と生徒指導

§1　学校と家庭の連携

家庭は，人間が社会生活を営む基盤である。しかし，最近，人間性を育てる場としての家庭の役割機能が著しく低下しているといわれている。まず，家庭内での温かい家族関係が大切である。お互いが励まし合い，話し合える雰囲気のなかで児童・生徒が生きがいを見つけ，努力していけることができる。保護者の児童・生徒に対する過度な期待や要請はときには児童・生徒に劣等感や挫折感を抱かせ健全な成長を歪めていることになる。学校は，家庭環境，保護者の教育観，生活態度を知り，その理解の上に立って，生徒指導を進めると共に，生徒指導に対する理解と協力を家庭に求め，共に児童・生徒の教育を真剣に考えることのできる場の設定が大切である。

その具体的な方策としては

(1)　学校・学級（ホームルーム）だよりの発行

日頃，学校・学級の生徒指導の実践や考え方，具体的な話題等の資料を提供する。また，保護者・生徒からの意見なども掲載し，心の交流と生活実態の把

握に努める。決して批判的，個人的な考えに偏らない配慮が必要である。
　学校だよりのなかにも学年の情報，学級の情報が関連して提示されていて，受け手にとって身近な存在に感じられるようなものでありたい。また，大切なことは継続することである。

　〈実践例〉　K市A中学校の生徒指導通信「学び舎」平成5年7月号
　この通信の主な内容を項目的に紹介するとつぎのようである。
　(1)　地区懇談会での話題（6月21日から8日間，16会場で実施）
　　①　男子の頭髪について　　②　再生資源回収の方法について
　　③　部活動について　　　　④　自転車の乗り方について
　ここでは，出席の方へのお礼と学校としての考え，今後の取り組みなどが丁寧に記載されている。
　(2)　お知らせ事項
　　①　全体保護者会「頭髪について」の案内
　　②　PTA講演会「心とストレス」の案内
　(3)　有意義な夏休み
　ここでは，長期の夏休みに，生徒たちの生活のあり方や家庭への協力依頼などが記載されている。
　　①　健全で事故のない生活を
　　　・交通ルール遵守のこと　　・有害玩具の使用禁止のこと
　　　・夜間の外出での注意事項　・遊泳の注意事項
　　②　規則正しい生活を
　　③　その他　・登校日の件，家庭と学校の連絡の仕方，家庭連絡カード
　これらの通信のなかには学校の教育活動の様子や生徒指導上の問題とその取り組み，保護者の意見，また，地域の活動の紹介などきめ細かく記載されている。最後の欄には，保護者に対して「生徒の様子で気づかれたこと，ご意見，ご要望をお知らせ下さい（匿名でも結構です。）」と家庭，保護者への協力体制をお願いしている。また，学校・家庭双方の児童・生徒の生活の状態を理解し

合うための効果的な方策として，家庭連絡カードがつくられている。

(2) 学級懇談会

学級懇談会は，学級を支える保護者相互が直接的に心の交流を図る場として大切である。また，担任教師への協力体制をつくるうえでも重要な意味をもっている。その成果は，常日頃からの担任と保護者の信頼関係如何による。

その点，担任は，児童・生徒にたいしての豊かな人間性と指導力の向上に努めることである。その担任の姿勢は，具体的に学級懇談会の場にもあらわれる。学級懇談会のもち方では，つぎのような点について工夫する。

(1) 気楽な気持ちで話し合える雰囲気をつくること。
(2) 懇談の内容が学習成績を中心としてでなく，学校での児童・生徒の生活実態や生徒指導上の問題，児童・生徒の養育に関する問題など，保護者の共通に悩み，考えている事項を選択し内容構成すること。
(3) 司会者は内容に応じて適宜，保護者相互で交替し，話し合いを活発にするよう工夫すること。
(4) 事前・事後の保護者への連絡を密にすること。
　　事前には，懇談会の内容や誠意ある出席への誘いの案内をする。事後は出席できなかった保護者に懇談の内容や問題点を連絡する。

懇談会では，保護者からの苦情や訴えの場となることが多い。教師は保護者の訴え，悩みを温かく受け入れる態度が必要である。

(3) 保護者との個別面接

個別面接には，保護者全員を対象として個別に短時間に実施する場合と，必要に応じてある児童・生徒の保護者と面接する場合がある。

いずれの場合もつぎの点に留意する。

(1) 日時の設定や方法は，保護者の立場で考え，保護者の思いを大切にする。
(2) 問題行動をもつ児童・生徒の面接では，問題行動の現象面だけでなく，児童・生徒の人格的全体像の視点で話し合う。また，保護者に強い刺激や不安を与えることなく，愛情と児童生徒の理解のうえに立って話し合う。

(3) 学校や教師に対する批判的態度には，即座的に対応するのでなく，受容的態度で望み，適切な助言・指導を含めて長期的継続的に対応する。

(4) 話し合う問題点を明確にする。

　ときには，保護者と児童生徒を含めて面接（懇談）を行う場合がある。とくに，中学校，高等学校などでは，進路にかかわる内容や家庭での生活問題などについて話し合うことが多い。このさい，問題点についての考え方の相違にはそれぞれの立場を尊重しながら，客観的な目で相互理解を深める助言・指導が必要となる。

(4) 家庭訪問

　生徒指導は，教師が体を動かして進めるものであるとよくいわれているが，家庭訪問は積極的に体を動かしての家庭との連携の方策である。しかし，家庭の同意を得て実現するものであるから，常に保護者や児童・生徒との心の交流を保つように努めることである。

　家庭訪問は学校の年間計画に位置づけ，年度始めに児童・生徒の家庭や地域の環境についての資料を得るために実施する場合と，指導のために必要とするときなどに実施する。あくまで，児童・生徒理解と指導のための計画・実施である。児童・生徒のなかにはさまざまな厳しい生活背景をもっているものも多く，目立たなくても心の衝撃に耐えて過ごしている児童・生徒や家庭のあることを教師はしっかりとらえ，随時，家庭訪問によって一層の助言・指導が望まれる。

　家庭訪問にあたっては，つぎの事項について配慮する必要がある。

(1) 日時，方法を保護者に連絡し，一方的な訪問にならいようにする。

(2) 訪問の目的を明確にし，保護者の理解を求める。

(3) 話し合いは家庭，児童生徒の立場になって行う。

(4) 家庭訪問のできないところは，他の方法を工夫し，必ず保護者と面接する機会を設定するなど，他の家庭と同じように家庭訪問に相当する手だてを考える。

(5) 家庭訪問にさいしては，言動や，不信を招くような態度などに気をつけ，児童・生徒を視点に話し合う。

とくに，問題行動をもつ児童・生徒の家庭との連携は，積極的に家庭訪問したり，保護者の来校を求めるなどして，保護者との接触をきめ細かくし，粘り強くかつ，心豊かな暖かい心情をもって臨むことが大切である。

〈実践例〉 不登校児童の調査研究（A市小学校生徒指導研究協議会）

不登校（登校拒否）傾向に陥る児童の指導は，児童の社会的背景や家庭的背景からの問題，学校の問題，本人の抱える問題などの対応を適切に行うことである。まず，児童の実態を把握する必要がある（巻末資料Ⅰ参照）。

(1) 担任が児童の不登校を知ったきっかけ
　① 長期休暇前後の遅刻・欠席が目立つ。　　　　　　　　　31%
　② 無届けの欠席で，家庭訪問すると元気にしている。　　　23%
　③ 親からの連絡・面接（学校に行きたくないという）。　　20%
　④ 病気欠席しているのに，放課後元気である。　　　　　　13%
　⑤ 連絡帳等により，頻繁にしんどい・かぜ気味と訴える。　　8%
　⑥ 病気欠席で，家にいるはずなのに，電話が通じない。　　　5%

(2) 不登校児の親の養育態度
　① 放任　37%　② 過保護・過干渉　18%　③ 厳格　18%
　④ 期待が大きい　8%　⑤ その他

(3) 不登校児の家族構成は，
　① 両親がそろっている　41%　②母子家庭　14%　③父子家庭　7%

以上からも家庭訪問による家庭・児童の実態把握の意味は大きい。これを通して親の子どもに対する接し方や育て方，両親が揃っていても父親の存在感の薄さなどからくる問題や児童の生育歴などによる問題などが理解できる。

§2　学校と地域社会の連携

児童・生徒の生活はさまざまな環境のなかで成長発達していくものであるか

ら，学校・家庭はもちろん，地域からうける影響もきわめて大きい。したがって，学校での生徒指導の推進は地域社会の実態をとらえ，さまざまな問題に対処することである。

(1) 地域社会との連携のあり方

学校の教育活動は，児童・生徒にとって楽しく，活気あるものでなくてはならない。また，地域での児童・生徒の生活の充実も図る必要がある。

したがって，地域の学校に対する理解と協力なくしては，地域のなかに生きる学校としての存在はない。学校における生徒指導の構想を基本に地域にたいしても積極的にはたらきかけ，地域・家庭と一体になって「共に考え」「共に行動し」「共に見守りながら」児童・生徒の健全育成を進めることである。

そのためには，

(1) 調査活動を通して地域の実態を把握し，共通理解を図る。
(2) 学校は地域での健全育成活動に積極的に協力する体制をつくる。
(3) 特色ある学校づくりを学校が主体的に推進し，「開かれた学校」として親愛と信頼を得る場を構築する。
(4) 連携を図るための条件整備をする。

神戸市では，中学校区毎に「ふれあい懇話会」を組織し，児童・生徒の健全育成，非行防止対策などをともに考え，共に活動し，多くの成果を上げている。

〈実践例〉「ふれあい懇話会」

組織　・中学校，校区毎
　　　　・委員構成（校長，教師，父母，地域関係者，卒業生，学識経験者）
　　　　・世話係　（世話係校長，世話係教師，世話係父母委員を互選する）

内容　・児童生徒の実態を把握し，正しい理解をするための研修と啓発に努める。
　　　　・地域内の各組織団体・関係機関と連携して地域内で育ってきた育成活動を一層推進する。
　　　　・教育活動全般について意見を聞き，特色ある学校づくりに生かす。

運営　・テーマ，会場については各学校持ち回りで，世話係が中心となって企画運営し，関係機関と連携して活動する。
　　　・学校と保護者の共通理解の場となるように運営を工夫する。

主な活動例
　　・住吉ふるさと学習会　　　　　　　　住吉中ブロック
　　　　（ふれあいコンサート）（講演会「親・子とは」）
　　・すずらん懇話会　　　　　　　　　　鈴蘭台中ブロック
　　　　（中学校見学会，部活動見学会）
　　・地域の子どもたちの教育を考える会　横尾中ブロック
　　　　（地域教育協議会「学校週5日制について」）（クリーン作戦）
　　・若竹の会　　　　　　　　　　　　　岩岡中ブロック
　　　　（ふれあいバンクの実施「昔の遊び製作」老人会の協力）

§3　地域内学校との連携

　問題行動は，同一地域の児童・生徒の行動の様態等が強く影響する場合がある。したがって，同一地域内の学校が相互に情報を交換し，一貫性のある生徒指導を進めることである。具体的には，つぎのような場の設定が考えられる。
(1)　進学時における生徒指導上の連絡会
(2)　定期的に地域内での生徒指導上の連絡会

次は，A市で組織・運営されている生徒指導連絡研究協議会の1例である。

```
                            ┌─・市小学校生徒指導研究協議会
・市生徒指導推進協議会───┤─・市中学校生徒指導研究協議会
                            ├─・地区生徒指導推進協議会
                            └─・中学校区生徒指導推進協議会
```

　市生徒指導推進協議会は，市内の児童・生徒の健全な育成を図るために，地区協議会と連帯して，小学校，中学校，高等学校の一貫教育の推進と学校，家庭，地域社会の連携を一層強化したものである。

具体的事業としては,

① 地区協議会の連絡調整　　② 小・中・高の一貫教育の推進
③ 家庭・学校・地域社会の連携活動　④ 家庭教育・地域教育の研修
⑤ 生徒指導関係の調査・研究　⑥ 関係機関・関係団体との連携

また,これら生徒指導研究協議会・生徒指導推進協議会は県,各市の組織と連携をもちながら運営されている。要するに,学校はこれらの事業活動が学校教育の充実と活性化につながるため積極的に協力参加すると共に,地域や家庭の実態や思いをしっかり受け止め,教育実践に取り組むことである。

〈実践例〉　「我が家の子育て体験聞記」A市小学校生徒指導研究協議会発行

この体験記は,この研究協議会が保護者の子育てについての問題や悩みについて話し合い,それにもとづいて編集したものである。その一部を紹介しよう。

限りなく広がる未来に向かって。
　女の子二人。感受性豊かでマイペースな中1と何事も真剣に取り組む5年生。叱る時も誉める時も,受け止め方が違う。子どもを育てる難しさを痛感します。ある日わが家にこんな事件が起きました。友達付き合いも上手で誰とも仲良く出来ると信じていた姉に,グループで無視されたという事件が突然起きました。学校に行きたくないと泣き叫び,とめどなく流れる涙を見て,只事でないと感じました。その夜一緒にお風呂に入り,なぜ,この様な状態になったか話し合い,慰めました。その辛い時励まされたある1曲の歌"闇は必ずあけてゆくから…。希望のかけらを掌に集めて大きな喜びへとかえていこう。愛する人や友達が勇気づけてくれるよ…。"随分気持ち的に助けられました。学校に相談すると「成長過程の1つとして考えて下さい。時間が解決してくれます。」と云われました。"待てない"今すぐ解決したい。それが親の心の心境ではないでしょうか。グループに会う機会があり話をじっくり聞いてみました。大人はつまらない原因でも子どもにとって真剣なんだという事を子どもたちの目でわかりました。長い4日間の幕はとじました。何げない態度が相手によって誤解され,傷つけられる事があると知った事,いじめられている友達に対して優しくなると子どもの口から出た事,総てが大きな宝物となりました。子どもが限りなく広がる未来に向かってたくましく生きて欲しいと…。

地域の関係機関との連携については，指導の効果を高めるうえで重要なことである。とくに，児童・生徒の問題行動については，専門的に助言・指導機能をもつ公的機関である教育相談所，児童福祉法によって設置された児童相談所や情緒障害児短期治療施設，教護院，養護施設などがある。また少年鑑別所，補導センター，少年警察，家庭裁判所など，これら諸機関についての十分な知識と，日常から情報交換の場をもち，相互理解をはかっておくことである。とくに，生徒指導のあり方や具体的な問題行動解決の方法を深めるためにも連絡を密にしておく必要がある（175頁参照）。　　　　　　　　　　（榎本茂喜）

参考文献

秋山俊夫編『生徒指導と学校臨床』北大路書房　1987年
五味富士男編『学校が抱える最近の諸問題』文教書院　1991年
仙崎　武編『学校生徒指導論』福村出版　1988年
仙崎　武編『生徒指導論』福村出版　1991年
高木良伸編『教育実習要論』建ぱく社　1990年
西川　猛編『小学校問題行動をなくする学級経営』文教書院　1984年
原　正編『中学校学級担任が進める生徒指導』文教書院　1981年
牧　昌見編『学校経営事務全書第3巻』第一法規　1986年
檜山四郎他編『生活指導　学校における非行対策』大成出版　1981年
宮崎和夫他著『特別活動の理論と実践』学文社　1993年
文部省中学校課生徒指導研究会編『データーによる生徒指導』第一法規　1993年
兵庫県教育委員会高校教育課『生徒指導資料』No.15　1992年
神戸市立岩岡中学校『望ましい人間関係を育てる生徒指導』　1993年
兵庫県尼崎市教育委員会『生徒指導実務必携』
『新児童・生徒指導事例集』7－Ⅴ　第一法規　1)　新児童・生徒指導事例集　p.22
神戸市教育委員会・生徒指導係連絡協議会『生徒指導』　1993年
文部省『生徒指導の手引』改訂　大蔵省印刷局　1993年
文部省『児童の理解と指導』大蔵省印刷局　1984年
文部省『学級担任の教師による生徒指導』大蔵省印刷局　1991年
文部省『生徒の健全育成をめぐる諸問題』大蔵省印刷局　1983年
総務庁青少年対策本部編『平成4年度青少年白書』大蔵省印刷局　1993年

第7章　問題行動と生徒指導

第1節　問題をかかえる生徒に対する指導

§1　問題行動について

　児童・生徒の問題行動にかかわる指導は，生徒指導全体の領域では，理論的にその一部に過ぎない。極端に言えば，この種の書物では，単に付記する程度で済ませることができれば，それが一番望ましい。

　しかし，たとえば「いじめ」が教育問題としてだけでなく，社会的な問題となったなど，この20年来，青少年の「非行問題」が一般市民に不安と関心を呼ぶようになった。中学校PTAの一分野の「生活指導委員会」や「地域委員会」などは，夏休みに校区を巡視して，「非行防止」を目標に掲げる状況も一般化している。

　文部省を初め，地方教育行政機関も，具体的な問題行動が多発するたび，その一つひとつに真剣に対応してきたし，学校現場でも多数教員の日夜の努力が続けられている。しかし，事柄によって減少がみられることはあっても消滅せず，さらには新しい問題の発生・急増が見られるなど，教育現場は対応にいとまがない状況は変わらない。

§2　「問題行動」とは

(1)　**用語（問題行動：problem behavior）について**

　「問題行動」という言葉を，世間では，「非行」と同じ意味で使う人もあるが，それは間違いであって，次の意味合いが妥当であろう。

平凡な言い方ではあるが,「子どもが年齢相応の社会的適応ができていない状態から生ずる行動」であって, その一つは, 人に対して融和性がなく, 自己中心的な面が強くて, 他人に対する反抗的姿勢が強い。もう一つは, 内向的・自己閉鎖的な面がみられ, 友人・教師・学校生活に, 円滑に適応できない。いずれにしても「社会的不適応による行動」の点では同じであるが, 普通, 前者を「反社会的問題行動」とし, 後者を「非社会的問題行動」とする。

(2) 「反」と「非」

しかし, 具体的な問題行動を分類するとき, ある事柄を「反」にするか,「非」に入れるかは, 人によって異なる。たとえば,「薬物乱用」は, 確かに「問題行動」ではあるが, それを「反」に含める人もあるし,「非」に入れる人もある。いずれが正しいかではなく, 単に見解の相違に過ぎない。

(3) 「問題行動」のとらえ方

「問題行動」のとらえ方を規定する特別な基準はない。また, 非・反のいずれであれ, 誰もが一致して認める「問題行動」ばかりとはいえない。心理学関係の事典や[5], 下司昌一の著述[6]に詳しく述べてられているが, ある人にとっては「問題行動」であっても, 別な人はなんら問題とする必要がないと判断する場合もある。人によって, 子どもの発育, 人格の形成過程のとらえ方や, 物事に対する価値観は当然異なるから, それは至極あたり前のことである。そういうことを踏まえた上で, 子どもの行動を冷静に, かつ温かい心で見つめて, 対応することが大切である。

ここでは, 普通「問題行動」とされる事象の中から, 諸学校での現実の教育活動で取り組まねばならない, 事例の多い事柄だけ取り上げ,「非」「反」に分け, 以下の諸項目について述べることにする。

1. 非社会的問題行動:家出・自殺・薬物乱用・不登校(登校拒否)
2. 反社会的問題行動:盗み・暴力行為・性非行・いじめ・飲酒・喫煙・暴走行為

第❷節　生徒の非社会的問題行動

§1　家　出

いうまでもなく生徒が保護者に無断で，その監督下から抜け出して，家を出て戻らない行動のことである。

しかし，子どもの家出は，別に違法行為ではない。また少年法第3条・三にいう虞犯少年（「…将来，罪を犯し，又は刑罰法令に触れる行為をする虞のある少年」）の行為とは限らない。

家出少年で，上記に関係のないと考えられる少年もかなりの数に上る。「家出」そのものが，原因など教育上の問題をはらむものであるが，更に，その少年たちが家出中の特別な状況の中で，ⓐ非行に走るケースや，ⓑ犯罪の被害者になるケースがかなり高い割合（とくにⓑが多い）であることについて，教育上の十分な考慮と対応が求められる。

(1)　原　因
1)　本人の周辺の原因
①　保護者の子どもに対する監督の態度に常に圧迫感を抱いている場合。
②　家庭（とくに父母）の不和が絶えず，その極限として父母の別居・離婚などの危機が起こる，あるいは切迫している場合。
③　父か母，あるいは両者の死。
2)　本人自身に原因が考えられる場合
①　学習成績が悪いか，勉強嫌い。
②　対人関係（父母，その他の家族，教師と）が，うまく行かない。

他に「非行がらみ」や「失恋」による家出もあるが，上記の原因が主なものと考えられる。ただし，1)と2)が無関係ではなく，この両者が関係しあい，からみあって起こるものである。また，これら原因は，いわば常日頃から本人

の心に蓄積されていくもので，その蓄積が，本人の心のキャパシティを越えるほどになっているときに，何かの刺激がこの行動を起こす引き金になるものである。その引き金，あるいはきっかけは，父母からきつく叱られることがあったとか，学習成績が非常に悪かったとかが多い。昔から，「早く親の許から独立したい」とか，「親の束縛から離れ，自由な生活を憧れて」家出をするケースがあるともいわれるが，現今の中・高生は，そのケースはまれで，父母の監督の態度や姿勢に対する反発が主であろう。またその背景に進学・受験に関わる社会風潮があることは見逃せない。

　幼児でも「家出願望」はあるといわれるほどで，子どもはちょっとしたきっかけで，家出または類似の行動（屋根裏，納屋など，家のどこかに隠れて出てこない）をとることがある。

　しかし，基になる原因は，やはり家庭における不適合状態であろう。したがって家庭内の「和」は何よりの防止策である。

(2) 学校・教師の対応

① 保護者から「帰宅しない」の連絡があれば，時を置かず校長・教頭・生徒指導主事・学年主任に連絡し，「捜す」ために組織的態勢を整え，直ちに行動を起こす。この間，家庭との連絡は絶やさないこと。

　その日の中に捜し出すよう全力を尽くすこと。

② 情報を得るため，本人の友人関係に電話などで問い合わせるときは，本人を傷つける噂が生じないよう，十分配慮すること。

③ 警察の協力を得る必要のある場合は，学校側が単独に連絡してはいけない。必ず親を説得し，親（親権者）から，警察へ「保護願い」を出して貰うこと。

④ 見つけることができたときは，たとえば，先に担任が穏やかに事情を聞いてやり，気持ちを落ち着かせた上で，校長初め複数の教師が立ち会う中で，親と会わせる。多くの場合親・子ども共興奮していることが多いし，とくに原因が「親子間の軋轢」である場合は，不用意に対面させると，子

どもは家庭にスムーズに復帰できないで，再発に繋がる。原因が学業成績を含めて，学校に関わる事柄の場合は，納得のいくように説明した上で引き取ってもらうと共に，事柄によっては緊急に対策を協議する。
⑤　引き取って帰宅した後の親の対応には，十分意を払うことを要請しておくこと。
⑥　翌日からの子どもの態度・様子には十分注意すること。
⑦　クラスのなかで本人がことさらに注目されたり，悪い風評が立てられないようきめ細かく配慮すること。

§2　自　殺

(1)　児童・生徒の「自殺」をどう考えるか

　児童・生徒の自殺は1970年代急増し，ピークの1979年には，小学生11人・中学生104人・高校生265人，総数380人もの多きを数えた。社会的にも問題になり，文部省初め，教育各機関はその対策に力を注いで，漸次減少をたどった。しかし現在もなくなったわけではなく，絶え間なく注意を払わなければならない問題である。
　この問題に関しては，当事者である児童・生徒が死に至るどんな事情を抱えていたのか，あるいは何故そこまで追い詰められていたのか，不明のままのことが多く，大抵の場合は，事後，父母や教師など周辺が憶測・推測をするに過ぎず，突き詰めたことがわからないものである。もちろん，本人をそこまで追いやる彼自身の心の問題とともに，彼の心に絡む，家庭や学校の問題があるに違いない。しかし，死は彼を無にするもので，また，彼に関わる教育活動の完全な失敗を意味する。教育関係者にとっては，せめて彼の死を無駄にしないための，次なる活動を決意しなければならない。
　強い挫折感を伴う場合や，子どもにとって，解決し難い出来事に直面したとき，それに耐えられない心の弱さを指摘する人びともある。とくにそれが，現今の児童・生徒に一般的にみられる傾向であるという指摘もある。

しかし，死者を鞭打つことを避ける意味でいうのを控えるのでなく，この一般的傾向も，大人たちの社会が生み，子どもはそのなかに否応なく育てられたとすれば，その心の弱さを指摘する前に大人の原罪を見つめなければなるまい。

(2) 学校での対策

学校教育の場では，普段から全児童・生徒に対して，生命尊重の教育——何をおいても「生きること」「生き続けること」——を徹底させなければならない。また，教師は児童・生徒との触れ合いや対話を深めることに平素から留意し，児童・生徒の状況を，毎日丁寧に観察することを欠かしてはならない。そして子どもたちが，日々楽しそうな表情で学校生活を送ることに常に配慮しなければならない。

児童・生徒の自殺が多発したころ，警視庁が世間の注意を喚起するために発表した自殺防止の注意事項がある。参考までに記載しておく。

```
―― 少年の自殺防止一〇則
    一則  自殺のサインを見落すな     六則  親は聞き役にまわれ
    二則  子どもを孤独にするな       七則  夫婦は仲よくしよう
    三則  死の教育をするな           八則  子どもは模倣で育つ
    四則  子どもの頭で考えよう       九則  しつけはふだんから
    五則  家庭ではよく話し合う       十則  親自身の性格を見直そう
                                     （警視庁防犯部少年心理研究会より）
```

この第一項にもみられる「自殺のサインを見落すな」は，処々で強調されているが，実際には「見落される」ことが多い。サインを見つけるのは難しいことであるが，そのような状況に追い込まれている子どもは，本人自身は意識していないが，事実何らかのサインを出しているものである。それをキャッチすることは，鈍感な感覚での接し方では不可能であり，絶え間なく子どもたちに注がれる，きめ細かい愛情だけが可能にするものであろう。

§3　薬物乱用

ここにいう「薬物」は，次の「毒物及び劇物取締法」の「施行令」に示され

るものであるが，中・高生の指導に関わりがあるのは「トルエン，シンナー等の有機溶剤と接着剤」である。

毒物及び劇物取締法　　　第三条の三
　　興奮，幻覚または麻酔の作用を有する毒物又は劇物（これらを含有する物を含む。）であって政令で定めるものは，みだりに摂取し，若しくは吸引し，又はこれらの目的で所持してはならない。

同法施行令　　　（興奮，幻覚又は麻酔の作用を有する物）
　第三十二条の二
　　法第三条の三に規定する政令で定める物は，トルエン並びに酢酸エチル，トルエン又はメタノールを含有するシンナー（塗料の粘度を減少させるために使用される有機溶剤をいう），接着剤及び塗料とする。

◎「薬物乱用」は「薬物による現実からの逃避」の角度からいえば『非社会的問題行動』に入る。この場合，本人の性格に，自制心の薄弱性がみられるケースも割合多い。また，「自虐・他虐」の観点では前者（自虐）に属し，その意味でも『非社会的問題行動』の範疇に入るといえる。しかしこの観点でも，乱用者がやがて他人に対する凶暴な行動があらわれることが多く，結果的に「他虐」に移行するから，単純に『非社会的問題行動』という断定はできない。

　現実の状況を基に考えた場合には，次の見方も成り立つ。つまり，中・高生の該当者の実態には，非行グループあるいは個人の反抗的行動としての動機がかなりみられるのである。とくに，中学生では，喫煙と同様に当初，反抗のポーズとして始め，やがて深入りして行くことがほとんどではないかと考えられる。また，本人に反抗のポーズとして「薬物乱用」への積極的な気持ちの傾きが無い場合でも，集団への仲間意識・隷属意識から陥って行くこともある。それらの角度からいえば，『反社会的問題行動』といえる。したがって，指導は単に保健上の薬物に対する問題に限定されるものでなく，反社会的姿勢の生まれる原因に立ち入らねばならない。

　繰り返す点もあるが，この行為が習慣化する原因としては，要約すれば次の

4点である。

　ⓐ　反抗のポーズ　　ⓑ　本人の性格（誘惑に対する自制心の強弱）
　ⓒ　所属集団の問題（集団への参加手段）　　ⓓ　薬物自体の要因

　初期の段階で発見できたときはまだしも指導の効果はあるが，深入り（"乱用"）している場合は，明らかに薬害（薬物の習慣性から常時吸引・酩酊状態になり，やがて幻覚症状・それに伴う粗暴あるいは凶暴行為があらわれ，脳細胞も破壊されていく）があらわれて，元の正常な状態に戻すことはきわめて難しい。

　上記の状態にまで至れば，心に立ち入る教育上の指導以前に，薬物と隔絶した状態にする「医療」が先立つ。この場合は，学校から警察を通じて保健所に知らせる，または保護者が直接保健所に依頼し，保健所の権限で医療機関に強制入院させることになるが，場合によってそのようなことも必要であろう。

　学校での指導では，一般的に普段からの「保健指導の充実」がいわれる。
　それは必要であるし，一般生徒への啓蒙・予防的効果はある。しかし，乱用者（常習生徒）には当然時間をかけての個別指導が必要である。また，保護者との協力体制も当然必要であるが，常習化した生徒の指導は極度に困難なものであり，ときには関係機関との連携の必要や，その処置の依頼をしなければならないようなことも起こることがあり得る。

§4　不登校（登校拒否）

　高垣忠一郎によれば，1941年，ジョンソン（米・医師）により「登校拒否児」が，はじめて文献に記載された。ジョンソンは，神経症の一種として「学校恐怖症（school fobia）」と呼び，原因は母子関係のもつれからの分離不安と考えたということである。[1] 言い換えれば「母子分離不全」であり，平明に言えば「親離れ」していないということである。

日本では，1960年代初め[注]から増え出したとされる。一般に関心が持たれ出したのは，1970年代後半からと考えられる。

注）「高度経済成長期」に入るころであり，これに関連する社会風潮が，「登校拒否」増加と関係があるとの見方もある。

(1) **用語について**

「登校拒否 (school refusal)」は，「学校へ行きたくないから行かない」という，いわば本人の「意志」が背景にみられる言葉であるが，当該児童・生徒には「学校へ行きたくてもいけない」，つまり意志・意欲で行動がコントロールできない場合があり，現在その増加が問題とされているのは後者である。

したがって，意味が不文明な点はあるが，あえて「登校拒否」を使わず，「不登校」を使う方が適切であるとして，その言い方が増えている。しかし，その子どもたちの実際指導に当たっている心理学者やカウンセラーの人たちは，「学校へ行きたい」という気持ち（意志・意欲）があっても，「身体が拒否する」として，その意味で「登校拒否」を使う人も多い。

ここでは，以下「不登校」を使用する。

(2) **具体的な状態**

いま，教育上の大きな問題とされている不登校は，たとえば，本人は学校へ行こうとか，行かなければと思って，前日には時間割に合わせて教科書を準備したり，当日も登校の支度をして玄関まで行くが，そこから足が前に出なくなるとか，急に腹痛・頭痛が起こるとかで，登校できない状態になることである。

(3) **不登校生の実態**

「不登校」は年々増加しており，次第に大きな社会問題になってきている。平成5年8月12日文部省が「平成5年度の学校基本調査に基づく平成4年度の状況」を発表した。

それによると，年間30日以上欠席者の中，いわゆる登校拒否（不登校）とされる「学校嫌い」による児童・生徒の，全国児童・生徒に占める割合は，小

学校 0.15％・中学校 1.16％に達し，1000 人規模の中学校では 11〜12 人が不登校ということになる。

(4) 「不登校」とは
　「不登校」は，身体虚弱・教師への反抗・怠惰なども同じような状態にみえるが（文部省統計では，これらも「登校拒否」に入れている），前記 (2) のように，社会問題になってきた，またここで取り上げる「不登校」は限定される。これを定義づけるのは難しいが，石郷岡泰の示す定義は適切であるので以下に紹介する。

「登校拒否の六つの条件」
① 学校に行けないし，行かないということが主訴（主な訴え）になっていること。
② 親（保護者）と本人の両方か，少なくともそのいずれか一方が学校へ行くことを支持し，希望していること。
③ 一般の学校生活から除外されるような（極端な）身体的，知的障害がないこと（あれば，障害者への理解と対応の問題）。
④ 医療の対象となるような病気や精神（病）的な障害がないこと（あれば，医学的治療の対象者）。
⑤ 非行や，虞犯を伴う退学ではないこと（非行臨床の対象）。
　　［登校拒否の児は非行・虞犯行為はしない］
⑥ 学校側から登校停止を求められているのではないこと。[2]

(5) 原　因
◎ 次に記述するように，いろいろ論じられるが，原因は，本人自身「何故か，わからない」場合が多いようである。

　本人の性格上の問題が主であるとする考え方が，世間では多いようである。しかし，何事も同じであるが，原因は常に単一ではない。本人を取り巻く学校

や家庭の日常の各種の事柄が、からみあって彼の心に影響し、消化不良を起こして事柄に対応できなくなったのが理由であるということもできる。

分けて考えれば、

① 本人の性格・行動上の面からみれば、きまじめで、引っ込み思案の傾向がある。また、動作が鈍いとか、消極的なため、クラスの者と一緒に遊んだり、運動したりすることも、同一の歩調が取れないケースも見受ける。

② 父母を中心とする本人周辺の問題では、とくに母親の過保護や過干渉と、それから生ずるマザー・コンプレックスが、この問題には非常に関係深いようである。また、成績を重視する親の態度が関係することもある。

また、多くの家庭が、父母と少数の子どもの核家族という、数の上で最小の人間関係の実情に加えて、学校外の異年齢集団での遊びの機会の極度の減少や消滅から、子どもの各種の面での「人間関係対処の勉強の機会」が消滅している状況も、見逃せない理由であると考えられる。

③ 学校生活の中でも、やはり人間関係が一番大きい要素であろう。

クラス担任との関係、クラス・メートとの関係、部活での担当教師や部員との関係、また授業中の教科担当教師との関係など、いくつもの場合が考えられる。

(6) **直接のきっかけ**

不登校の現象は、前項の各種の原因が絡み合って、ストレスとして生徒の心に蓄積されていく中で、ちょっとした事柄が引き金になって起こる。また、それは「いじめ」など学校生活に関係する事柄が多い。

(他のきっかけもあり、この項末尾の資料参照の事)

(7) **学校の対応**

「直接のきっかけ」が学校生活に関するものが多いから、不登校児童・生徒の有る無しに関わらず、学校は次の事柄に常に配慮すべきである。

① 全教師が不登校についての学習会を重ね、理解を深める。

② 教育相談の内容充実は非常に大事であるが、教育現場では、専門のカウ

ンセラーの配置は望めないし，教員も，専門的知識をもって対応できる人はまれである。しかし，学校内で専門家を招いて研修会を開くなど，学習を重ねることに努力すべきである。
③ 今までの学校の教育方針や，校則も含めて学校の教育活動の全般にわたって，中身の見直しをすることも必要であろう。
④ 全学級で，各担任がそれぞれ工夫をこらして，各学級の個性的な活性化を図ること。
⑤ 不登校児童・生徒をできるだけ早く発見することに努めること。
⑥ 常日頃から，全家庭との結びつきを強くしておくこと。

(8) **留意点**
1) 前記⑤（早期発見）に関し，当初は，家庭から学校への連絡は「病気」の理由での欠席届が多い。したがって，学校が不審に思って家庭訪問等で事実を知るのは何日も経ってからということがよくある。また，家庭訪問をしても，家庭が学校・教師に不信感を抱いている時は，事情を話してくれないこともしばしばある。手当ては早い方がよいし，学校と家庭が手を繋いで対応しなければ決して解決しないのだから，⑥（家庭との連携）は事柄が起こってからではなく，平素から努めていかなければならない。

2) 不登校児童・生徒の家庭で，学校に相談せず，民間のカウンセリング機関に相談するケースが，かなり多い（元来，きっかけが学校生活に関することが多いから，それまではさほどでなくても，一挙に「学校不信」が吹き出すのである）。
そのさい，民間カウンセラーの多くは下記の事柄を親に進言するようである。

「学校が原因なのだから，学校とは一切無縁の生活を送らすこと。」
　したがって，（具体的に）
　① 学校のことを，本人の前で一切口に出さない。
　② 学校側の接触を断る。
　　　（教師の家庭訪問も断る。教師が来ても子どもに会わせない。）
　③ 級友が訪問しても，本人が望まない限り会わせない。また，以後の訪問を断る。・・・など

一つの考え方ではあろうが，この方法に終始する限り，まず学校復帰は不可能である。基本的に家庭と学校が当初から協力して，少しずつでも復帰の方向へ努力を重ねるべきである（初期の場合には，父母か教師が，強引に学校へ連れ出す方がよいという意見もある）。

解決の具体的な方法は，まさに"case by case"であるが，たとえば，「子どもとの信頼関係を形成し，十分話し合いができたとき，親か教師が先ず外に連れ出す，出来るだけ自然な仕方で学校の近くまで散歩する。──ある日，校門を一歩入ってみる──次に，たとえ10mでも校門内に足を踏入れさせる──校舎の入口まで近づいていく・・・」というように，子どもの性格などを考慮して個別的に計画を立てること。この場合，時間的には他の生徒のいない時間，つまり朝早くか，夕刻以後がよい。

担任教師が家から外へ連れ出すことが，最初の一歩である。

3）進級・卒業の問題

「学校へ行かない，あるいは行けない」ことで，保護者はもちろん，本人が進級・卒業を気にしていることがかなり多い。それが，元来の不登校の原因に加わりストレスが倍加する。その点を十分考慮し，両面から，また関連させながら対応しなければならない。

文部省の考え方では，現在の教育制度（義務教育課程）において，進級・卒業の条件は，教育課程を十分履修したかどうかという意味で，学習の評価がなされたかを基準とするが，実際は出席日数が問題とされることがよくある。

実社会においては「中卒」は働く上での基本的条件になっており，高校への進学も同じである。したがって，出席日数の不足で卒業できないことが，もし生ずるとすれば，不登校の中学校生徒とその保護者には大きな問題である。

実際上，卒業の認定は，学校長の職務権限内のことであるから，その判断に任されており，多くの中学校では，本人・保護者の希望を聞き，本人の将来を

考慮して卒業させている。しかし，不登校生の実態は，年間の出席日数が０または０に近いケースが多く，卒業認定をためらい，留年にする学校もある。この場合，１年経過後は，義務教育年限が超過し，その理由で，「公立義務教育機関には，受け入れる義務がなくなる」として，退学処置をとる地方教育委員会もあり，その場合，不登校生には，厳しい状態が生ずる。

今までは，不登校の子どもが，公立・民間の教育機関にカウンセリングを受けに行っても，あるいは相談・指導の各施設による不登校の子どもらに対する教育活動に参加しても，すべて，欠席とされていたが，1992（平成４）年９月24日，文部省がそれらのケースを「出席扱い」にする通知を出した。卒業に絡んで明るい決定であり，不登校問題の１つの前進であるが，前記「退学処置」について，地方教育委員会の，法の解釈の不統一から，生徒の進路保証が十分果たされないケースが，今後も起こる可能性がある。この問題も含め，今後なお幾つも考えなければならない教育上の問題があると考えられる。

［参考資料］　平成２年度・文部省の調査結果（学校基本調査）

表7-2　(表2)登校拒否になった直接のきっかけの区分

区　分	内　容
学校生活での影響	・友人関係をめぐる問題（いじめ，けんか等） ・教師との関係をめぐる問題（教師の強い叱責，注意等） ・学業の不振（成績の不振，授業がわからない，試験が嫌い等） ・クラブ活動，部活動への不適応 ・入学，転編入学，進級時の不適応 ・学校のきまり等をめぐる問題
家庭生活での影響	・家庭の生活環境の急激な変化（父親の単身赴任，母親の就労等） ・親子関係をめぐる問題（親の叱責，親の言葉・態度への反発等） ・家庭内の不和（両親の不和，祖母と母親の不和等本人にかかわらないもの）
本人の問題	・病気による欠席 ・その他本人にかかわる問題

表7-3 （表3）登校拒否のタイプ（態様）

区　分	区分の説明
学校生活に起因する型	いやがらせをする生徒の存在や，教師との人間関係等，明らかにそれと理解できる学校生活上の原因から登校せず，その原因を除去することが指導の中心となると考えられる型
あそび・非行型	遊ぶためや非行グループに入ったりして登校しない型
無気力型	無気力でなんとなく登校しない型。登校しないことへの罪悪感が少なく，迎えにいったり強く催促すると登校するが長続きしない
不安など情緒的混乱の型	登校の意志はあるが身体の不調を訴え登校できない，漠然とした不安を訴え登校しない等，不安を中心とした情緒的な混乱によって登校しない型
複合型	登校拒否の態様が複合していていずれが主であるかを決めがたい型
意図的な拒否の型	学校に行く意義を認めず，自分の好きな方向を選んで登校しない型
その他	上記のいずれにも該当しない型

第3節　生徒の反社会的問題行動

§1　盗　み

　反社会的問題行動，いわゆる非行の初期にあらわれやすく，数の上でも非行の中心といわれるほど多い。また，この行動から，より問題性のある行動に移ることも，かなり多いとされる。

(1) 盗みの種類

　家のお金を無断で持ち出す――から始まり，遊びに行った友人の家の金や物品を盗む，百貨店・スーパー・一般商店での万引きなどが主である。

占有離脱物横領（家の玄関先や，駅前などに放置されている自転車を盗む[子どものいう「チョイ借り」]）も多いが，中学生のオートバイ盗や自動車盗のケースまである。しかし，この場合は，売って金を手に入れようというよりも，「自動車社会」の影響から，「乗りたい」「乗り回したい」という欲望のままに行動しているのが実態である。

(2) **問題行動の背景にあるもの**
① 「心」よりも「金」や「物」に重点の置かれる，「豊かさ」の歪みともいうべき社会の風潮。
② 家庭の教育力の低下，基本的生活習慣の形成努力の欠如，とくに「善悪の判断」についての躾の不足。

(3) **問題行動の児童・生徒の状況**
① 欲求に対する抑制心が足りず，欲望のままに行動する。
② 集団化の傾向があり，集団のボス的な者に引きずられやすい，主体性の少ない者が多い。
③ 盗みを，犯罪とか深刻な問題と考えないで，ゲーム的な感覚で行い，罪の意識が薄い。
④ 見つからないように，要領よくやればよいと考える傾向がある。

(4) **教師の対応**
① 平素から「特別活動（学級活動）」の時間等で，「善悪」について繰り返し取り上げ，周知徹底するよう努力する。そのような教師の姿勢から「自分たちの先生は，盗みを初め反社会的な行為には大変厳しい人だ」という気持ちを児童・生徒に植え付けることも大切である。
② もしクラスの児童・生徒に過ちを犯した子があれば，行為に対しては厳しく叱ると同時に，偏見を持たないよう自戒しながら，暖かい気持ちで二度と繰り返さないよう，丁寧に事柄を理解させること。そのなかで，とくに行為の理由・原因については，穏やかな話し方・態度で，子どもの本音のところを聞くことが大切である。ときとして，思いがけない理由があっ

て，対応を考慮する必要がおこることもある。
③ 他生徒が察知して噂が広まらないよう，徹底的に注意すること。

◎ 「教師の対応」については，生徒の反社会的問題行動のいずれについても，基本的に同じである。

§2 暴力行為

中・高生の暴力行為には，対教師暴力・生徒間暴力・器物損壊の三種の校内暴力と，学校間暴力・家庭内暴力などがある。

多発して社会問題化したのは，1970年代後半（昭和50年代前半）から1980年代前半（昭和50年代後半）で，1983（昭和58）年以後しばらく減少の方向を辿ったが，1988（昭和63）年頃から再び漸増の傾向がみられる。

平成4年版の「青少年白書」によれば，1991（平成3）年の状況は次の通り。

(1) **対教師暴力**
① 被害教師数　　　中——753人，高——228人
　　加害生徒数　　　中——922人，高——279人
② 上の数字から，生徒の単独行為が多いことが推測される。
③ 上記の内，警察が処理した事件は，
　　　　　　　　　　中——368件，高——12件

(2) **生徒間暴力**
　　被害生徒数　　　中——3095人，高——1522人
　　加害生徒数　　　中——5122人，高——2769人

(3) **器物損壊**

学校の施設などを壊す暴力行為である。これは，すべての校内暴力の前触れともいわれる行為であり，落書き・ドアガラス・窓ガラス・ドア・天井板・便器の破壊など，校舎の至る所が対象とされ，一目で学校の「荒れ」が感じられる状態になる。また，このような破壊された学校環境が，更に他の校内暴力を

誘発する悪循環の一因になる。

　発生学校数　　　　　中──245校｜　発生件数　中──499件
　（1984-S.59-年）　　高──　69校｜　　　　　　　高──118件
　　　　　　　（同一の生徒・グループが繰り返し行っていることが多い。）
　加害生徒　　　　　　中──813人，高──153人

　上記，発生件数と比べれば，単独ですることもあるが，複数でするのが多いことがわかる。[3)]

　以上3種の暴力行為は，家庭教育の問題，社会風潮の関係など各種の事情が重なっているが，直接的には，粗暴な生徒の自己顕示，および学校に対する反抗行為による者が多く，その背景には例外なく学校（教師）不信がある。また，後述の「いじめ」は，ほとんどこの事件に繋がる。

(4) 学校間暴力

　中学生に多い。他校生に誰かがいじめられたとか，恐喝されたなどの報復にグループを組み，多数で相手校に押しかけたり，相手校グループを呼び出して，近くの公園などで，集団で喧嘩をする。

　他校の校門まで押しかけて示威的行動をすることはあっても，校内に乱入して暴力を振るうことは少ない。

　事前にキャッチできる場合も多く，情報を得れば，即刻，双方の教師間で連絡を取り合って，未然に防ぐよう努力すべきである。

(5) 家庭内暴力

　中学生が多いが，近頃は小学生（高学年）にもみられる。

　子どもにも問題はあるが，親の対応の仕方にも問題があって起こることが多い。自己本位，わがままな性質の子が多く，とくに学習面での不振から，勉強嫌いによる意志的な不登校（登校拒否）に陥り，両親の厳しい叱責に対抗して暴力を振るうケースが多い。

　家庭で暴力を振るう子どもは，概して気の弱いものが多いようである。教師や親戚の人などには，不満があっても暴力は振るわず，身近かな両親にだけ行

動するケースがほとんどである。親の姿勢，対応の仕方の根本的な変更で，わりに簡単に収まるものである。

§3 性非行

(1) 性非行の型
「生徒指導ハンドブック」[4]によれば，性非行の型は，次の4型とされる。
① 攻撃型性非行……強姦，強制わいせつなど。
② 遊び型性非行……不純異性交遊，性行為が遊びまたはその延長としてとらえられているもの。
③ 利欲型性非行……売春行為など。
④ 倒錯型性非行……性器露出・のぞき・下着盗のように，通常の性行為を目的とせず，その<u>代償的行為で性的満足を得ようとするもの</u>（下線は筆者）。

(2) 近年の傾向
① 上記の分類のうち，②遊び型性非行と，③利欲型性非行が増加しているといわれる。いずれも高校生に多いが，とくに③は，ほとんど高校生の問題と思われる。
② 上記の，④については，このタイプの通りではないが，下線を求める一部男子高校生の屈折した気持ちを利用して，女生徒の，③の類似行為（売春行為ではなく，自分の下着を売るなど）が，現れ出したといわれる。
③ 上記の分類には入らないが，互いに好きだったら，(性的に) 何をしてもよいという単純な発想があり，高校生のみならず，中学生にもみられる。
　　また，これは特定の男女の関係の場合で，本人同士が「きわめて真面目な交際」と考え，性非行の感覚が皆無であり，ただちに他の性非行と同一視するわけにもいかない。しかし，この場合でも，社会的・経済的条件を考えていないから，たとえば妊娠に至れば，きわめて重大な問題につながる。また，その被害は絶対的に女子が被ることを，十分に教えるべきであ

る。

　このようなケースは性に関する正しい意識・感覚の欠如という点では他の性非行と共通の部分があり，「性の逸脱行為」として広義の性非行に入る。しかし，平素からの性教育の徹底によって防ぐことができると考えられる。

§4　いじめ

1)　1985（昭和60）年前後に比し，表面上減少しているが，決してなくなってはいない。むしろ陰湿化して，一層キャッチし難くなっている。また，不登校の原因のうち，かなりの数が「いじめ」に関係があるとされる。したがって，他の問題行動と同じく，可能な限り早期に発見指導することが望ましいことはいうまでもない。学校では，生徒の反社会的行動の中で，もっとも数の多いケースであり，これがない学校は見当たらないといっても過言ではないと思われる。

2)　現象として
　　ⓐ　疎外（無視）
　　ⓑ　言語によるもの（ことばの暴力）　　　［二次的なもの］
　　ⓒ　暴力行為　　　　　　　　　　　　　　告げ口に対する報復

上記に該当しない，小さな「意地悪」でも，内容・結果からみて「いじめ」といえることがあるから注意を要する。

「いじめ」と「遊び」の区別にも注意を払うこと。「遊び」を過度に懸念する必要はないが，近頃は，周囲に大人の目があるときは，それを意識して「遊びを装ったいじめ」すら，小学生の間でみられるようになっている。

3)　複数（多数）の者が1人を対象にするケースが多い。

4)　暴力行動をとる者も，性格的に弱い子が多い。

5)　「いじめられる側にも問題がある」という発言は，加害者を弁護するニュアンスがあり決して言ってはならない。加害児童・生徒に何らかの言い分

があっても「行為」そのものは決して許されるものではない。

6) 加害者の指導と全く別個の指導として，いじめられる子どもに対してその体質改善など，今後の根本的な解決のために取り組むことは必要である（発散の方法・自己の顕現化その他）。

§5 飲酒・喫煙

未成年者飲酒禁止法・未成年者喫煙禁止法によって，中・高生の飲酒・喫煙は禁止されている。しかし，罰則も軽く，また法が執行された事実も余り見聞しない。したがって，他の法律に比べ，社会全体に判断が甘い傾向にある。保護者の中には，法で禁止されていることも知らない場合すらあって，生徒の認識も不十分な面が見受けられる。

中・高生が非行に走る第1の兆候は服装の乱れと飲酒・喫煙であるといわれている。また，反面，最近では飲酒・喫煙（とくに喫煙）はごく普通の生徒の間にも多くみられるともいわれる。確かに増えてはいるが，「ごく普通の生徒の間にも多くみられる」というのは少しオーバーではなかろうか。高校生が文化祭・遠足などの学校行事の後に，ときに行うコンパでは，飲酒についてそれはいえるが，やはり問題を抱えた生徒にみられることが圧倒的に多い。

中学生では飲酒は少なく（非行グループが何処かの家に集まった場合にすることはあるが），反抗の示威的行為としての喫煙が多い。非行と直接つながる以前のこととして，「好奇心から，背伸びして大人の世界をのぞく行為」とする見方もあるが，これは少ない。喫煙を発見した時，その生徒に対しては当然個別指導が必要であるが，一方で生徒全体に対して「特別活動」の時間を用い，喫煙の弊害について保健指導を行うことは必要である。

§6 暴走行為・暴走族

警察庁の定義によれば，「暴走族」とは「自動車等（四輪普通自動車・自動二輪車・原動機付自転車）を運転し，集団で最高速度違反，信号無視，整備不

良車両運転等の暴走行為を行う者」であり，1985年の警察庁の調べでは，有職少年が数の上では圧倒的に多く，8割強を占める。残りが学生・生徒で，校種は詳らかでないが，ほとんどが高校生と思われる。

　暴走行為の問題点は，道路の速度制限を無視して猛スピードで走るとか，信号を無視してつっ走ることで，通行中の一般の自動車や，通行人に危険をもたらすだけでなく，社会的にきわめて大きな問題とされるのが「騒音」である。暴走行為は深夜に行う上に，車のマフラー（排気管）に手を加えて，ことさら大きな音を響かせて走るから，道路周辺の家庭に大きな迷惑をかける。また，一般市民が，その行為を注意すると，多数で暴行を加えることもあり，大きな社会問題の一つである。

　※　期待族

　中学生を主体に，深夜，幹線道路端に集合し，暴走族に声援をおくる等の行動をする少年たち。数年前から急速に増加。「暴走行為」を単にみているだけでなく，集団で屯する状態の中での喫煙，更にはシンナー吸引・不純異性交遊等，関連問題行動を併発する。

第4節　問題行動と懲戒

§1　懲戒（懲戒権・退学・停学）

　学校教育法第11条では次のように定めている。

　「校長及び教員は，教育上の必要があると認めたときは，監督庁の定めるところにより，学生，生徒及び児童に懲戒を加えることができる。ただし，<u>体罰を加えることはできない</u>。」（下線＜筆者記入＞の主旨は明治12年の教育令にもみられる）

（1）　懲戒とは

　平明にいえば，法（学校教育法施行規則）の認める範囲で，学校が生徒を処

罰する，あるいは教師個々が児童・生徒を叱ることを指す。しかし「…教育上の必要があるとき…」(上記，学校教育法11条)に行うものであるから，当然一時的な，また個人的感情によるものであってはならない。

(2) 懲戒の種類

「生徒指導ハンドブック」によれば，懲戒には2種類ある[4]。

1) 法令で定めるもの——退学，停学，訓告（校長の権限）[学校教育法施行規則第13条・第2項]
2) 事実行為としての懲戒—叱ったり，立たせたりすること。

(3) 退　学

学校教育法施行規則第13条・第3項によれば，退学は公立小・中学校ではできない。また普通は，高校・大学での問題であり，それが認められるのは次の場合である。

- 性向不良で改善の見込がないと認められる者
- 学力劣等で成業の見込がないと認められる者
- 正当の理由がなくて出席常でない者
- 学校の秩序を乱し，その他学生または生徒としての本分に反した者

国・私立小中学校は法の上では規定されていないので，上記に準ずることが認められていると解釈される。

国・私立小中学校では上記の理由でも，実際上「自主退学」の形をとることが多い。しかし，名目は何であれ，義務教育課程（学齢児童・学齢生徒）の段階でのそのような処置は，学校の，教育上の姿勢に問題を含んでいて，受け入れ先の地域公立小・中学校（本人の居住地の学校）ではきわめて疑問視している。

なお，公立高校での授業料未納者は，退学処分にすることができることになっている。

(4) 停　学

停学は懲戒の1つであり，学校教育法施行規則第13条・第4項では「停学

は学齢児童・生徒に対しては行うことができない。」とされている。また,「自宅謹慎」「自宅学習」などは,実質上「停学」にあたるものとされる。したがって,どのような表現であろうと,懲戒としての出校禁止の処置は,国公私立を問わず小・中学校では行ってはならない。

(5) 体 罰

法務庁の見解では,体罰とは,「身体に対する侵害を内容とする懲戒」である。

懲戒はときに体罰と結びつく。教師に悪意がなく,むしろ児童・生徒を善導する気持ちが根底にありながら,焦りや児童・生徒の態度に触発されて感情的になって,体罰を引き起こすことが多い。

体罰は,人権侵害行為として,法務関係機関が常に強い関心を持っており,今までもたびたび見解が表明された。「殴る・蹴る」の行為が,普通いわれる体罰であるが,どこまでが懲戒として認められるか,その限界について,法務府の発表が具体的でわかりやすいので次に記載する。

---

(1) 用便に行かせなかったり食事時間が過ぎても教室に留め置くことは肉体的苦痛を伴うから体罰となり,学校教育法に違反する。
(2) 遅刻した生徒を教室にいれず,授業を受けさせないことは例え短時間でも義務教育では許されない。
(3) 授業時間中怠けた,騒いだからといって教室外に出すことは許されない。教室内に立たせることは体罰にならない限り懲戒権内と認めてよい。
(4) 人の物を盗んだり,こわしたりした場合など,こらしめる意味で,体罰にならない程度に,放課後残しても差支えない。
(5) 盗みの場合などその生徒や証人を放課後訊問するのはよいが自白や供述を強制してはならない。
(6) 遅刻や怠けたことによって掃除当番などの回数を多くするのは差支えないが,不当な差別待遇や酷使はいけない。

［昭・34・8・2：法務府発表］

また,上記を補足する法務府の見解の要旨を記しておく。

一般的にいって,被罰者に肉体的苦痛を与えるような懲戒は体罰に当る。たとえば端座・直立等,特定の姿勢を長時間にわたって保持させるような懲戒は

体罰の一種である。また直立を例にとっていえば，同時間立たせても教室内と炎天下（あるいは寒風中）では，子どもの身体に対する影響が全く違う。さらに個人差もあるから，それらの点を十分配慮しなければならない。

(6) 出席停止

表面的には，停学と似た感があるが，まったく異なる主旨から定められているものに「出席停止」がある。これは学校教育法第26条，40条に規定されているが，この処置についての昭和58年12月5日の，文部省初中局長通知を基に要約し，説明する。

1) 公立の小・中学校で認められている処置であること。
2) 本人に対する懲戒からでなく，学校の秩序維持と，他の児童・生徒の義務教育をうける権利を保障するためのものであること。
3) 本人に対する命令・処置ではなく，保護者に対して行われる命令・処置である。
4) 市町村教育委員会の権限と責任において行われる（校長に権限を委任することは可）。
5) 保護者に対して文書が交付される（緊急の場合は口答に依って命ずることも可）。

第5節 問題行動と関係機関・施設

問題行動の少年の補導・保護・矯正に関係のある機関には，次の各種のものがある。

(1) 家庭裁判所
1) 触法少年・虞犯（ぐはん）少年の審判を行う。
2) また，その審判に必要があるときは，
  ① 家庭裁判所調査官の観護に付する。
  ② 少年鑑別所に送致する。
 ことがある。

3) 審判は，次のいずれかの保護処分が決定される。
  ① 保護観察所の保護観察に付すること。
  ② 教護院または養護施設に送致すること。
  ③ 少年院に送致すること。
(2) 少年鑑別所
1) 家庭裁判所から送致されたものを収容する。
2) 家庭裁判所の少年に対する調査や審判のために，少年の資質の鑑別を行なう。(医学，心理学，教育学，社会学その他の専門的知識を基にして)
  期間：2週間（特別の事情があれば更に2週間まで）
(3) 少年院
「少年院は，家庭裁判所から保護処分として送致された少年を収容し，これに矯正教育を授ける施設とする。」（少年院法第一条）
  種類：① 初等——心身に著しい故障のない，14歳以上16歳未満の者
      ② 中等—— 同   16歳以上20歳未満の者
      ③ 特別——心身に著しい故障はないが，
              犯罪的傾向の進んだ   16歳以上23歳未満の者
      ④ 医療——心身に著しい故障のある，14歳以上26歳未満の者
          原則20歳まで   （少年院法第2条より要旨）
(4) 教護院
  児童福祉法（第四十四条）に基づいて，不良行為をしたり，または不良行為をする恐れのある児童（中学生も含む）を，入院させて教護することを目的とする施設である。宿舎は院内にあり，教員は家族ごと同じ宿舎に寝起きして，父母代わりの世話をする。日夜を分かたぬ親身の教育活動によって，人に対する不信感が取り除かれ，入院後，短期間に望ましい方向に変化をみせる子どもも多く，その活動は高く評価されている。
  各都道府県に，公立のものが1～2設置されている。

(6) 前項以外の児童福祉施設——養護施設・精薄児施設・盲聾唖施設・虚弱児施設・肢体不自由児施設その他

　この項の施設は，公立以外に，私設のものが各地に作られている。その中には，設立者の善意による献身的な経営によって，高く評価されているところもあるが，一方，運営の姿勢に問題があって，社会的問題にもなる事件を引き起こすところもある。したがって，入所先の選択には慎重な検討が必要である。

(7) 児童相談所

　都道府県は，「児童福祉法第十五条」により設置を義務付けられている。（一時保護所：児童相談所の管轄下に設置されている。たとえば，家出少年が見つかり保護したが，家庭の事情で，即日，家人に引き渡せないようなとき，一時的に——数日間——預かって貰うところ）

(8) 青少年補導センター

　市町村教育委員会が設置している。その市町村の公立小・中学校の問題行動の相談にのるほか，地域の父母の相談にも対応する。

§1 各機関の関係

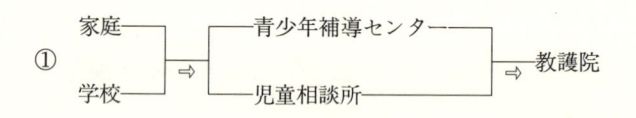

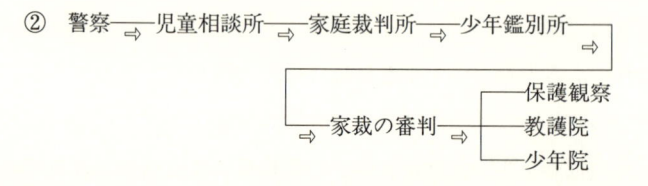

① 家庭・学校 ⇒ 青少年補導センター／児童相談所 ⇒ 教護院

② 警察 ⇒ 児童相談所 → 家庭裁判所 → 少年鑑別所 ⇒ 家裁の審判 ⇒ 保護観察／教護院／少年院

（奥　俊治）

引用文献
1) 高垣忠一郎『登校拒否とその周辺』部落問題研究所 1991 年
2) 石郷岡泰『登校拒否・子どもを救うカウンセリング』講談社 1993 年

3) 総務庁青少年対策本部編 平成4年版『青少年白書』大蔵省印刷局 1993年
4) 文部省教職研究会編『生徒指導ハンドブック』教育開発研究所 1985年

参考文献
5) 編集代表：伊藤隆二・隠岐忠彦・花田雅憲監修：黒田実郎『乳幼児発達事典』岩崎学術出版社　1985年
6) 仙崎武・渡辺三枝子・野々村新編著『生徒指導論』福村出版　1991年

第8章　生徒指導の評価

第1節　生徒指導の評価の原理

§1　教育評価と生徒指導の評価

　教育評価のもつ基本的な原理は，学校における諸活動全体をそのフィールドとして，学業成績を含めた，生徒の全人格の発達を評価することであり，その評価にあたって教師は，日常の学校生活における生徒の行動や興味・関心，価値観などの変化や適応を正確に理解していかなければならない。

　生徒指導における評価も，基本的には教科指導におけるそれと対等の意義と価値をもつものである。そのさい，教科指導の評価が生徒の学力の伸長を中心に測るのに対し，生徒指導においては，いまひとつ評価の基準や尺度があいまいであり，また明確な評価項目が示されているというわけでもない。この点が，今までも生徒指導がその必要性や重要性を十分に認められつつも，教科指導を中心にした学校体系のなかにおいて，十分な位置付けを与えられてこなかった要因のひとつであると思われる。

　しかしながら，ここ最近の現状では，教員免許法の改訂にともなって，生徒指導が，大学において教職課程の必修単位となり，生徒指導に対するニーズの高まりは，混迷する教育現場における要請ともいえる。

　教育方法論のなかでは，評価に関して「PLAN」（教育計画）―「DO」（教育活動）―「SEE」（教育評価）というサイクルが基本的なコンセプトとして提唱されているが，本来評価とは，教育目標に適合した教育計画に基づく教育実践

第 8 章 生徒指導の評価　179

がなされ，それがどの程度達成され，成果を上げ得たのかを測るものである。

また，同時にその評価結果は生徒のみならず教師にとっても自らの教育実践の是非を問う指針となるべきものであり，評価結果を有効に活用して以後の教育計画の策定に役立てるといった循環があるべき姿である。つまり，評価が次なる教育計画の指針となるのである（図8-1参照）。

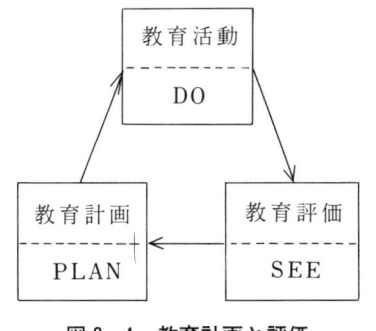

図 8-1　教育計画と評価

もともと，学校における教育実践には，必ずその結果や成果にたいしての評価がともない，これらは表裏一体のものとして理解されてきている。しかし，現在の教育現場の多くは，とりわけ教科指導における評価，言いかえれば，学業成績にその重点を置き過ぎるきらいがある。そのために，学校教育そのものが「偏差値教育」などと酷評され，「評価」が点数・序列主義の根源であるかのような，イメージをもたれてきたのである。

これは，学力を教育評価の中心においた，最近の学校教育の課題から発生してきたものであり，本来の評価のあるべき姿とはほど遠いものであることはいうまでもない。

しかし，これは何も教育現場だけにその原因があるのではない。生徒自身のみならず，家庭における親や，その周囲をとりまく社会までが徹底して学業成績にのみ関心を持ち，教育のプロセスが軽視されてきた結果であり，いうなれば試験の点数や偏差値がすべての価値を代弁するかのような「学歴社会」が生んだ弊害である。「学歴社会」についての考察は，第5章に詳しいので参照してもらうとよいが，こうした社会への警鐘の意味も込めて，まずは教師の側からの変革が求められるのではなかろうか。教育評価のもつ意味を正しく理解するならば，教科指導の成果のみを評価の対象とするのではなく，学校における

教育活動の全般を通して、生徒が望ましい人格的な発達をしているのかという大局に立って判断をしていく必要がある。

このように考えてくると、生徒指導における評価とは、学校における教育活動のすべての領域と範囲を含んでなされるものであり、生徒の発達段階にあわせて、個々人がどの程度教育目標にてらして、その成果が達成されたのかを測るものであるとともに、評価そのものが、教育活動の一環として把握されなければならないことが理解できる。また、その評価は、生徒が人間的に成長するプロセスのなかで、学校生活における諸活動を通じて、どの程度効果的に成長したのかを、教育目標に照らして判断する基本的な資料となるものであり、同時に教師にとっても自らの教育実践の是非を問われるものなのである。

§2 生徒指導の評価の視点

生徒指導には、教科指導における評価のように、教師が明確な基準をもって一方的にイニシアティブをとるといった形態はなじまない。

また、生徒指導は、同じ教科外教育の範疇にあっても（厳密にいえば、教科外教育ではないのだが）、特別活動におけるホームルーム（学級会活動）や学校行事、クラブ活動などのように、領域が明確で時間も設定されているというわけでもない。したがって、「生徒指導の評価」という場合には、その主体と対象を入れかえることによっていくつかの異なった視点からの解釈が可能である。ここでは、まず図8-2のような整理をしたうえで以下の論を進めてみたい。

Aは教師の行った生徒指導が、計画・実践・評価といったサイクルを通して、適切なもの

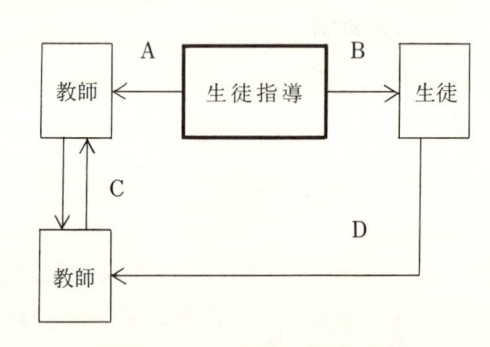

図8-2 生徒指導の評価の分類

であったか否かを自らに問い，その成果を自らが評価して以後の指導方法を改善するための「フィードバックの評価」である。

Bは生徒指導の評価という場合の一般的な解釈で，教師が生徒を指導し，生徒を評価する場合に用いる「生徒に対する評価」である。

Cは生徒指導をする教師間の相互評価であり，管理職や生徒指導の主事，生徒指導に熟練した教師が，他の教師の生徒指導の方法や技術を指導していくための評価である。いわゆる「教師間評価」ともいえる。

Dは最近よく耳にするアクレディテーションのひとつであり，教師の生徒指導の方法やその効果，あるいは能力について，生徒から教師を評価するものである。義務教育段階や高等学校ではまだ定着してはいないものの，教授内容や方法に限って論ずるならば，大学ではいくつかの試行がなされてきている。今後はこうした「生徒の教師評価」も，生徒指導については，教育現場に導入されるようになってくるのかもしれない。

これらAからDまでの4つの分類視点を大別すると，Bのように教師が行う「生徒を対象とした評価」と，A・C・Dのように，「教師を対象とした評価」の2つに分けられる。次節では，まずBのような，教師が生徒をその対象として評価をするという視点に立って，「生徒に対する評価」について考察していくことにする。

第2節　生徒指導と「生徒に対する評価」

§1　「生徒に対する評価」の教育的機能

文部省の定義によれば，生徒指導とは，以下ようなの目標をもつ教育的機能である。

一人ひとりの生徒の個性の伸長をはかりながら，同時に社会的な資質や能力・態度を育成し，さらに将来において社会的に自己実現ができるような資質・態度を形成していくための指導・援助であり，個々の生徒の自己指導能力の育成を目指すものである[1]。

この定義のなかで，評価に関連してとくに注意しなければならないのが「自己指導能力の育成」という部分である。この言葉は「自己教育力」などと同義で用いられることがあるが，学校教育を通して形成されるべきこの能力は，生徒が社会生活を営むうえで直面するであろうさまざまな問題や場面において，どのような方向への選択をすることが最善であるのかを，自らの判断によって決定し，確信をもって行動できるようにすることである。その能力の形成に関わって指導・援助すべき立場にある教師は，生徒が自己判断できるだけの価値観をつくれるように資料を提供し，それを促進しなければならない。生徒指導における教師の「生徒に対する評価」は，そうした生徒の判断が不適切である時に，単に禁止的な統制をするのでなく，建設的に意識変革を促すようなものである必要がある。以上のような視点からは，とりわけ適切な指導計画の作成と進路指導の充実が重要となる。

「中学校及び高等学校学習指導要領（総則）」では，生徒指導は教育課程のひとつであるとして，生徒指導において，指導計画を作成したり，進路指導をするさいに，次の点を配慮すべき事項としてあげている。

教師と生徒および生徒相互の望ましい人間関係を育て，生徒が自主的に判断，行動し積極的に自己を生かしていくことができるよう生徒指導の充実をはかること[2]。

生徒が自らの生き方（在り方生き方）を考え，主体的に進路を選択することができるよう，学校の教育活動全体を通じ，計画的，組織的な進路計画を

行うこと。[3]

　指導計画は生徒の人格的な発達の方向性を示すための指針となり，これをできるだけ具体的な実行目標として生徒に理解させるためには，「クラス目標」として項目を設定したり，特別活動（とくにホームルームなど）の「シラバス（授業計画）」を作成して生徒に配布するという形で，明確に生徒に示す必要がある。また，進路指導においても，生徒の発達段階に応じた職業的社会化を促進するための資料を計画的に提供し，生徒に自らの興味や関心を追求する姿勢を教えたり，クラスにおける立場や，現在の社会との関わりを認識させ，自己のアイデンティティを確立させるための援助をしなければならない。

§2　「生徒に対する評価」の方法と内容

(1) 客観的評価

　生徒に対する評価にはいくつかの方法が考えられる。とくに生徒指導における評価では，教科指導における評価（たとえば学力考査における客観的な点数など）とは違い，とりわけ教師の主観が入り込みやすいので，客観的な方法も導入しながら，生徒の全人格的理解につとめることが大切である。そのためには，担任の教師を中心として，日常から生徒と接する教師相互の情報交換によって総合的に生徒を評価していかねばならない。また，そうした教師の側からの一方向的な評価に偏ることなく，生徒の自己評価や生徒間の相互評価などを積極的に導入していくことも必要である。具体的には，学期末や学校行事の前後などに，それまでのクラスの状況や雰囲気についてのテーマを具体的に設けて，自分はどう関わってきたのかといった作文を書かせたり，アンケートをとるといった方法によって，生徒（あるいは生徒同士）が何を考え，何を求めているのかについて理解することも重要である。

　やや重複するかもしれないが，ここでは，生徒の評価をする場合の，教師の

主観的な判断のもつ意味を否定しているのではない。しかし，それがすべて有効であり，絶対であるとも言い難いことは事実である。たとえば，高等学校には，学校の格差のレベル（学校階層差）が存在するが，それによって教師集団そのものの価値観が異なることがある。進学校の教師と非進学校の教師では，生徒に要求する価値観に差がみられることは先行研究の明らかにするところである。これは，進学校の教師が教科指導を重視し，非進学校の教師は，生徒指導を重視しているという日ごろの教育活動の差異が，生徒に対するパースペクティブの違いの背景となっているからである。つまり，一見客観的にみえる教師集団全体の価値観そのものにもバイアスがないとはいえない。したがって，より客観的な評価をするための資料として，各種の標準検査（たとえばY-Gテスト，MPI等の性格検査，適性検査や作業能率検査，各種の面接法など）や定期的な記録の測定といったことも必要となる。また，休憩時間や登校・下校の時間などの生徒の日常行動を参与的に観察するといった方法があり，これらは，すべて生徒に対して共感的，許容的な理解をすることが必要となる生徒指導には必然的に要求されるのである。

(2) 総合的評価

生徒指導の評価は，画一的で一方向的になってしまう傾向があるので，生徒の全人格的把握につながるように配慮し，生徒の成長と発達を総合的かつ包括的にとらえる必要がある。

教育の総合的な理念のなかには「文化遺産の伝達」という要件がある。したがって，学校における教育実践は生徒の知的側面を強化するだけのものではなく，社会との関係のなかで「自己を生かす」にはどうしたらよいのかを創造する，「自主的態度を育てる」という側面も合わせもつのである。これは，初等教育の段階から継続して行われるべき視点であり，小学校の学習指導要領（たとえば，生活科の目標）にも「具体的な活動や体験を通して，自分と見近な社会や自然とのかかわりに関心をもち，自分自身や自分の生活について考えさせるとともに，その過程において生活上必要な習慣や技能を身に付けさせ，自立

への基礎を養う。」と記述されているのは，そのためである。

　J. ペスタロッチによる「生活が陶冶する」という概念は，以後の進歩主義教育の思想に受け継がれ，J. デューイらの経験主義的な教育思想家による進歩的経験主義教育運動として実践されたことは，教育史の明らかにするところである。

　平成元年に告示され，平成4年4月より施行された「小学校学習指導要領」において新たに「生活科」の新設が示されたが，これも小学校低学年における知育重視に対する反省に出発すると考えてよい。この「生活科」の導入も新しい教育的価値を生みだそうとした試みであり，知的側面の強化という画一的・一方向的な評価の不適切性を指摘する論拠となる。また，「生活科」は基本的に学級が単位となるので，事前指導を徹底させることが大切である。したがって，生徒指導においても，学級活動と深く関わるところがある。

　以上からも明らかなように，生徒指導の評価は生徒の全人格的な側面をとらえ，それぞれの発達や興味・関心，自主性等を重んじ，その評価にあたっては前述のような，さまざまな客観的方法も用いていく必要がある。

第❸節　生徒指導と「教師を対象とした評価」

§1　「教師を対象とした評価」とは

　学校教育において評価という用語を用いる場合には，およそ教師が生徒にたいして行うものであるという認識が一般的であろう。これは，教科指導の展開として，知識を豊富にもつ教師が，それらを体系的・系統的に生徒へ教授し，その達成を測るための「テスト」が存在するからである。

　しかし，とりわけ生徒指導においては，評価そのもののベクトルの方向が変化することも認識しておかねばならない。つまり，図8-2におけるAのケースのように，教師の行った生徒指導が，生徒にたいして適切なものであったか

否かを自らに問い，その成果を自らが評価して今後の指導方法を改善するための評価（フィードバックのための評価）や，Cのケースのように，教師同士が生徒指導の方法について互いに研鑽しあったり（教師の相互評価），Dのケースのように，アクレディテーションのひとつとして，教師の生徒指導の方法やその効果，あるいは能力について，生徒が教師を評価（生徒の教師評価）することのもつ意味付けも軽視できない場合がある。

このような，教師を対象とする評価の視点は，中央教育審議会が指摘するように，今後ますます求められていくであろう「多様な生徒に合致するような幅広い柔軟な教育」や，「個性を最大限に伸長させるための選択幅の広い教育」，「人間性を豊かに育む教育」に学校現場が呼応し，従来からの生徒指導のパラダイムを変化させるためには必要となってくるものであると考えられる。

§2 「教師を対象とした評価」の重点項目

(1) 指導計画に沿った評価をしているか

教師は，学習指導要領によって定められた，生徒指導の教育目標と内容にそった指導計画を作成し，生徒に対する評価は，それに基づいた教育実践の到達として行われなければならない。生徒指導における教育目標として，具体的には，人間関係の育成や，自主的な判断や行動の促進などが掲げられる場合が少なくない。このような教育目標のもとで，指導計画を学校単位，または学年や学級単位で作成するが，時には柔軟性をもたせ，学校や生徒集団の特性に合わせてある程度の自由裁量の範囲の中で指導計画は立案されるべきである。

しかし，その柔軟性はあくまでも生徒の学校生活や行動に対する方向付けをするための指針としてのものであり，教師の勝手な自己判断に委ねられたものでないことは明らかである。そして，生徒指導の評価は指導計画に基づく教育実践との関連のなかで行われるべき性格のものである。

(2) 継続的評価をしているか

生徒指導の評価は，学年進行に伴う学級担任の変更などによって，とりわけ

継続性や一貫性に欠ける側面をもっている。教育を発達的な側面からとらえた場合,個人にはそれぞれ家族や生育歴などに差異があり,これらは,広義には「教育環境」の違いととらえることができる。また同様に,興味・関心や価値観の差異,ないしは職業や進路の適性の差異は「学習志向」の違いであり,学習能力や運動能力の差異は「学習能力」の違いとみることができる。これらの違いは,互いに独立したものとみられがちであるが,根本的には相互にかなり密なる関係にある。

「学習能力」の違いは,定期的な考査や測定によって客観的指標が示され,継続的に指導することが容易であるが,「学習志向」は個人の発達にともなって刻々と変化するものであり,「学習環境」の変化によっては激変することもあり得る。

とりわけ,生徒指導の評価にあたっては,これらの要素が不可分な関係にあることに着目し,時系列的・縦断的な観点からの評価を求められる。たとえば,学年の進行や上級学校への進学などによる学級担任の変更は,現行の教育体制のなかではやむを得ないことではあるが,それによって,評価の観点がまったく異なってしまったり,評価そのものが根本的に変わってしまったりすることは,いたずらに生徒を動揺させるばかりか,生徒の「学習志向」そのものに影響を与え,正常な発達の妨げとなることも考えられる。

評価の一貫性を保つためには,担任教師の相互の綿密な連絡,連携が必要であることはいうまでもないが,小学校と中学校ないしは中学校と高等学校の接続における連絡,連携や同一学校内部の組織体制作りなどによる全校的な連絡,連携も必要となる。

また,学年団の組織を活性化させ,それぞれの学年に符合した生徒指導の目標や計画を策定し,学年共通の評価基準や評価項目を横断的に統一していく必要があることも忘れてはならない。

(3) 評価後の追指導を行っているか

生徒指導の面から生徒を評価する目的のひとつには,診断的な側面とともに

治療，改善的な側面もあわせもっていることを認識しておかねばならない。したがって，生徒理解の方法を含め，評価後の指導にも重点がおかれなければならない。そのさいに留意すべき点は，おもに「生徒に対する追指導」と「評価結果の自己活用」があげられる。前者を教師側からみた生徒にたいする評価の「指導的な機能」とするならば，後者は評価を行った教師自身の計画や指導法に対する反省や今後の改善・再活用のための，評価の「管理的な機能」ということができる。この管理的な機能については以下の(4)で評価結果の活用として詳しくのべることにする。

　生徒指導は，学校における教育活動の全般を通して行われるものであるという前提に立った場合，特別活動の領域と重なり合う部分が大きい。こうした指導には，まず，生徒を正しく理解することが求められる。生徒理解の方法としてはおもに，以下の3つの理解の仕方が用いられるのが一般的である。
　① 日常生活的理解
　個人的な主観が中心となり，親が子供を理解したり，われわれが友人を理解するしかたがこの理解である。したがって，接触の頻度や深浅によっては先入観や偏見も生じやすい。しかし，理解の方法としては基本的であり，教師の生徒に対するアプローチもここから始まる。
　② 診断的理解
　専門的な知識や経験を持った立場から教師が客観的・理論的に生徒を診断していく方法で，主に，行動や性格に問題をもつ生徒にたいして心理的検査や教育環境の調査，場合によっては，医学的な見地から診断しながら生徒理解を進めていく方法である。あまり客観的になりすぎると逆に生徒との心理的な距離ができてしまうきらいがある。
　③ カウンセリング的理解
　共感的理解とも呼ばれるように，面接などを利用して生徒の立場に立ったものの見方，考え方にそった理解の方法で，教育相談などによく見られる。カウ

ンセリングに対する理解が教師間の中で，十分にとれていない場合は，「生徒を甘やかす」「自主性が育たず，現状を肯定するだけ」といった批判が生まれやすい。

　これらの生徒理解の方法を組み合わせて生徒指導は行われるのであるが，教師は，生徒の人格形成には時間がかかることを含んでおかねばならない。それにもかかわらず，「多少問題は残ったとしても，ある程度のところで妥協しよう」とか，「時間的に，指導の効果を急ごう」といった程度の認識では，適切な生徒指導を行うことはできない。生徒を指導しながら，その効果のあらわれが遅いことを理由に，知的対応に切り換え，説諭して解決を急ぐような傾向は好ましいものではない。これでは帳尻を合わせるようなもので，何のための生徒指導なのか疑問の残るところである。

(4)　評価結果の活用をしているか

　生徒指導の評価結果の活用は，生徒に対する事後指導的活用と学校の指導計画や評価計画作成のための学内的活用の2つに分かれるが，ここでは評価を行った教師自身の，計画や指導法に対する反省や今後の改善，再活用のための評価の管理的な機能に着目して考えてみたい。

　前述のように教育評価は，その循環サイクルとして次なる教育計画の立案への指針となるべきものである。そのためには，評価にあたって，まず，学内の組織を構成する必要がある。生徒指導に関する組織としては「生徒指導委員会（高等学校などでは生徒指導部）」などが適している。委員会には評価計画の案を作成するための役割，生徒指導の実践への指導・運営的役割，学校評価の立場から生徒ではなく生徒指導そのものを総合的に評価する役割，それに基づいて，生徒指導の実施計画案の作成をする役割などがある。組織内容については他章に譲るとして，そのような組織のなかでは，具体的に担任や生徒指導担当の教師から「ホームルーム活動」などの状況報告が随時行われる。

　委員会の開催にさいしては，実際に生徒指導を実践するこれらの教師自身の

反省に立って，現状をよりよいものへと改善する積極的な視角が必要である。評価にあたっての資料は多いほど望ましい。生徒指導担当教師の主観的な意見や反省がどうしても主になってしまう傾向があるが，そこに客観的な視点からの調査資料が提供されると，さまざまな角度から生徒指導を評価することが可能となる。最近は，生徒指導についての建設的な意見を，生徒に自由に記述させる方法を導入する学校が増える傾向にあるが，これらも生徒指導の学校評価の資料として，十分活用できるものである。評価結果がまとまり一定の改善の方向が示された後，それを利用して，発展的で系統的な生徒指導を作り上げるための具体的な指導計画策定へとステップアップするのである。

このように，生徒指導の評価結果の管理的活用とは，一口でいえば教育計画を策定するための改善事項の作成への橋渡しであり，それには全教職員の理解と協力が必要，不可欠な条件なのである。

第4節　新学習指導要領と生徒指導の評価

§1　新学習指導要領のねらい

今回の新学習指導要領では，教育課程審議会の答申における「改善のねらい」にしたがって，小学校・中学校・高等学校を通して，主に次の方針に基づいた改訂が行われた。

- ○　21世紀を目指して社会の変化に主体的に対応できる心豊かな人間の育成をめざす。
- ○　人間としての生き方の指導を重視するとともに，そのことを通して道徳教育の充実を図る。
- ○　進路指導の一層の充実を図る。
- ○　日本人としての自覚を養い，国を愛する心を育てる。

○ 学校や生徒の実態に応じて，一層弾力的に指導が行われるようにする。
○ 小学校・中学校および高等学校の一層の一貫性を図る。
○ 教育課程の編成および実施にさいしての学校裁量の範囲を大きくする。

　また，これらに追記する形で高等学校においては「人間としての在り方生き方についての自覚を深める」指導を推進している。なかでも，特別活動については，具体的に「ホームルーム活動」「生徒会活動」「クラブ活動」「学校行事」をあげ，その教育目標を実践する場としているが，これらは，生徒指導にとっては，個人指導の場であるとともに，とりわけ集団指導の場として重要な位置付けをされており，評価という観点からみた場合も，「個人としての到達」と「集団としての到達」の両者を照合させるという役割を担うものであることを忘れてはならない。

§2　高等学校における指導要録の改訂と具体例

　文部省は，平成5年7月29日に，高校の指導要録の改訂を通知した。これによって，新高校学習指導要領が実施される平成6年度の入学生から，新しい指導要録が適用されることになった。
　この改訂では，高校教育の「多様化」や「個性化」に対応して，各設置者や学校の創意工夫を生かせるようにするというねらいを掲げて，各欄をこれまでのものから大幅に整理・統合し，簡素化を図ったのが，最大の改正点であるといえる。以下に，まず，新指導要録の特色としての，「小・中学校との指導の一貫性」のポイントを示し，具体的な内容を検討してみたい。

(1)　絶対評価の導入

　もともと，高等学校における評価は，「絶対評価」をその中心に置いていたが，小学校・中学校においても「絶対評価」の優位をうちだしており，評価の一貫性がみられるようになった。

(2) 新しい学力観に立つ評価

「学力」とは何か，という問題はこれまでも多く議論されてきたところであるが，教育課程審議会の答申の「国民として必要とされる基礎的・基本的内容を重視し，個性を生かす教育の充実を図ること」という学習内容の重点項目が示されるに至って「新しい学力観」という問題が提起されるようになってきたのである。

これまでのように多くの教科・科目が相互に結びついて構造化されているものとしての「学力」を，日常生活のなかで生きて働く力へと重心を移行させて，学習と連携させていこうというねらいがこの「新しい学力観」のなかには置かれているのである。これは，生徒のやる気（意欲）・興味・関心などのような，今まででは見落とされてきたところを，とくに重視して評価しようとするものである。たとえば，「文化祭の準備の時に，描画を根気強く作成し，細部の色調については特に彼の意見を参考とした。彼の意気込みには，クラスの友人も同調し，授業時間の中で見せるそれとはまた異なった意味でのリーダーシップを発揮した。以来，彼は自信を持ってクラスの美化運動にあたっている。」などという記述がよいであろう。このような評価の視点が加わることによって，日常的に生徒との接触を通した教師の視角の重要性が，より深く問われるようになったといっても過言ではない。

(3) 児童・生徒一人ひとりの長所を見いだす評価

児童・生徒の個性を尊重し，長所を把握することが前提となっているため，本人にとって「何が得意なのか」や，「何ができるのか」といった視点から評価されるようになった。指導要録への記入のさいにも，「……することができる」といった形式が用いられることによって，生徒を観察する場合の明確な指針ができあがり，生徒もそれに向かって努力することができるようになるのである。

生徒指導を評価する場合，その対象となるのは基本的にはその生徒について

である。したがって，人間形成の視点からとらえた場合，人間の資質をどのような尺度基準によって評価するのかという目安が必要となるが，この点についてはボウルズ（S. Bowles）とギンタス（H. Gintis）の以下のような指摘をもって換えたい。

　　現行の学校制度は，労働者としてふさわしい態度や行動を育成するという点でまさに適切なものとなっている。とくに注目すべきことは，職場で十分な勤務評定を与えられる性格特性と，教室で高く評価される性格特性との間に統計的に有意な相関が認められることである。[4]

また実際に，今回の高等学校の指導要録の改訂に伴って変更された項目の中から生徒指導に関連のある部分は，以下の2点である。
① 旧指導要録で「行動及び性格の記録」としてあった欄が廃止され，「指導上参考となる諸事項」が新設された。
② 「特別活動の記録」欄からは，評価項目が削除された。

加えて，こうした変更の背景のひとつには，教育情報の開示を前提とした部分も含まれていることを考慮しておかなければならない。

§3　生徒指導と指導要録の記入

現在，それぞれの学校における生徒指導の評価は，クラス担任による指導要録の記入によるものが大半を占める。しかし，この評価は，かなりあいまいな基準によるものが多く，これまでは，既成の観点項目にプラス（＋）のチェックを入れるだけであったり，所属クラブなどの事実を記入したりするにとどまっている。

また，「指導上参考となる諸事項」欄には，前述のように，学年の進行に適合させて，生徒の学校生活全体を見渡した場合に，特徴的にとらえられる項目を列記し，また，教科指導の時間等とも関連させながら，項目を設定するのが

様式例1（学籍に関する記録）

高等学校（全日制の課程・定時制の課程）生徒指導要録の様式例

区分＼学年	1	2	3	4
ホームルーム				
整理番号				

<table>
<tr><td colspan="4" align="center">学　籍　の　記　録</td></tr>
<tr rowspan="2"><td rowspan="2">生徒</td><td>ふりがな
氏　名</td><td rowspan="2">昭和・平成
　年　月　日生</td><td>性別</td><td>入学・編入学</td><td>平成　年　月　日
　　第1学年　入学
　　第　学年編入学</td></tr>
<tr><td>現住所</td><td colspan="2">転　入　学</td><td>平成　年　月　日</td></tr>
<tr><td rowspan="2">保護者</td><td>ふりがな
氏　名</td><td colspan="2">転学・退学</td><td>平成　年　月　日</td></tr>
<tr><td>現在所</td><td colspan="2">留　学　等</td><td>平成　年　月　日
〜平成　年　月　日</td></tr>
<tr><td colspan="2" rowspan="2">入学前の経歴</td><td colspan="2" rowspan="2">平成　年
　　　中学校卒業</td><td colspan="2">卒　　　業</td><td>平成　年　月　日</td></tr>
<tr><td colspan="2">退学先・
就職先等</td><td></td></tr>
</table>

学校名 及び 所在地 （分校名・ 　所在地） 課程名・ 　　学科名		年度	学年	校長氏名印	ホームルーム 担任者氏名印
		平成 　年度			
		平成 　年度			
		平成 　年度			
		平成 　年度			

(様式例1裏面)

各教科・科目の修得単位数の記録

教科	科目	修得単位数の計	教科	科目	修得単位数の計	教科	科目	修得単位数の計
国語	国語Ⅰ		芸術	〃		看護	〃	
	略			〃			〃	
	〃			〃		理数	〃	
地理歴史	〃		外国語	〃			〃	
	〃			〃		体育	〃	
	〃			〃			〃	
公民	〃		家庭	〃		音楽	〃	
	〃			〃			〃	
	〃			〃		美術	〃	
数学	〃		農業	〃			〃	
	〃			〃		英語	〃	
	〃		工業	〃			〃	
理科	〃			〃		その他	〃	
	〃		商業	〃			〃	
	〃			〃			〃	
保健体育	〃		水産	〃			〃	
	〃			〃			〃	

様式例2（指導に関する記録）

生徒氏名		学校名		区分 学年	1	2	3	4
				ホームルーム				
				整理番号				

各教科・科目の学習の記録

各教科・科目		第1学年		第2学年		第3学年		第4学年		修得単位数の計	備考
教科	科目	評定	修得単位数	評定	修得単位数	評定	修得単位数	評定	修得単位数		
国語	国語I										
	略										
地歴	〃										
	〃										
公民	〃										
	〃										
数学	〃										
	〃										
理科	〃										
	〃										
保健体育	〃										
	〃										
芸術	〃										
	〃										
外国語	〃										
	〃										
家庭	〃										
	〃										
農業	〃										
	〃										
工業	〃										
	〃										
商業	〃										
	〃										
水産	〃										
	〃										
看護	〃										
	〃										
理数	〃										
	〃										
体育	〃										
	〃										
音楽	〃										
	〃										
美術	〃										
	〃										
英語	〃										
	〃										
その他	〃										
小計											
留学											
合計											

（様式例2 裏面）

生徒氏名	

特 別 活 動 の 記 録			
第 1 学 年	第 2 学 年	第 3 学 年	第 4 学 年

指 導 上 参 考 と な る 諸 事 項	
第1学年	
第2学年	
第3学年	
第4学年	

出 欠 の 記 録

区分 学年	授業日数	出席停止・忌引等の日数	留学中の授業日数	出席しなければならない日数	欠席日数	出席日数	備　考
1							
2							
3							
4							

望ましい。

　実務的な問題としては，これらの欄に＜特記事項なし＞と書き込む傾向が目立つ。これは評価担当教師（おもにクラス担任）の生徒への理解度が低く，評価する資料に乏しい場合に多くみられる。また，最近の傾向としては，情報公開の流れの中で指導要録の開示もその対象となり，担任教師にしてみれば「書き込むに書き込めない」状況があるのも現状である。また，特別活動や生徒指導に対する評価は，副担任や教科担当教師との情報交流が少なく，指導体制が確立されていないのもその原因となり，より不鮮明なものとなっている。加えて，その生徒が生徒会の役員などになっている場合には「光背効果」がはたらき，本質的な生徒理解とならず，主観的でうわべだけの評価となる傾向もある。
　また，教科指導の評価が厳しいものになればなるほど，せめて指導要録の生徒指導に関する記述くらいは，大らかな評価にしておきたいといった教師の寛容性が手伝って，その評価がいっそうあいまいなものになっているという問題点も指摘できる。これらは，いずれも評価欄の記入にあたって留意しておかねばならないことがらである。繰り返すようだが，生徒指導の評価にあたっては，生徒の個性を伸長させることを目的として行うことが前提になるのであるから，担任教師は生徒のよい点を徹底的に見つける努力をしなければならない。そのためには，生徒をもっと理解していこうとする姿勢を絶えず持ち続けなければならないのである。

　最近の教育問題に関する議論のなかには，高等学校の入試選抜から調査書を抜くといった提言もみられ，評価については全面的に見直しを迫られるような時期も遅かれ早かれやってくるのかもしれないが，いずれにしても，今後は，生徒の社会生活と学校生活の統合をめぐって，「在り方生き方」の問題を含めて，「新しい学力観」に立った生徒指導の視点が必要不可欠のものとなることは明白である。生徒指導の評価においても，こうした視点を機能的に関連させ

ながら効果的な測定の方法を検討し，加えて，有効な評価をしていかねばならないが，また逆に，これらの評価を行うためは十分な議論をつくすべき問題が山積しているともいえる。 　　　　　　　　　　　　　　　　　　　　　（原　清治）

引用文献

1) 文部省『生徒指導の手引き（改訂版）』1981年
2) 文部省『中学校学習指導要領』『高等学校学習指導要領』1989年
3) 文部省『中学校学習指導要領』『高等学校学習指導要領』1989年
4) S. Bowles & H. Gintis（宇沢弘文訳）『アメリカ資本主義と学校教育・1』岩波選書　1986年

参考文献

中西信男他『生徒指導・相談の心理と理解』日本文化科学社　1991年
上寺久雄編『生徒指導』現代教育学シリーズ5　有信堂　1982年
長尾彰夫著『新カリキュラム論』有斐閣双書　1989年
大石勝男他編『生徒指導の研究』亜紀書房　1992年
仙埼　武他編『生徒指導論』福村出版　1991年
原　清治「特別活動の評価」宮崎和夫他著『特別活動の理論と実践』学文社　1993年
内外教育「様式例を大枠にとどめ簡素化」1993年8・3号

資料Ⅰ　生徒指導に関する統計

　　　　　　文部省中学校課内
　　　　　　生徒指導研究会編
　　　　　　『データにみる生徒指導平成5年版─平成3年度問題
　　　　　　行動等の全国調査と文部省の施策─』第一法規より抜粋

資料1　いじめの発生件数

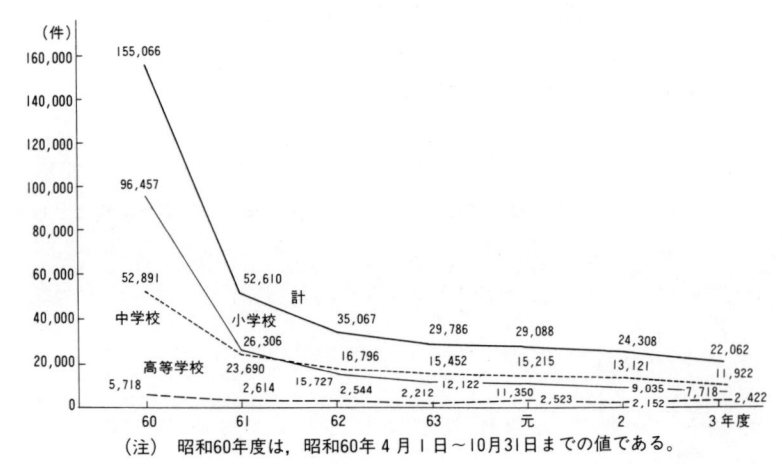

年度	60	61	62	63	元	2	3
計	155,066	52,610	35,067	29,786	29,088	24,308	22,062
中学校	96,457	23,690	15,727	15,452	15,215	13,121	11,922
小学校	52,891	26,306	16,796	12,122	11,350	9,035	7,718
高等学校	5,718	2,614	2,544	2,212	2,523	2,152	2,422

（注）昭和60年度は，昭和60年4月1日〜10月31日までの値である。

（資料　文部省調べ）

資料2　学年別いじめの発生件数（平成元，2，3年度）

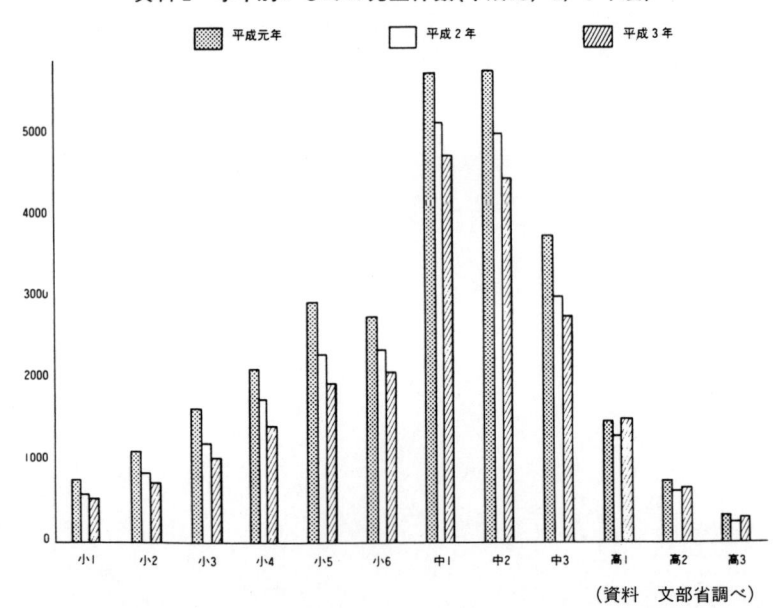

平成元年　　平成2年　　平成3年

（資料　文部省調べ）

資料Ⅰ 生徒指導に関する統計　203

資料3　いじめの態様の推移

	言葉での脅し	冷やかしからかい	持ち物を隠す	集団による無視 仲間はずれ	暴力	たかり	お節介親切の押しつけ	その他
60年度	16.0%	22.7	10.8	18.9	6.5	16.4	3.5	2.9 / 2.5
61年度	18.8	22.3	8.7	16.4	5.9	19.3	4.1	2.8 / 1.7
62年度	18.1	23.3	8.4	16.6	5.9	19.3	4.3	2.1 / 1.9
63年度	18.3	23.4	7.4	16.7	5.8	19.9	4.7	2.4 / 1.4
元年度	18.4	23.1	7.0	16.1	6.1	20.8	4.9	2.1 / 1.5
2年度	18.3	22.5	7.2	15.8	5.7	21.8	5.1	2.2 / 1.4
3年度	19.4	22.0	7.0	14.7	5.9	22.6	4.9	2.2 / 1.3

（資料　文部省調べ）

資料4　高等学校中途退学者数の推移
（公・私立計）

年度	人数（人）
60年度	114,834
61年度	113,938
62年度	113,357
63年度	116,617
元年度	123,069
2年度	123,529
3年度	112,933

（資料　文部省調べ）

資料5　登校拒否児童数の推移（50日以上欠席）

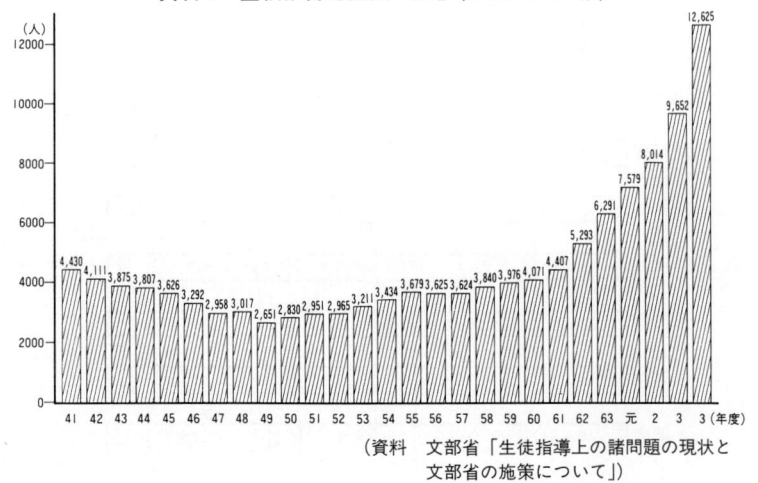

年度	人数
41	4,430
42	4,111
43	3,875
44	3,807
45	3,626
46	3,292
47	2,958
48	3,017
49	2,651
50	2,830
51	2,951
52	2,965
53	3,211
54	3,434
55	3,679
56	3,625
57	3,624
58	3,840
59	3,976
60	4,071
61	4,407
62	5,293
63	6,291
元	7,579
2	8,014
3	9,652
3	12,625

（資料　文部省「生徒指導上の諸問題の現状と文部省の施策について」）

資料6　登校拒否生徒数の推移（50日以上欠席）

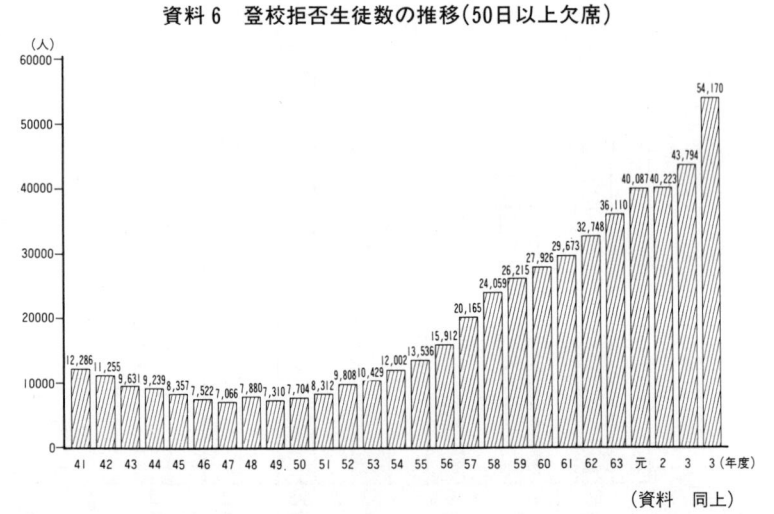

年度	人数
41	12,286
42	11,255
43	9,631
44	9,239
45	8,357
46	7,522
47	7,066
48	7,880
49	7,310
50	7,704
51	8,312
52	9,808
53	10,429
54	12,002
55	13,536
56	15,912
57	20,165
58	24,059
59	26,215
60	27,926
61	29,673
62	32,748
63	36,110
元	40,087
2	40,223
3	43,794
3	54,170

（資料　同上）

資料Ⅰ　生徒指導に関する統計　205

資料7　登校拒否に陥った直接のきっかけ（平成3年度）

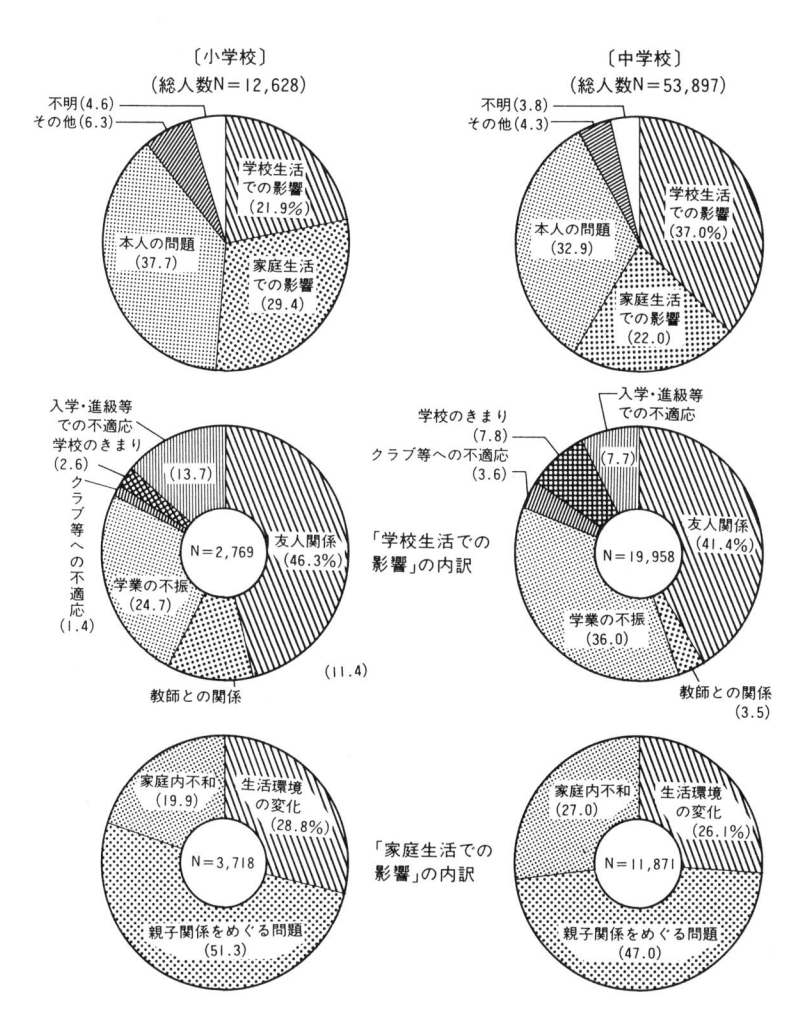

〔小学校〕（総人数 N＝12,628）

- 学校生活での影響（21.9％）
- 家庭生活での影響（29.4）
- 本人の問題（37.7）
- その他（6.3）
- 不明（4.6）

〔中学校〕（総人数 N＝53,897）

- 学校生活での影響（37.0％）
- 家庭生活での影響（22.0）
- 本人の問題（32.9）
- その他（4.3）
- 不明（3.8）

「学校生活での影響」の内訳

小学校　N＝2,769
- 友人関係（46.3％）
- 学業の不振（24.7）
- 教師との関係（11.4）
- クラブ等への不適応（1.4）
- 学校のきまり（2.6）
- 入学・進級等での不適応（13.7）

中学校　N＝19,958
- 友人関係（41.4％）
- 学業の不振（36.0）
- 教師との関係（3.5）
- クラブ等への不適応（3.6）
- 学校のきまり（7.8）
- 入学・進級等での不適応（7.7）

「家庭生活での影響」の内訳

小学校　N＝3,718
- 生活環境の変化（28.8％）
- 親子関係をめぐる問題（51.3）
- 家庭内不和（19.9）

中学校　N＝11,871
- 生活環境の変化（26.1％）
- 親子関係をめぐる問題（47.0）
- 家庭内不和（27.0）

（注）登校拒否児童生徒1人につき，主たるきっかけを1つ選択。

（資料7, 8, 12「データにみる生徒指導──平成3年度問題行動等の全国調査と文部省の施策──」文部省中学校課内生徒指導研究会編　第一法規刊）

資料8　登校拒否の態様（平成3年度）

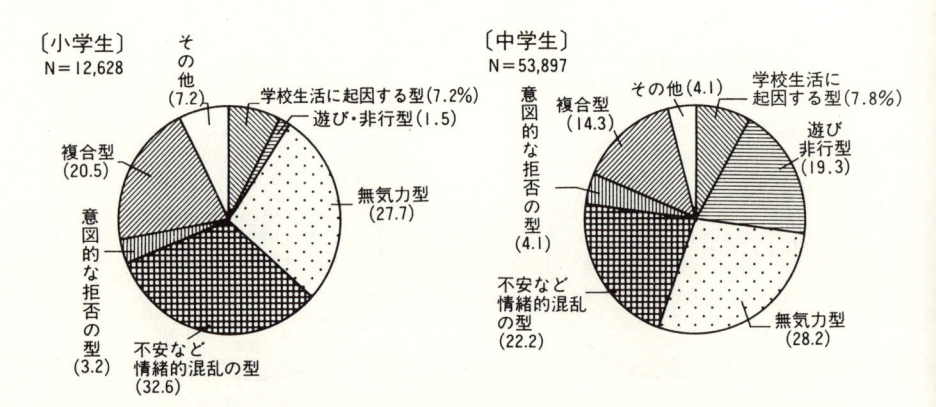

〔小学生〕 N＝12,628
- その他 (7.2)
- 学校生活に起因する型 (7.2%)
- 遊び・非行型 (1.5)
- 無気力型 (27.7)
- 不安など情緒的混乱の型 (32.6)
- 意図的な拒否の型 (3.2)
- 複合型 (20.5)

〔中学生〕 N＝53,897
- その他 (4.1)
- 学校生活に起因する型 (7.8%)
- 遊び・非行型 (19.3)
- 無気力型 (28.2)
- 不安など情緒的混乱の型 (22.2)
- 意図的な拒否の型 (4.1)
- 複合型 (14.3)

資料9　刑法犯少年の人員と人口比の推移

区　分	刑法犯少年数	人口比(1,000)
昭和41年	148,249	11.1
42	129,523	10.1
43	117,125	9.7
44	107,312	9.5
45	113,295	10.5
46	107,107	10.5
47	100,851	10.2
48	108,211	11.2
49	115,453	12.1
50	116,782	12.3
51	115,628	12.2
52	119,199	12.4
53	136,801	14.1
54	143,158	14.5
55	166,073	17.1
56	184,902	18.6
57	191,930	18.8
58	196,783	18.8
59	192,665	17.9
60	194,117	17.8
61	185,373	16.1
62	187,192	15.9
63	193,206	16.2
平成元年	165,053	13.8
2	154,168	13.0
3	149,663	12.8

(注1)　14歳以上20歳未満の刑法犯少年の数である。
(注2)　人口比は，同年齢層の少年1,000人当たりの人員である。

(警察庁調べ)

資料10　少年事件処理手続き

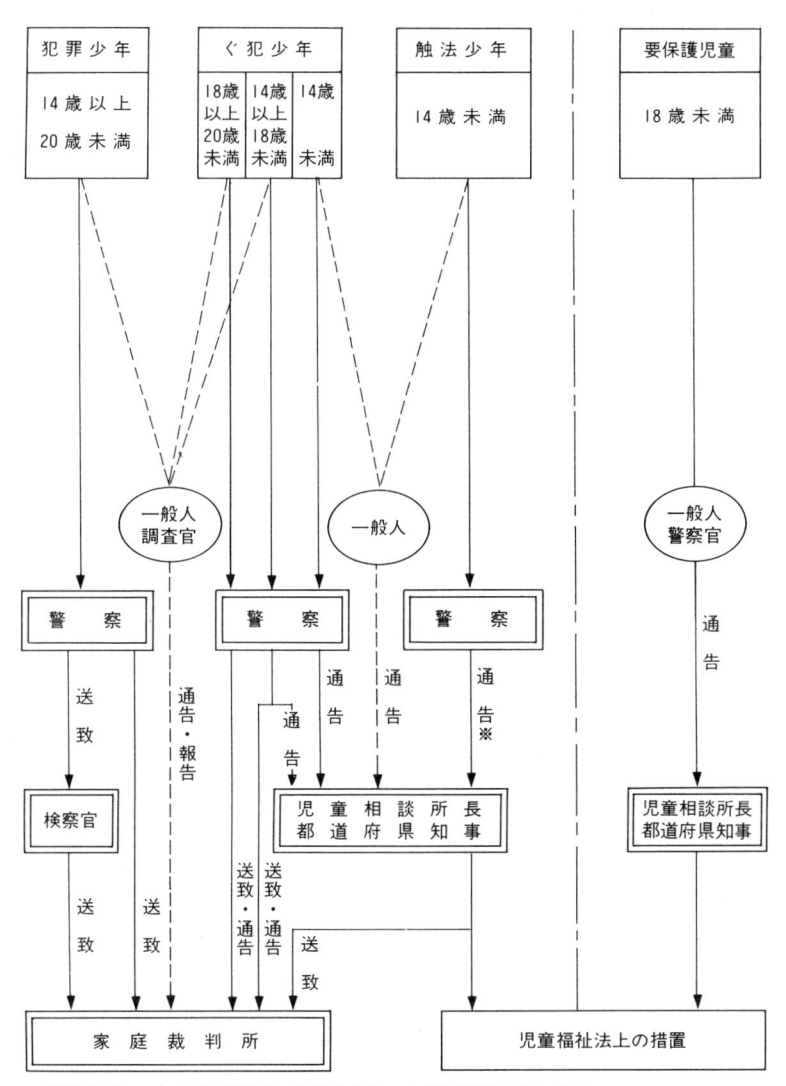

```
┌─犯罪少年─┐  ┌──ぐ犯少年──┐  ┌─触法少年─┐       ┌─要保護児童─┐
│ 14歳以上 │  │18歳│14歳│14歳│  │ 14歳未満 │       │  18歳未満  │
│ 20歳未満 │  │以上│以上│未満│  │          │       │            │
│          │  │20歳│18歳│    │  │          │       │            │
│          │  │未満│未満│    │  │          │       │            │
└──────────┘  └────┴────┴────┘  └──────────┘       └────────────┘
     │             │    │    │        │                    │
     │             ↓    │    ↓        │                    ↓
     │          ┌─────┐ │ ┌─────┐     │                ┌──────┐
     │          │一般人│ │ │一般人│    │                │一般人 │
     │          │調査官│ │ │      │    │                │警察官 │
     │          └─────┘ │ └─────┘     │                └──────┘
     ↓             ↓    ↓    ↓        ↓                    │通告
  ┌─────┐      ┌─────┐      ┌─────┐                        │
  │警 察│      │警 察│      │警 察│                        │
  └─────┘      └─────┘      └─────┘                        │
     │送致       │通告       │通告 ※                       │
     │           │           │                             │
     ↓       通告・報告      ↓                             ↓
  ┌─────┐      │        ┌──────────┐              ┌──────────┐
  │検察官│      │        │児童相談所長│              │児童相談所長│
  └─────┘      │        │都道府県知事│              │都道府県知事│
     │送致    送致        └──────────┘              └──────────┘
     │           │    送致・通告  │送致                     │
     ↓           ↓                ↓                        ↓
  ┌──────────────────┐        ┌──────────────┐
  │   家 庭 裁 判 所   │        │児童福祉法上の措置│
  └──────────────────┘        └──────────────┘
```

※保護者がないか，又は保護者に監護させることが不適当な者に限る。

資料：「青少年白書」

資料11　家庭裁判所における調査・審判手続き

資料:「青少年白書」

資料 I 生徒指導に関する統計 209

資料 12 教護院及び少年院への送致等の手続き(概要)

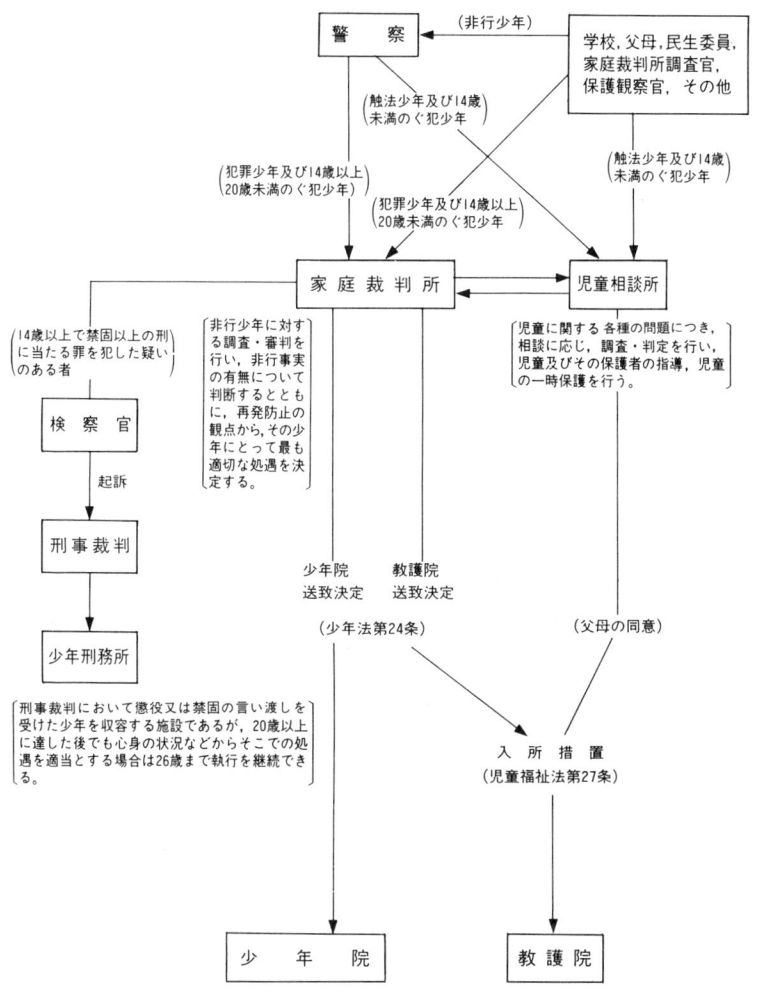

```
                    (非行少年)
          警察 ←──────── 学校,父母,民生委員,
           │                家庭裁判所調査官,
           │                保護観察官,その他
  (触法少年及び14歳              │
   未満のぐ犯少年)              │
           │                    │
  (犯罪少年及び14歳以上)   (触法少年及び14歳
  (20歳未満のぐ犯少年 )    未満のぐ犯少年 )
           │      (犯罪少年及び14歳以上)
           │      (20歳未満のぐ犯少年 )
           ↓              ↓           ↓
         家庭裁判所 ←──────→ 児童相談所
```

家庭裁判所: 非行少年に対する調査・審判を行い、非行事実の有無について判断するとともに、再発防止の観点から、その少年にとって最も適切な処遇を決定する。

児童相談所: 児童に関する各種の問題につき、相談に応じ、調査・判定を行い、児童及びその保護者の指導、児童の一時保護を行う。

(14歳以上で禁固以上の刑に当たる罪を犯した疑いのある者)
↓
検察官
↓ 起訴
刑事裁判
↓
少年刑務所

刑事裁判において懲役又は禁固の言い渡しを受けた少年を収容する施設であるが、20歳以上に達した後でも心身の状況などからそこでの処遇を適当とする場合は26歳まで執行を継続できる。

少年院送致決定　教護院送致決定
(少年法第24条)　(父母の同意)

↓　　　　　　　↓
入所措置
(児童福祉法第27条)

↓　　　　　　　↓
少　年　院　　**教　護　院**

少年院: 家庭裁判所で少年院送致決定の保護処分を受けた少年を収容し、これに矯正教育を施す施設
①初等少年院(14歳以上、おおむね16歳未満の者を収容)
②中等少年院(おおむね16歳以上20歳未満の者を収容)
③特別少年院(犯罪傾向の進んだ、おおむね16歳以上23歳未満の者を収容)
④医療少年院(心身に著しい故障のある14歳以上26歳未満の者を収容)

教護院: 不良行為をし、またなすおそれのある児童を入院させ、これを教護することを目的とする施設で、非行少年のうち、14歳未満の者と、14歳以上18歳未満の者の一部を入所させて、福祉の措置をする。

資料Ⅱ　生徒指導に関する文部省通知

○いじめの問題に関する指導の徹底について

> 昭和60年10月25日　文初中第244号
> 各都道府県教育委員会教育長あて　文部省初等中等教育局長通知

　児童生徒のいじめの問題については，昭和60年6月29日付け文初中第201号をもって既に指導の充実をお願いし，各教育委員会，学校においては，特段の努力が払われているところであります。

　しかしながら，最近においても，いじめにより生徒が自殺するなどの不幸な事件が発生するなど，事態は依然として深刻な状況が続いており，今日，大きな社会問題となっています。

　このため，いじめの問題の解決のため，学校，家庭，社会が一体となって総がかりの取組を強化することが，緊急に要請されており，臨時教育審議会においてもこの問題を取り上げ，先に会長談話を発表し，対策の充実を求めています。(別添1参照)

　特に，学校における認識と対応の甘さが事件を深刻化させたと考えられる事例が見られるところから，すべての学校が，いじめが学校生活に起因して発生していることを真剣に受けとめ，取組の充実を図る必要があります。

　ついては，貴教育委員会においては，前記通知の趣旨の徹底を図るため，改めて，貴管下の教育委員会及び各学校における取組の状況について総点検を行い，その実態を把握し，取組の一層の充実を図られるようお願いします。なお，別添2の「いじめの問題に関する指導の状況に関するチェックポイント」は，前記通知別添の「児童生徒の問題行動に関する検討会議緊急提言―いじめの問題解決のためのアピール―」の趣旨を踏まえ，いじめの問題に関する指導の充実のための具体的点検項目を示したものであり，上記の総点検の際の参考として活用願います。

　おって，最近における各種の調査結果等によれば，特に下記の諸点について格段の措置を講ずることが必要と考えられますので，御配慮願います。

記

1　学校においては，校長を中心に全教師が一致協力して，いじめの実態の早期発見に努め，いじめの根絶に向けて取り組む体制を整えるとともに，父母や児童生徒の悩みや要請を積極的に受け止めることのできるよう，校内の教育相談体制を整備充実すること。
2　教育委員会においては，いじめの問題が生じている学校の実態把握に努め，その解決に至るまで重点的に指導，援助を行うとともに，学校からの相談はもとより，父母からの相談も直接受け止めることのできるような教育相談体制を整備充実し，併せて関係者にその周知を図るよう努めること。
3　教育委員会や学校は，PTAや各地域の関係団体等とともにいじめの問題について協議する機会を幅広く設け，いじめの問題への取組の重要性の認識を広めるとともに，関係諸機関との連携・協力体制を整え，いじめの根絶に向けて地域ぐるみの対策を進めること。
4　都道府県教育委員会においては，管下の教育相談機関の活動状況を十分把握するとともに，これらの機関に対する指導，助言，援助の役割を果たす体制を整備すること。

(別添3　略)

〈別添1〉
「いじめ」の問題に関する臨時教育審議会会長談話

(昭和60年10月23日)

　本審議会は，発足以来，近年における「いじめ」，校内暴力，青少年非行などの教育荒廃の現象について，憂慮すべき事態として検討を続けてきた。
　すでに第一次答申においても，その要因・背景として，受験競争の過熱や，児童生徒の多様な能力，適性等に対応し得ない学校教育の制度やその運用の画一性，硬直性あるいは閉鎖的な学校の在り方等の問題があることを指摘した。
　本審議会としては，これらの問題について，さらに基本答申に向けて総合的に検討を加える課題として取り組んでいるが，昨今の「いじめ」の問題については，児童生徒の自殺や心理的障害にまで至らせるような痛ましい事例が発生するなど，教育問題としても社会問題としてももはや看過できないものと考え，緊急に総会において審議を行った。

その結果，基本的には個性重視の原則に立ってこれまでの教育の在り方を見直すとともに，子どもをめぐる社会全体の教育環境の改革が必要であると考える。

同時に，当面の対策として，現在，学校現場はもとより各方面の関係者が真剣な努力を続けていることは評価されるが，特に次の諸点が重要である。

一，各省庁をはじめ関係諸機関がそれぞれの必要な施策を進め，さらに相互の連携を強化し総合的に対策を推進すること。

二，学校において，教師間の人間関係に相互に配慮し，校長，教員が一致協力してこの問題に真剣に取り組むこと。また，子どもの多様な個性の配慮に欠ける教育に陥ることを戒めるとともに，いやしくも教員自らの暴力の行使等は厳に慎むこと。

三，家庭においては，過保護，過干渉，放任に陥ることなく，その役割を自覚するとともに，地域，学校との連携を強めること。

四，地域における多様な相談の窓口が有機的に機能し，父母や子どもが心安く相談できる体制を確立すること。

五，学校の教育条件，家庭や地域等子どもの生活の場など教育環境の人間化に努めること。

以上は，いわゆる対症的応急の措置でもあるが，この問題は，根本において現代社会にみられる心の荒廃が子どもの成長過程において生じていることと深くかかわっているものであり，青少年の健全育成の観点に立ったテレビ・週刊誌等マスコミの自粛・自重を含め事態の解決のための社会全体の取り組みや協力が必要である。

臨時教育審議会としては，現在見られる教育荒廃の病理現象に対し，その背後にある要因を掘り下げ，教育改革のための総合的，基本的考え方を示すという本審議会の使命と責任を痛感しており，この「いじめ」の問題についてもそのような立場に立って引き続き特別の関心を持って審議を深めていきたい。

〈別添2〉
いじめの問題に関する指導の状況に関するチェックポイント
〈趣旨〉

このチェックポイントは，最近における児童生徒間のいじめの問題の深刻な状況にかんがみ，昭和58年3月10日付け文初中第166号別添の「生徒指導に取組むための学校運営上の点検項目」及び昭和60年6月29日付け文初中第201号別添の「児童生徒の問題行動に関する検討会議緊急提言——いじめの問題の解決のためのアピール——」

の趣旨を踏まえ，いじめの問題に関する学校及び教育委員会の指導の充実のために，学校及び教育委員会の指導状況について具体的に点検すべき項目を参考例として示したものである。

〈チェックポイント〉

1 学 校

(指導体制)

(1) いじめの問題の重大性を全教師が認識し，校長を中心に一致協力体制を確立して実践に当たっているか。

(2) いじめの態様や特質，原因・背景，具体的な指導上の留意点などについて職員会議などの場で取り上げ，教師間の共通理解を図っているか。

(3) 教師は，日常の教育活動を通じ，教師と児童生徒，児童生徒間の好ましい人間関係の育成に努めているか。また，児童生徒の生活実態のきめ細かい把握に努めているか。

(4) いじめについて訴えなどがあったときは，学校は，問題を軽視することなく，的確に対応しているか。

(教育相談)

(5) 校内に児童生徒の悩みや要望を積極的に受け止めることができるような教育相談の体制が整備されているか。また，それは，適切に機能しているか。

(6) 学校における教育相談について，保護者にも十分理解され，保護者の悩みに応えることができる体制になっているか。

(7) 教育相談では，悩みをもつ児童生徒に対してその解消が図られるまで継続的な事後指導が適切に行われているか。

(8) 教育相談の実施に当たっては，必要に応じて教育センターなどの専門機関との連携が図られているか。

(教育活動)

(9) 学校全体として，校長をはじめ各教師がそれぞれの指導場面においていじめの問題に関する指導の機会を設け，積極的に指導を行うよう努めているか。

(10) 道徳や学級指導・ホームルームの時間にいじめにかかわる問題を取り上げ，指導が行われているか。

(11) 学級会活動や児童生徒会活動などにおいて，いじめの問題とのかかわりで適切な指導助言が行われているか。

(12) 児童生徒に幅広い生活体験を積ませたり，社会性のかん養や豊かな情操を培う活動の積極的な推進を図っているか。
(13) 体罰禁止の趣旨は，全教師に徹底しているか，教師による体罰が行われていることはないか。

(家庭・地域との連携)
(14) 学校は，PTAや地域の関係団体等ともにいじめの問題について協議する機会を設け，いじめの根絶に向けて地域ぐるみの対策を進めているか。
(15) 学校は，家庭に対して，いじめの問題の重要性の認識を広めるとともに，家庭訪問や学校通信などを通じて家庭との緊密な連携協力を図っているか。
(16) いじめの問題解決のため，学校は必要に応じ，教育センター，児童相談所，警察等の地域の関係機関と連携協力を行っているか。

II 教育委員会

(指導体制)
(1) 教育委員会は，管下の学校等に対し，いじめの問題に関する教育委員会の指導の方針などを明らかにし，積極的な指導を行っているか。
(2) 教育委員会は，管下の学校におけるいじめの問題について，学校訪問や調査の実施などを通じて実態の的確な把握に努めているか。
(3) いじめの問題について指導上困難な課題を抱える学校に対して，指導主事や教育センターの専門家の派遣などによる重点的な指導，助言，援助を行っているか。

(教育相談)
(4) 教育委員会に学校からの相談はもとより，父母からの相談も直接受けとめることのできるような教育相談体制が整備されているか。また，それは，利用しやすいものとするため，相談担当者に適切な人材を配置するなど運用に配慮がなされ，適切に機能しているか。
(5) 教育委員会は，教育相談の利用について関係者に広く周知を図っているか。
(6) 教育委員会は，教育相談の内容に応じ，学校とも連絡・協力して指導に当たるなど，継続的な事後指導を適切に行っているか。
(7) 教育相談の実施に当たっては，必要に応じて，医療機関などの専門機関との連携が図られているか。
(8) いじめによる悩みを持つ児童生徒の小・中学校の学校指定の変更の取扱いにつ

いて，適切な対応がなされているか。

(教員研修)
(9) 教育委員会として，いじめの問題に留意した教員の研修を積極的に実施しているか。
(10) いじめの問題に関する指導の充実のための教師用手引書などを作成・配布しているか。

(家庭・地域との連携)
(11) 教育委員会は，学校とPTA，地域の関係団体等とがいじめの問題について協議する機会を設け，いじめの根絶に向けて地域ぐるみの対策を推進しているか。
(12) 教育委員会は，いじめの問題への取組の重要性の認識を広め，家庭や地域の取組を推進するための啓発・広報活動を積極的に行っているか。
(13) 教育委員会は，いじめの問題の解決のために，関係部局・機関と適切な連携協力を図っているか。

○登校拒否問題への対応について

> 平成4年9月24日文初中第330号
> 各都道府県教育委員会教育長,各都道府県知事,
> 附属学校を置く各国立大学長,国立久里浜養護学
> 校長あて初等中等教育局長通知

　児童生徒の登校拒否問題への対応につきましては,関係者において特段の努力が払われているところですが,依然として登校拒否児童生徒の数は増加傾向にあり,憂慮される事態となっております。

　文部省としても,これまで,登校拒否児童生徒の全国的な状況の把握に努め,指導資料の作成や教員研修の実施など各種の施策を講じてきたところですが,上記のような状況にかんがみ,平成元年7月に有識者による「学校不適応対策調査研究協力者会議」を発足させ,登校拒否問題への対応に関する基本的な在り方について広く総合的・専門的な観点から検討を願い,本年3月13日に「登校拒否(不登校)問題について」の報告を取りまとめていただいたところです。

　文部省としては,この報告の趣旨を踏まえ,今後さらに施策の充実に取り組むこととしておりますが,貴職におかれても,下記により登校拒否問題に対する取組の充実に一層努められるようお願いします。なお,都道府県教育委員会にあっては,管下の市町村教育委員会に対して,都道府県知事及び国立大学長にあっては,管下の学校に対して,この趣旨を徹底されるよう願います。

記

1. 登校拒否問題に対応する上での基本的な視点
① 登校拒否はどの児童生徒にも起こりうるものであるという視点に立ってこの問題をとらえていく必要があること。
② いじめや学業の不振,教職員に対する不信感など学校生活上の問題が起因して登校拒否になってしまう場合がしばしばみられるので,学校や教職員一人一人の努力が極めて重要であること。
③ 学校,家庭,関係機関,本人の努力等によって,登校拒否の問題はかなりの部分を改善ないし解決することができること。

④ 児童生徒の自立を促し，学校生活への適応を図るために多様な方法を検討する必要があること。
⑤ 児童生徒の好ましい変化は，たとえ小さなことであってもこれを自立のプロセスとしてありのままに受け止め，積極的に評価すること。
2. 学校における取組の充実
(1) 学校は，児童生徒にとって自己の存在感を実感でき精神的に安心していることのできる場所――「心の居場所」――としての役割を果たすことが求められること。
(2) 学校は，登校拒否の予防的対応を図るために，児童生徒一人一人の個性を尊重し，児童生徒の立場に立って人間味のある温かい指導が行えるよう指導の在り方や指導体制について絶えず検討を加え，次のような取組を行う必要があること。
① 個に応じた指導に努めるなど指導方法，指導体制について，工夫，改善に努めること。
② 児童生徒の自主性，主体性を育みながら，一人一人がたくましく生きていくことのできる力を養っていくこと。
③ 児童生徒が適切に集団生活に適応する力を身につけることができるように，学級活動等を工夫すること。
④ 主体的な進路選択能力を育成するため，発達段階に応じた適切な進路指導を行うこと。
⑤ 児童生徒の立場に立った教育相談を充実すること。
⑥ 開かれた学校という観点に立って，家庭や地域社会との協力関係を築いていくこと。
(3) 学校においては，全教職員が登校拒否問題についてあらかじめ十分に理解し，認識を深め，個々の問題の対応に当たって一致協力して取り組むとともに，校内研修等を通じて教職員の意識の啓発と指導力の向上に努めること。また，登校拒否児童生徒への具体的な指導に当たっては，次の点に留意する必要があること。
① 登校拒否となる何らかの前兆や症状を見逃さないよう常日頃から児童生徒の様子や変化をみていくことが大切であり，変化に気付いた時は，速やかに適切な対応をとること。
② 登校拒否が長期に及ぶなど，学校が指導・援助の手を差し伸べることがもはや困難と思われる状態になる場合もあるが，このような状態に陥りそうな場

には，適切な時期をとらえて，教育センター等の専門機関に相談して適切な対応をとる必要があること。その際，保護者に対し，専門的観点から適切な対応をすることの必要性を助言し，十分な理解を得ることが大切であること。
   ③ 登校拒否児童生徒が登校してきた場合には，温かい雰囲気のもとに自然な形で迎え入れられるよう配慮するとともに，徐々に学校生活への適応力を高めていくような指導上の工夫を行うこと。
3. 教育委員会における取組の充実
   都道府県及び市町村の教育委員会は，自ら登校拒否問題に対する認識を深めるとともに，それぞれの立場から積極的に施策を展開し，学校における取組が効果的に行われるよう支援する必要があること。その際，次に例示するような方策を含め，多様な方策が検討される必要があること。
① 登校拒否問題への適切かつきめ細かな対応を行うため，それぞれの地域の状況に応じ，登校拒否にいてのより的確な実態把握に努めること。
② 登校拒否児童生徒の指導の中核となる生徒指導担当者等に対して，登校拒否問題についての専門的，実践的研修を積極的に実施するなど教員研修の効果的な実施に努めること。
③ 学校における指導体制を充実させるため，必要に応じた学校への教員の加配，教育相談等の研修講座を通じての専門的力量をもった教員の育成等の施策を講ずること。
④ 教育センター等の教育相談機関の整備や施設・設備，スタッフの充実等を図ること。
⑤ 学校以外の場所に登校拒否の児童生徒を集め，その学校生活への復帰を支援するため様々な指導・援助を行う「適応指導教室」について，その設置を推進するとともに，指導員や施設設備等の充実に努めること。
⑥ 社会教育施設を利用して行われる登校拒否児童生徒の適応指導のための自然体験活動等の事業の推進を図ること。その際，施設と学校等との連携に配慮すること。
⑦ 保護者に対するカウンセリングの実施，保護者同士の懇談会の開催，家庭向けの啓発資料の作成などの保護者への啓発・支援の取組を行うこと。また，すべての家庭に対して登校拒否への関心を高めるよう啓発を行うこと。
4. 関係機関等との連携

(1) 学校においては，教育センター，児童相談所等の関係機関と日頃から連携を図っておくことが大切であること。特に登校拒否の程度が進み学校の指導の限界を超えると思われる場合には，速やかに相談・指導を行う専門の関係機関に協力を求めることも必要であること。
(2) 相談・指導を行う関係機関としては，適応指導教室，教育センター，児童相談所などの公的機関が適切であるが，公的な指導の機会が得られないあるいは公的機関に通うことも困難な場合で本人や保護者の希望もあり適切と判断される場合は，民間の相談・指導施設も考慮されてよいこと。

　ただし，民間施設での相談・指導を考慮する場合，その性格や活動内容は多種多様であるので学校や教育委員会はその施設の実態を十分把握した上で，本人にとって真に適切かどうか判断する必要があること。
(3) 学校は当該児童生徒が学校外の公的機関や民間施設において相談・指導を受けている間の状況を十分フォローアップすることが大切であり，可能な限りその指導状況を把握するなど，相談・指導を他の公的機関等に任せきりにすることのないよう留意すること。
(4) 義務教育諸学校の登校拒否児童生徒が学校外の公的機関や民間施設において相談・指導を受けている場合の指導要録上の出欠の取扱いについては，別記によるものとすること。

○「児童の権利に関する条約」について（通知）

(平成 6 年 5 月 20 日文初高第 149 号文部事務次官)

文部省

　このたび、「児童の権利に関する条約」（以下「本条約」という。）が平成 6 年 5 月 16 日条約第 2 号をもって公布され、平成 6 年 5 月 22 日に効力を生ずることとなりました。本条約の概要及び全文等は別添のとおりです。

　本条約は、世界の多くの児童（本条約の適用上、児童 18 歳未満のすべての者と定義されている。）が、今日なお貧困、飢餓などの困難な状況に置かれていることにかんがみ、世界的な視野から児童の人権の尊重、保護の促進を目指したものであります。

　本条約は、基本的人権の尊重を基本理念に掲げる日本国憲法、教育基本法（昭和 22 年 3 月 31 日法律第 25 号）並びに我が国が締約国となっている「経済的、社会的及び文化的権利に関する国際規約（昭和 54 年 8 月 4 日条約第 6 号）」及び「市民的及び政治的権利に関する国際規約（昭和 54 年 6 月 4 日条約第 7 号）」等を軌を一にするものであります。したがって、本条約の発効により、教育関係について特に法令等の改正の必要はないところでありますが、もとより、児童の人権に十分配慮し、一人一人を大切にした教育が行われなければならないことは極めて重要なことであり、本条約の発効を契機として、更に一層、教育の充実が図られていくことが肝要であります。このことについては、初等中等教育関係者のみならず、広く周知し、理解いただくことが大切であります。

　また、教育に関する主な留意事項は下記のとおりでありますので、貴職におかれましては、十分なご配慮をお願いします。

　なお、各都道府県教育委員会にあっては管下の各市町村教育委員会及び関係機関に対して、また、各都道府県知事にあっては所管の私立学校及び学校法人等に対して、国立大学長にあっては管下の学校に対して、趣旨の徹底を図るようお願いします。

記

一　学校教育及び社会教育を通じ、広く国民の基本的人権尊重の精神が高められるよ

うにするとともに，本条約の趣旨にかんがみ，児童が人格を持った一人の人間として尊重されなければならないことについて広く国民の理解が深められるよう，一層の努力が必要であること。

この点，学校（小学校，中学校，高等学校，高等専門学校，盲学校，聾(ろう)学校，養護学校及び幼稚園をいう。以下同じ。）においては，本条約の趣旨を踏まえ，日本国憲法及び教育基本法の精神にのっとり，教育活動全体を通じて基本的人権尊重の精神の徹底を一層図っていくことが大切であること。

また，もとより，学校において児童生徒等に権利及び義務をともに正しく理解をさせることは極めて重要であり，この点に関しても日本国憲法や教育基本法の精神にのっとり，教育活動全体を通じて指導すること。

二 学校におけるいじめや校内暴力は児童生徒等の心身に重大な影響を及ぼす深刻な問題であり，本条約の趣旨をふまえ，学校は，家庭や地域社会との緊密な連携の下に，真剣な取組の推進に努めること。

また，学校においては，登校拒否及び高等学校中途退学の問題について十分な認識を持ち，一人一人の児童生徒等に対する理解を深め，その個性を尊重し，適切な指導が行えるよう一層の取組を行うこと。

三 体罰は，学校教育法第11条により厳に禁止されているものであり，体罰禁止の徹底に一層努める必要があること。

四 本条約第12条から第16条までの規定において，意見を表明する権利，表現の自由についての権利等の権利について定められているが，もとより学校においては，その教育目的に達成するために必要な合理的範囲内で児童生徒等に対し，指導や指示を行い，また校則を定めることができるものであること。

校則は，児童生徒等が健全な学校生活を営みよりよく成長発達していくための一定のきまりであり，これは学校の責任と判断において決定されるべきものであること。

なお，校則は，日々の教育指導に関わるものであり，児童生徒等の実態，保護者の考え方，地域の実情等を踏まえ，より適切なものとなるよう引き続き配慮すること。

五 本条約第2条1の意見を表明する権利については，表明された児童の意見がその年齢や成熟の度合いによって相応に考慮されるべきという理念を一般的に定めたものであり，必ず反映されるということまでをも求めているものではないこと。

なお，学校においては，児童生徒等の発達段階に応じ，児童生徒等の実態を十分把握し，一層きめ細かな適切な教育指導に留意すること。

六　学校における退学，停学及び訓告の懲戒処分は真に教育的配慮をもって慎重かつ的確に行われなければならず，その際には，当該児童生徒等から事情や意見をよく聴く機会を持つなど児童生徒等の個々の状況に十分留意し，その措置が単なる制裁にとどまることなく真に教育的効果を持つものとなるよう配慮すること。

　また，学校教育法第26条の出席停止の措置を適用する際には，当該児童生徒や保護者の意見をよく聴く機会を持つことに配慮すること。

七　学校における国旗・国歌の指導は，児童生徒等が自国の国旗・国歌の意義を理解し，それを尊重する心情と態度を育てるとともに，すべての国の国旗・国歌に対して等しく敬意を表する態度を育てるためのものであること。その指導は，児童生徒等が国民として必要とされる基礎的・基本的な内容を身につけるために行うものであり，もとより児童生徒等の思想・良心を制約しようというものではないこと。今後とも国旗・国歌に関する指導の充実を図ること。

八　本条約についての教育指導に当たっては，「児童」のみならず「子ども」という語を適宜使用することも考えられること。

資料Ⅲ　政府訳　児童の権利に関する条約

|||||||||||○政府訳・児童の権利に関する条約

(1992年3月13日閣議決定)

前文

この条約の締約国は，

国際連合憲章において宣明された原則によれば，人類社会のすべての構成員の固有の尊厳及び平等のかつ奪い得ない権利を認めることが世界における自由，正義及び平和の基礎を成すものであることを考慮し，

国際連合加盟国の国民が，国際連合憲章において，基本的人権並びに人間の尊厳及び価値に関する信念を改めて確認し，かつ，一層大きな自由の中で社会的進歩及び生活水準の向上を促進することを決意したことに留意し，

国際連合が，世界人権宣言及び人権に関する国際規約において，すべての人は人種，皮膚の色，性，言語，宗教，政治的意見その他の意見，国民的若しくは社会的出身，財産，出生又は他の地位等によるいかなる差別もなしに同宣言及び同規約に掲げるすべての権利及び自由を享有することができることを宣明し及び合意したことを認め，

国際連合が，世界人権宣言において，児童は特別な保護及び援助についての権利を享有することができることを宣明したことを想起し，

家族が，社会の基礎的な集団として，並びに家族のすべての構成員特に児童の成長及び福祉のための自然な環境として，社会においてその責任を十分に引き受けることができるよう必要な保護及び援助を与えられるべきであることを確信し，

児童が，その人格の完全なかつ調和のとれた発達のため，家庭環境の下で幸福，愛情及び理解のある雰囲気の中で成長すべきであることを認め，

児童が，社会において個人として生活するため十分な準備が整えられるべきであり，かつ，国際連合憲章において宣明された理想の精神並びに特に平和，尊厳，寛容，自由，平等及び連帯の精神に従って育てられるべきであることを考慮し，

児童に対して特別な保護を与えることの必要性が，1924年の児童の権利に関するジュネーヴ宣言及び1959年11月20日に国際連合総会で採択された児童の権利に関する宣言において述べられており，また，世界人権宣言，市民的及び政治的権利に関

する国際規約（特に第二十三条及び第二十四条），経済的，社会的及び文化的権利に関する国際規約（特に第十条）並びに児童の福祉に関係する専門機関及び国際機関の規程及び関係文書において認められていることに留意し，

児童の権利に関する宣言において示されているとおり「児童は，身体的及び精神的に未熟であるため，その出生の前後において，適当な法的保護を含む特別な保護及び世話を必要とする。」ことに留意し，

国内の又は国際的な里親委託及び養子縁組を特に考慮した児童の保護及び福祉についての社会的及び法的な原則に関する宣言，少年司法の運用のための国際連合最低基準規則（北京規則）及び緊急事態及び武力紛争における女子及び児童の保護に関する宣言の規定を想起し，

極めて困難な条件の下で生活している児童が世界のすべての国に存在すること，また，このような児童が特別の配慮を必要としていることを認め，

児童の保護及び調和のとれた発達のために各人民の伝統及び文化的価値が有する重要性を十分に考慮し，

あらゆる国特に開発途上国における児童の生活条件を改善するために国際協力が重要であることを認めて，

次のとおり協定した。

第一部

第一条

この条約の適用上，児童とは，十八歳未満のすべての者をいう。ただし，当該児童で，その者に適用される法律によりより早く成年に達したものを除く。

第二条

1 締約国は，その管轄の下にある児童に対し，児童又はその父母若しくは法定保護者の人種，皮膚の色，性，言語，宗教，政治的意見その他の意見，国民的，種族的若しくは社会的出身，財産，心身障害，出生又は他の地位にかかわらず，いかなる差別もなしにこの条約に定める権利を尊重し，及び確保する。

2 締約国は，児童がその父母，法定保護者又は家族の構成員の地位，活動，表明した意見又は信念によるあらゆる形態の差別又は処罰から保護されることを確保するためのすべての適当な措置をとる。

第三条

1 児童に関するすべての措置をとるに当たっては，公的若しくは私的な社会福祉

施設，裁判所，行政当局又は立法機関のいずれによって行われるものであっても，児童の最善の利益が主として考慮されるものとする。
2 締約国は，児童の父母，法定保護者又は児童について法的に責任を有する他の者の権利及び義務を考慮に入れて，児童の福祉に必要な保護及び養護を確保することを約束し，このため，すべての適当な立法上及び行政上の措置をとる。
3 締約国は，児童の養護又は保護のための施設，役務の提供及び設備が，特に安全及び健康の分野に関し並びにこれらの職員の数及び適格性並びに適正な監督に関し権限のある当局の設定した基準に適合することを確保する。

第四条

締約国は，この条約において認められる権利の実現のため，すべての適当な立法措置，行政措置その他の措置を講ずる。締約国は，経済的，社会的及び文化的権利に関しては，自国における利用可能な手段の最大限の範囲内で，また，必要な場合には国際協力の枠内で，これらの措置を講ずる。

第五条

締約国は，児童がこの条約において認められる権利を行使するに当たり，父母若しくは場合により地方の慣習により定められている大家族若しくは共同体の構成員，法定保護者又は児童について法的に責任を有する他の者がその児童の発達しつつある能力に適合する方法で適当な指示及び指導を与える責任，権利及び義務を尊重する。

第六条

1 締約国は，すべての児童が生命に対する固有の権利を有することを認める。
2 締約国は，児童の生存及び発達を可能な最大限の範囲において確保する。

第七条

1 児童は，出生の後直ちに登録される。児童は，出生の時から氏名を有する権利及び国籍を取得する権利を有するものとし，また，できる限りその父母を知りかつその父母によって養育される権利を有する。
2 締約国は，特に児童が無国籍となる場合を含めて，国内法及びこの分野における関連する国際文書に基づく自国の義務に従い，1の権利の実現を確保する。

第八条

1 締約国は，児童が法律によって認められた国籍，氏名及び家族関係を含むその身元関係事項について不法に干渉されることなく保持する権利を尊重することを

約束する。

2 締約国は、児童がその身元関係事項の一部又は全部を不法に奪われた場合には、その身元関係事項を速やかに回復するため、適当な援助及び保護を与える。

第九条

1 締約国は、児童がその父母の意思に反してその父母から分離されないことを確保する。ただし、権限のある当局が司法の審査に従うことを条件として適用のある法律及び手続きに従いその分離が児童の最善の利益のために必要であると決定する場合は、この限りではない。このような決定は、父母が児童を虐待し若しくは放置する場合又は父母が別居しており児童の居住地を決定しなければならない場合のような特定の場合において必要となることがある。

2 すべての関係当事者は、1の規定に基づくいかなる手続においても、その手続に参加しかつ自己の意見を述べる機会を有する。

3 締約国は、児童の最善の利益に反する場合を除くほか、父母の一方又は双方から分離されている児童が定期的に父母のいずれとも人的な関係及び直接の接触を維持する権利を尊重する。

4 3の分離が、締約国がとった父母の一方若しくは双方又は児童の抑留、拘禁、追放、退去強制、死亡（その者が当該締約国により身体を拘束されている間に何らかの理由により生じた死亡を含む。）等のいずれかの措置に基づく場合には、当該締約国は、要請に応じ、父母、児童又は適当な場合には家族の他の構成員に対し、家族のうち不在となっている者の所在に関する重要な情報を提供する。ただし、その情報の提供が児童の福祉を害する場合は、この限りでない。締約国は、更に、その要請の提出自体が関係者に悪影響を及ぼさないことを確保する。

第十条

1 前条1の規定に基づく締約国の義務に従い、家族の再統合を目的とする児童又はその父母による締約国への入国又は締約国からの出国の申請については、締約国が積極的、人道的かつ迅速な方法で取り扱う。締約国は、更に、その申請の提出が申請者及びその家族の構成員に悪影響を及ぼさないことを確保する。

2 父母と異なる国に居住する児童は、例外的な事情がある場合を除くほか定期的に父母との人的な関係及び直接の接触を維持する権利を有する。このため、前条1の規定に基づく締約国の義務に従い、締約国は、児童及びその父母がいずれの国（自国を含む。）からも出国し、かつ、自国に入国する権利を尊重する。出国

する権利は，法律で定められ，国の安全，公の秩序，公衆の健康若しくは道徳又は他の者の権利及び自由を保護するために必要であり，かつ，この条約において認められる他の権利と両立する制限にのみ従う。

第十一条

1 締約国は，児童が不法に国外へ移送されることを防止し及び国外から帰還することができない事態を除去するための措置を講ずる。

2 このため，締約国は，二国間若しくは多数国間の協定の締結又は現行の協定への加入を促進する。

第十二条

1 締約国は，自己の意見を形成する能力のある児童がその児童に影響を及ぼすすべての事項について自由に自己の意見を表明する権利を確保する。この場合において，児童の意見は，その児童の年齢及び成熟度に従って相応に考慮されるものとする。

2 このため，児童は，特に，自己に影響を及ぼすあらゆる司法上及び行政上の手続において，国内法の手続規則に合致する方法により直接に又は代理人若しくは適当な団体を通じて聴取される機会を与えられる。

第十三条

1 児童は，表現の自由についての権利を有する。この権利には，口頭，手書き若しくは印刷，芸術の形態又は自ら選択する他の方法により，国境とのかかわりなく，あらゆる種類の情報及び考えを求め，受け及び伝える自由を含む。

2 1の権利の行使については，一定の制限を課することができる。ただし，その制限は，法律によって定められ，かつ，次の目的のために必要とされるものに限る。

　(a) 他の者の権利又は信用の尊重
　(b) 国の安全，公の秩序又は公衆の健康若しくは道徳の保護

第十四条

1 締約国は，思想，良心及び宗教の自由についての児童の権利を尊重する。

2 締約国は，児童が1の権利を行使するに当たり，父母及び場合により法定保護者が児童に対しその発達しつつある能力に適合する方法で指示を与える権利及び義務を尊重する。

3 宗教又は信念を表明する自由については，法律で定める制限であって公共の安

全，公の秩序，公衆の健康若しくは道徳又は他の者の基本的な権利及び自由を保護するために必要なもののみを課することができる。

第十五条

1 締約国は，結社の自由及び平和的な集会の自由についての児童の権利を認める。

2 1の権利の行使については，法律で定める制限であって国の安全若しくは公共の安全，公の秩序，公衆の健康若しくは道徳の保護又は他の者の権利及び自由の保護のため民主的社会において必要なもの以外のいかなる制限も課することができない。

第十六条

1 いかなる児童も，その私生活，家族，住居若しくは通信に対して恣意的に若しくは不法に干渉され又は名誉及び信用を不法に攻撃されない。

2 児童は，1の干渉又は攻撃に対する法律の保護を受ける権利を有する。

第十七条

締約国は，大衆媒体（マス・メディア）の果たす重要な機能を認め，児童が国の内外の多様な情報源からの情報及び資料，特に児童の社会面，精神面及び道徳面の福祉並びに心身の健康の促進を目的とした情報及び資料を利用することができることを確保する。このため，締約国は，

(a) 児童にとって社会面及び文化面において有益であり，かつ，第二十九条の精神に沿う情報及び資料を大衆媒体（マス・メディア）が普及させるよう奨励する。

(b) 国の内外の多様な情報源（文化的にも多様な情報源を含む。）からの情報及び資料の作成，交換及び普及における国際協力を奨励する。

(c) 児童用書籍の作成及び普及を奨励する。

(d) 少数集団に属し又は原住民である児童の言語上の必要性について大衆媒体（マス・メディア）が特に考慮するよう奨励する。

(e) 第十三条及び次条の規定に留意して，児童の福祉に有害な情報及び資料から児童を保護するための適当な指針を発展させることを奨励する。

第十八条

1 締約国は，児童の養育及び発達について父母が共同の責任を有するという原則についての認識を確保するために最善の努力を払う。父母又は場合により法定保護者は，児童の養育及び発達についての第一義的な責任を有する。児童の最善の

利益は，これらの者の基本的な関心事項となるものとする。
2 締約国は，この条約に定める権利を保障し及び促進するため，父母及び法定保護者が児童の養育についての責任を遂行するに当たりこれらの者に対して適当な援助を与えるものとし，また，児童の養護のための施設，設備及び役務の提供の発展を確保する。
3 締約国は，父母が働いている児童が利用する資格を有する児童の養護のための役務の提供及び設備からその児童が便益を受ける権利を有することを確保するためのすべての適当な措置をとる。

第十九条

1 締約国は，児童が父母，法定保護者又は児童を監護する他の者による監護を受けている間において，あらゆる形態の身体的若しくは精神的な暴力，障害若しくは虐待，放置若しくは怠慢な取扱い，不当な取扱い又は搾取（性的虐待を含む。）からその児童を保護するためすべての適当な立法上，行政上，社会上及び教育上の措置をとる。
2 1の保護措置には，適当な場合には，児童及び児童を監護する者のために必要な援助を与える社会的計画の作成その他の形態による防止のための効果的な手続並びに1に定める児童の不当な取扱いの事件の発見，報告，付託，調査，処置及び事後措置並びに適当な場合には司法の関与に関する効果的な手続を含むものとする。

第二十条

1 一時的若しくは恒久的にその家庭環境を奪われた児童又児童自身の最善の利益にかんがみその家庭環境にとどまることが認められない児童は，国が与える特別の保護及び援助を受ける権利を有する。
2 締約国は，自国の国内法に従い，1の児童のための代替的な監護を確保する。
3 2の監護には，特に，里親委託，イスラム法のカファーラ，養子縁組又は必要な場合には児童の監護のための適当な施設への収容を含むことができる。解決策の検討に当たっては，児童の養育において継続性が望ましいこと並びに児童の種族的，宗教的，文化的及び言語的な背景について，十分な考慮を払うものとする。

第二十一条

養子縁組の制度を認め又は許容している締約国は，児童の最善の利益について最大の考慮が払われることを確保するものとし，また，

(a) 児童の養子縁組が権限のある当局によってのみ認められることを確保する。この場合において、当該権限のある当局は、適用のある法律及び手続に従い、かつ、信頼し得るすべての関連情報に基づき、養子縁組が父母、親族及び法定保護者に関する児童の状況にかんがみ許容されること並びに必要な場合には、関係者が所要のカウンセリングに基づき養子縁組について事情を知らされた上での同意を与えていることを認定する。

(b) 児童がその出身国内において里親若しくは養家に託され又は適切な方法で監護を受けることができない場合には、これに代わる児童の監護の手段として国際的な養子縁組を考慮することができることを認める。

(c) 国際的な養子縁組が行われる児童が国内における養子縁組の場合における保護及び基準と同等のものを享受することを確保する。

(d) 国際的な養子縁組において当該養子縁組が関係者に不当な金銭上の利得をもたらすことがないことを確保するためのすべての適当な措置をとる。

(e) 適当な場合には、二国間又は多数国間の取極又は協定を締結することによりこの条の目的を促進し、及びこの枠組みの範囲内で他国における児童の養子縁組が権限のある当局又は機関によって行われることを確保するよう努める。

第二十二条

1 締約国は、難民の地位を求めている児童又は適用のある国際法及び国際的な手続若しくは国内法及び国内的な手続に基づき難民と認められている児童が、父母又は他の者に付き添われているかいないかを問わず、この条約及び自国が締約国となっている人権又は人道に関する他の国際文書に定める権利であって適用のあるものの享受に当たり、適当な保護及び人道的援助を受けることを確保するための適当な措置をとる。

2 このため、締約国は、適当と認める場合には、1の児童を保護し及び援助するため、並びに難民の児童の家族との再統合に必要な情報を得ることを目的としてその難民の児童の父母又は家族の他の構成員を捜すため、国際連合及びこれと協力する他の権限のある政府間機関又は関係非政府機関による努力に協力する。その難民の児童は、父母又は家族の他の構成員が発見されない場合には、何らかの理由により恒久的又は一時的にその家庭環境を奪われた他の児童と同様にこの条約に定める保護が与えられる。

第二十三条
1 締約国は，精神的又は身体的な障害を有する児童が，その尊厳を確保し，自立を促進し及び社会への積極的な参加を容易にする条件の下で十分かつ相応な生活を享受すべきであることを認める。
2 締約国は，障害を有する児童が特別の養護についての権利を有することを認めるものとし，利用可能な手段の下で，申込みに応じた，かつ，当該児童の状況及び父母又は当該児童を養護している他の者の事情に適した援助を，これを受ける資格を有する児童及びこのような児童の養護について責任を有する者に与えることを奨励し，かつ，確保する。
3 障害を有する児童の特別な必要を認めて，2の規定に従って与えられる援助は，父母又は当該児童を養護している他の者の資力を考慮して可能な限り無償で与えられるものとし，かつ，障害を有する児童が可能な限り社会への統合及び個人の発達（文化的及び精神的な発達を含む。）を達成することに資する方法で当該児童が教育，訓練，保健サービス，リハビリテーション・サービス，雇用のための準備及びレクリエーションの機会を実質的に利用し及び享受することができるように行われるものとする。
4 締約国は，国際協力の精神により，予防的な保健並びに障害を有する児童の医学的，心理学的及び機能的治療の分野における適当な情報の交換（リハビリテーション，教育及び職業サービスの方法に関する情報の普及及び利用を含む。）であってこれらの分野における自国の能力及び技術を向上させ並びに自国の経験を広げることができるようにすることを目的とするものを促進する。これに関しては，特に，開発途上国の必要を考慮する。

第二十四条
1 締約国は，到達可能な最高水準の健康を享受すること並びに病気の治療及び健康の回復のための便宜を与えられることについての児童の権利を認める。締約国は，いかなる児童もこのような保健サービスを利用する権利が奪われないことを確保するために努力する。
2 締約国は，1の権利の完全な実現を追求するものとし，特に，次のことのための適当な措置をとる。
　(a) 幼児及び児童の死亡率を低下させること。
　(b) 基礎的な保健の発展に重点を置いて必要な医療及び保健をすべての児童に

提供することを確保すること。
- (c) 環境汚染の危険を考慮に入れて，基礎的な保健の枠組みの範囲内で行われることを含めて，特に容易に利用可能な技術の適用により並びに十分に栄養のある食物及び清潔な飲料水の供給を通じて，疾病及び栄養不良と戦うこと。
- (d) 母親のための産前産後の適当な保健を確保すること。
- (e) 社会のすべての構成員特に父母及び児童が，児童の健康及び栄養，母乳による育児の利点，衛生（環境衛生を含む。）並びに事故の防止についての基礎的な知識に関して，情報を提供され，教育を受ける機会を有し及びその知識の使用について支援されることを確保すること。
- (f) 予防的な保健，父母のための指導並びに家族計画に関する教育及びサービスを発展させること。

3 締約国は，児童の健康を害するような伝統的な慣行を廃止するため，効果的かつ適当なすべての措置をとる。

4 締約国は，この条において認められる権利の完全な実現を漸進的に達成するため，国際協力を促進し及び奨励することを約束する。これに関しては，特に，開発途上国の必要を考慮する。

第二十五条

締約国は，児童の身体又は精神の養護，保護又は治療を目的として権限のある当局によって収容された児童に対する処遇及びその収容に関連する他のすべての状況に関する定期的な審査が行われることについての児童の権利を認める。

第二十六条

1 締約国は，すべての児童が社会保険その他の社会保障からの給付を受ける権利を認めるものとし，自国の国内法に従い，この権利を完全な実現を達成するための必要な措置をとる。

2 1の給付は，適当な場合には，児童及びその扶養について責任を有する者の資力及び事情並びに児童によって又は児童に代わって行われる給付の申請に関する他のすべての事項を考慮して，与えられるものとする。

第二十七条

1 締約国は，児童の身体的，精神的，道徳的及び社会的な発達のための相当な生活水準についてのすべての児童の権利を認める。

2 父母又は児童について責任を有する他の者は，自己の能力及び資力の範囲内で，

児童の発達に必要な生活条件を確保することについての第一義的な責任を有する。
3 締約国は，国内事情に従い，かつ，その能力の範囲内で，1の権利の実現のため，父母及び児童について責任を有する他の者を援助するための適当な措置をとるものとし，また，必要な場合には，特に栄養，衣類及び住居に関して，物的援助及び支援計画を提供する。
4 締約国は，父母又は児童について金銭上の責任を有する他の者から，児童の扶養料を自国内で及び外国から，回収することを確保するためのすべての適当な措置をとる。特に，児童について金銭上の責任を有する者が児童と異なる国に居住している場合には，締約国は，国際協定への加入又は国際協定の締結及び他の適当な取決めの作成を促進する。

第二十八条
1 締約国は，教育についての児童の権利を認めるものとし，この権利を漸進的にかつ機会の平等を基礎として達成するため，特に，
  (a) 初等教育を義務的なものとし，すべての者に対して無償のものとする。
  (b) 種々の形態の中等教育（一般教育及び職業教育を含む。）の発展を奨励し，すべての児童に対し，これらの中等教育が利用可能であり，かつ，これらを利用する機会が与えられるものとし，例えば，無償教育の導入，必要な場合における財政的援助の提供のような適当な措置をとる。
  (c) すべての適当な方法により，能力に応じ，すべての者に対して高等教育を利用する機会が与えられるものとする。
  (d) すべての児童に対し，教育及び職業に関する情報及び指導が利用可能であり，かつ，これらを利用する機会が与えられるものとする。
  (e) 定期的な登校及び中途退学率の減少を奨励するための措置をとる。
2 締約国は，学校の規律が児童の人間の尊厳に適合する方法で及びこの条約に従って運用されることを確保するためのすべての適当な措置をとる。
3 締約国は，特に全世界における無知及び非識字の廃絶に寄与し並びに科学上及び技術上の知識並びに最新の教育方法の利用を容易にするため，教育に関する事項についての国際協力を促進し，及び奨励する。これに関しては，特に，開発途上国の必要を考慮する。

第二十九条
1 締約国は，児童の教育が次のことを指向すべきことに同意する。

(a) 児童の人格, 才能並びに精神的及び身体的な能力をその可能な最大限度まで発達させること。
(b) 人権及び基本的自由並びに国際連合憲章にうたう原則の尊重を育成すること。
(c) 児童の父母, 児童の文化的同一性, 言語及び価値観, 児童の居住国及び出身国の国民的価値観並びに自己の文明と異なる文明に対する尊重を育成すること。
(d) すべての人民の間の, 種族的, 国民的及び宗教的集団の間の並びに原住民である者の間の理解, 平和, 寛容, 両性の平等及び友好の精神に従い, 自由な社会における責任ある生活のために児童に準備させること。
(e) 自然環境の尊重を育成すること。
2 この条又は前条のいかなる規定も, 個人及び団体が教育機関を設置し及び管理する自由を妨げるものと解してはならない。ただし, 常に, 1に定める原則が遵守されること及び当該教育機関において行われる教育が国によって定められる最低限度の基準に適合することを条件とする。

第三十条

種族的, 宗教的若しくは言語的少数民族又は原住民である者が存在する国において, 当該少数民族に属し又は原住民である児童は, その集団の他の構成員とともに自己の文化を享有し, 自己の宗教を信仰しかつ実践し又は自己の言語を使用する権利を否定されない。

第三十一条

1 締約国は, 休息及び余暇についての児童の権利並びに児童がその年齢に適した遊び及びレクリエーションの活動を行い並びに文化的な生活及び芸術に自由に参加する権利を認める。
2 締約国は, 児童が文化的及び芸術的な生活に十分に参加する権利を尊重しかつ促進するものとし, 文化的及び芸術的な活動並びにレクリエーション及び余暇の活動のための適当かつ平等な機会の提供を奨励する。

第三十二条

1 締約国は, 児童が経済的な搾取から保護され及び児童の教育の障害若しくは妨げとなり又は児童の健康若しくは身体的, 精神的, 道徳的若しくは社会的な発達に有害となるおそれのある労働への従事から保護される権利を認める。

2 締約国は，この条の規定の実施を確保するための立法上，行政上，社会上及び教育上の措置をとる。このため，締約国は，他の国際文書の関連規定を考慮して，特に，

(a) 雇用が認められるための一又は二以上の最低年齢を定める。

(b) 労働時間及び労働条件についての適当な規則を定める。

(c) この条の規定の効果的な実施を確保するための適当な罰則その他の制裁を定める。

第三十三条

締約国は，関連する国際条約に定義された麻薬及び向精神薬の不正な使用から児童を保護し並びにこれらの物質の不正な生産及び取引における児童の使用を防止するための立法上，行政上，社会上及び教育上の措置を含むすべての適当な措置をとる。

第三十四条

締約国は，あらゆる形態の性的搾取及び性的虐待から児童を保護することを約束する。このため，締約国は，特に，次のことを防止するためのすべての適当な国内，二国間及び多数国間の措置をとる。

(a) 不法な性的行為を行うことを児童に対して勧誘し又は強制すること。

(b) 売春又は他の不法な性的な業務において児童を搾取的に使用すること。

(c) わいせつな演技及び物において児童を搾取的に使用すること。

第三十五条

締約国は，あらゆる目的のための又はあらゆる形態の児童の誘拐，売買又は取引を防止するためのすべての適当な国内，二国間及び多数国間の措置をとる。

第三十六条

締約国は，いずれかの面において児童の福祉を害する他のすべての形態の搾取から児童を保護する。

第三十七条

締約国は，次のことを確保する。

(a) いかなる児童も，拷問又は他の残虐な，非人道的な若しくは品位を傷つける取扱い若しくは刑罰を受けないこと。死刑又は釈放の可能性がない終身刑は，十八歳未満の者が行った犯罪について科さないこと。

(b) いかなる児童も，不法に又は恣意的にその自由を奪われないこと。児童の

逮捕，抑留又は拘禁は，法律に従って行うものとし，最後の解決手段として最も短い適当な期間のみ用いること。
  (c) 自由を奪われたすべての児童は，人道的に，人間の固有の尊厳を尊重して，かつ，その年齢の者の必要を考慮した方法で取り扱われること。特に，自由を奪われたすべての児童は，例外的な事情がある場合を除くほか，成人とは分離されないことがその最善の利益であると認められない限り成人とは分離されるものとし，通信及び訪問を通じてその家族との接触を維持する権利を有すること。
  (d) 自由を奪われたすべての児童は，弁護人その他適当な援助を行う者と速やかに接触する権利を有し，裁判所その他の権限のある，独立の，かつ，公平な当局においてその自由の剝奪の合法性を争い並びにこれについての決定を速やかに受ける権利を有すること。

第三十八条
1 締約国は，武力紛争において自国に適用される国際人道法の規定で児童に関係を有するものを尊重し及びこれらの規定の尊重を確保することを約束する。
2 締約国は，十五歳未満の者が敵対行為に直接参加しないことを確保するためのすべての実行可能な措置をとる。
3 締約国は，十五歳未満の者を自国の軍隊に採用することを差し控えるものとし，また，十五歳以上十八歳未満の者の中から採用するに当たっては，最年長者を優先させるよう努める。
4 締約国は，武力紛争において文民を保護するための国際人道法に基づく自国の義務に従い，武力紛争の影響を受ける児童の保護及び養護を確保するためのすべての実行可能な措置をとる。

第三十九条
　締約国は，あらゆる形態の放置，搾取若しくは虐待，拷問若しくは他のあらゆる形態の残虐な，非人道的な若しくは品位を傷つける取扱い若しくは刑罰又は武力紛争による被害者である児童の身体的及び心理的な回復及び社会復帰を促進するためのすべての適当な措置をとる。このような回復及び復帰は，児童の健康，自尊心及び尊厳を育成する環境において行われる。

第四十条
1 締約国は，刑法を犯したと申し立てられ，訴追され又は認定されたすべての児

童が尊厳及び価値についての当該児童の意識を促進させるような方法であって，当該児童が他の者の人権及び基本的自由を尊重することを強化し，かつ，当該児童の年齢を考慮し，更に，当該児童が社会に復帰し及び社会において建設的な役割を担うことがなるべく促進されることを配慮した方法により取り扱われる権利を認める。

2 このため，締約国は，国際文書の関連する規定を考慮して，特に次のことを確保する。

  (a) いかなる児童も，実行の時に国内法又は国際法により禁じられていなかった作為又は不作為を理由として刑法を犯したと申し立てられ，訴追され又は認定されないこと。

  (b) 刑法を犯したと申し立てられ又は訴追されたすべての児童は，少なくとも次の保護を受けること。

    (i) 法律に基づいて有罪とされるまでは無罪と推定されること。

    (ii) 速やかにかつ直接に，また，適当な場合には当該児童の父母又は法定保護者を通じてその罪を告げられること並びに防御の準備及び申立てにおいて弁護人その他適当な援助を行う者を持つこと。

    (iii) 事案が権限のある，独立の，かつ，公平な当局又は司法機関により法律に基づく公正な審理において，弁護人その他適当な援助を行う者の立会い及び，特に当該児童の年齢又は境遇を考慮して児童の最善の利益にならないと認められる場合を除くほか，当該児童の父母又は法定保護者の立会いの下に遅滞なく決定されること。

    (iv) 供述又は有罪の自白を強要されないこと。不利な証人を尋問し又はこれに対し尋問させること並びに対等の条件で自己のための証人の出席及びこれに対する尋問を求めること。

    (v) 刑法を犯したと認められた場合には，その認定及びその結果科せられた措置について，法律に基づき，上級の，権限のある，独立の，かつ，公平な当局又は司法機関によって再審理されること。

    (vi) 使用される言語を理解すること又は話すことができない場合には，無料で通訳の援助を受けること。

    (vii) 手続のすべての段階において当該児童の私生活が十分に尊重されること。

3 締約国は，刑法を犯したと申し立てられ，訴追され又は認定された児童に特別

に適用される法律及び手続の制定並びに当局及び施設の設置を促進するよう努めるものとし，特に，次のことを行う。
- (a) その年齢未満の児童は刑法を犯す能力を有しないと推定される最低年齢を設定すること。
- (b) 適当なかつ望ましい場合には，人権及び法的保護が十分に尊重されていることを条件として，司法上の手続に訴えることなく当該児童を取り扱う措置をとること。

4 児童がその福祉に適合し，かつ，その事情及び犯罪の双方に応じた方法で取り扱われることを確保するため，保護，指導及び監督命令，カウンセリング，保護観察，里親委託，教育及び職業訓練計画，施設における保護に代わる他の措置等の種々の処置が利用し得るものとする。

第四十一条

この条約のいかなる規定も，次のものに含まれる規定であって児童の権利の実現に一層貢献するものに影響を及ぼすものではない。
- (a) 締約国の法律
- (b) 締約国について効力を有する国際法

第二部

第四十二条

締約国は，適当かつ積極的な方法でこの条約の原則及び規定を成人及び児童のいずれにも広く知らせることを約束する。

第四十三条

1 この条約において負う義務の履行の達成に関する締約国による進捗の状況を審査するため，児童の権利に関する委員会（以下「委員会」という。）を設置する。委員会は，この部に定める任務を行う。

2 委員会は，徳望が高く，かつ，この条約が対象とする分野において能力を認められた十人の専門家で構成する。委員会の委員は，締約国の国民の中から締約国により選出されるものとし，個人の資格で職務を遂行する。その選出に当たっては，衡平な地理的配分及び主要な法体系を考慮に入れる。

3 委員会の委員は，締約国により指名された者の名簿の中から秘密投票により選出される。各締約国は，自国民の中から一人を指名することができる。

4 委員会の委員の最初の選挙は，この条約の効力発生の日の後六箇月以内に行う

ものとし，その後の選挙は，二年ごとに行う。国際連合事務総長は，委員会の委員の選挙の日の遅くとも四箇月前までに，締約国に対し，自国が指名する者の氏名を二箇月以内に提出するよう書簡で要請する。その後，同事務総長は，指名された者のアルファベット順による名簿（これらの者を指名した締約国名を表示した名簿とする。）を作成し，この条約の締約国に送付する。

5 　委員会の委員の選挙は，国際連合事務総長により国際連合本部に召集される締約国の会合において行う。これらの会合は，締約国の三分の二をもって定足数とする。これらの会合においては，出席しかつ投票する締約国の代表によって投じられた票の最多数で，かつ，過半数の票を得た者をもって委員会に選出された委員とする。

6 　委員会の委員は，四年の任期で選出される。委員は，再指名された場合には，再選される資格を有する。最初の選挙において選出された委員のうち五人の委員の任期は，二年で終了するものとし，これらの五人の委員は，最初の選挙の後直ちに，最初の選挙が行われた締約国の会合の議長によりくじ引で選ばれる。

7 　委員会の委員が死亡し，辞任し又は他の理由のため委員会の職務を遂行することができなくなったことを宣言した場合には，当該委員を指名した締約国は，委員会の承認を条件として自国民の中から残余の期間職務を遂行する他の専門家を任命する。

8 　委員会は，手続規則を定める。

9 　委員会は，役員を二年の任期で選出する。

10 　委員会の会合は，原則として，国際連合本部又は委員会が決定する他の適当な場所において開催する。委員会は，原則として毎年一回会合する。委員会の会合の期間は，国際連合総会の承認を条件としてこの条約の締約国の会合において決定し，必要な場合には，再検討する。

11 　国際連合事務総長は，委員会がこの条約に定める任務を効果的に遂行するために必要な職員及び便益を提供する。

12 　この条約に基づいて設置する委員会の委員は，国際連合総会が決定する条件に従い，同総会の承認を得て，国際連合の財源から報酬を受ける。

第四十四条

1 　締約国は，(a)当該締約国についてこの条約が効力を生ずる時から二年以内に，(b)その後は五年ごとに，この条約において認められる権利の実現のためにとった

措置及びこれらの権利の享受についてもたらされた進歩に関する報告を国際連合事務総長を通じて委員会に提出することを約束する。

2　この条の規定により行われる報告には，この条約に基づく義務の履行の程度に影響を及ぼす要因及び障害が存在する場合には，これらの要因及び障害を記載する。当該報告には，また，委員会が当該国における条約の実施について包括的に理解するために十分な情報を含める。

3　委員会に対して包括的な最初の報告を提出した締約国は，1(b)の規定に従って提出するその後の報告においては，既に提供した基本的な情報を繰り返す必要はない。

4　委員会は，この条約の実施に関連する追加の情報を締約国に要請することができる。

5　委員会は，その活動に関する報告を経済社会理事会を通じて二年ごとに国際連合総会に提出する。

6　締約国は，1の報告を自国において公衆が広く利用できるようにする。

第四十五条

この条約の効果的な実施を促進し及びこの条約が対象とする分野における国際協力を奨励するため，

(a)　専門機関及び国際連合児童基金その他の国際連合の機関は，その任務の範囲内にある事項に関するこの条約の規定の実施についての検討に際し，代表を出す権利を有する。委員会は，適当と認める場合には，専門機関及び国際連合児童基金その他の権限のある機関に対し，これらの機関の任務の範囲内にある事項に関するこの条約の実施について専門家の助言を提供するよう要請することができる。委員会は，専門機関及び国際連合児童基金その他の国際連合の機関に対し，これらの機関の任務の範囲内にある事項に関するこの条約の実施について報告を提出するよう要請することができる。

(b)　委員会は，適当と認める場合には，技術的な助言若しくは援助の要請を含んでおり又はこれらの必要性を記載している締約国からのすべての報告を，これらの要請又は必要性の記載に関する委員会の見解及び提案がある場合は当該見解及び提案とともに，専門機関及び国際連合児童基金その他の権限のある機関に送付する。

(c)　委員会は，国際連合総会に対し，国際連合事務総長が委員会のために児童

の権利に関連する特定の事項に関する研究を行うよう同事務総長に要請することを勧告することができる。

 (d) 委員会は，前条及びこの条の規定により得た情報に基づく提案及び一般的な性格を有する勧告を行うことができる。これらの提案及び一般的な性格を有する勧告は，締約国から意見がある場合にはその意見とともに，関係締約国に送付し，及び国際連合総会に報告する。

第三部

第四十六条

この条約は，すべての国による署名のために開放しておく。

第四十七条

この条約は，批准されなければならない。批准書は，国際連合事務総長に寄託する。

第四十八条

この条約は，すべての国による加入のために開放しておく。加入書は，国際連合事務総長に寄託する。

第四十九条

1 この条約は，二十番目の批准書又は加入書が国際連合事務総長に寄託された日の後三十日目の日に効力を生ずる。

2 この条約は，二十番目の批准書又は加入書が寄託された後に批准し又は加入する国については，その批准書又は加入書が寄託された日の後三十日目の日に効力を生ずる。

第五十条

1 いずれの締約国も，改正を提案し及び改正案を国際連合事務総長に提出することができる。同事務総長は，直ちに，締約国に対し，その改正案を送付するものとし，締約国による改正案の審議及び投票のための締約国の会議の開催についての賛否を示すよう要請する。その送付の日から四箇月以内に締約国の三分の一以上が会議の開催に賛成する場合には，同事務総長は，国際連合の主催の下に会議を招集する。会議において出席しかつ投票する締約国の過半数によって採択された改正案は，承認のため，国際連合総会に提出する。

2 1の規定により採択された改正は，国際連合総会が承認し，かつ，締約国の三分の二以上の多数が受諾した時に，効力を生ずる。

3 改正は、効力を生じたときは、改正を受諾した締約国を拘束するものとし、他の締約国は、改正前のこの条約の規定（受諾した従前の改正を含む。）により引き続き拘束される。

第五十一条

1 国際連合事務総長は、批准又は加入の際に行われた留保の書面を受領し、かつ、すべての国に送付する。

2 この条約の趣旨及び目的と両立しない留保は、認められない。

3 留保は、国際連合事務総長にあてた通告によりいつでも撤回することができるものとし、同事務総長は、その撤回をすべての国に通報する。このようにして通報された通告は、同事務総長により受領された日に効力を生ずる。

第五十二条

締約国は、国際連合事務総長に対して書面による通告を行うことにより、この条約を廃棄することができる。廃棄は、同事務総長がその通告を受領した日の後一年で効力を生ずる。

第五十三条

国際連合事務総長は、この条約の寄託者として指名される。

第五十四条

アラビア語、中国語、英語、フランス語、ロシア語及びスペイン語をひとしく正文とするこの条約の原本は、国際連合事務総長に寄託する。

以上の証拠として、下名の全権委員は、各自の政府から正当に委任を受けてこの条約に署名した。

新訂二版
生徒指導の理論と実践

1994年4月10日　第一版第一刷発行
2008年5月10日　新訂二版第一刷発行

編　者　宮　崎　和　夫
発行所　㈱　学　文　社
発行者　田　中　千津子

東京都目黒区下目黒3-6-1 〒153-0064
電話 03(3715)1501　振替 00130-9-98842

落丁，乱丁本は，本社にてお取替え致します。
定価は売上カード，カバーに表示してあります。

印刷／あきば印刷㈱　　検印省略

ISBN978-4-7620-1848-0